第6次改訂
養護概説

［編集代表］
大沼久美子
熊本大学教授

［編集協力］
遠藤伸子・鎌塚優子
女子栄養大学教授　　　静岡大学教授

［監修］
三木とみ子
女子栄養大学名誉教授

ぎょうせい

発刊にあたって

　少子高齢化，人口減少社会において，グローバル化や新興・再興感染症の発生，気候変動に伴う自然災害や地震等の発生など，現代社会は予測困難な状況を迎えています。このような社会のなかで，子供たちや子供たちを取り巻く環境，それを担う教職員の環境は働き方改革やＩＣＴの活用など急速に変化しています。不登校は小・中学校で34万人を超え，高等学校では6.8万人を超えています（「令和5年度児童生徒の問題行動・不登校等生徒指導上の諸課題に関する調査結果」文部科学省）。保健室登校を「有り」とする学校の割合は，小学校44.8％，中学校35.1％，高等学校34.5％，全体では40.9％（「保健室利用に関する調査報告書」令和3年度調査，（公財）日本学校保健会）と示されており，保健室を居場所とする子供は増加傾向です。その背景には，いじめや児童虐待，貧困，ヤングケアラー，性の多様化や性暴力，外国にルーツがある，食物アレルギー，医療的ケアなど，多様化，複雑化する現代社会の要因があります。その中で，養護教諭には，専門性や独自性を生かした教育活動の展開がますます期待されています。

　令和5年1月文部科学省は「養護教諭及び栄養教諭の資質能力の向上に関する調査研究協力者会議議論の取りまとめ」を示しました。ここでは，「養護教諭や栄養教諭についても，その職務の遂行のために必要な資質能力の方向性を明らかにし，養護教諭と栄養教諭の養成，採用，任用・配置，研修の各段階における更なる改善に向けた検討に資する観点から，国（文部科学省）において同様の取組を進めるとともに，それも踏まえた上で，各教育委員会において職務内容を定め，求められる役割（職務の範囲）を明確化すべきである」との方向性が示されました。

　「養護概説」は，教育職員免許法施行規則第9条に定められた「養護に関する科目」に属する科目であるとともに，時代の変化やニーズに対応しつつも，養護教諭の専門性を理論と実践の観点から著す学問です。この度の本書の改訂は，このような趣旨に基づき，不易と流行，時代を超えて変わらない養護学の本質と，時代とともに工夫が必要な事項について，実践を踏まえた内容を網羅しました。

　養護教諭養成機関は，教育学部系，学際系，看護系，社会福祉系，心理系等と多様です。ゆえに本科目を担う教員の力量に負うところが大きく，養護に関する科目（「養護概説」や「健康相談活動の理論・健康相談活動の方法」）の教授法や授業内容には，ばらつきが見られます。そこで，養護教諭の資格を取得するからには，本書が科目「養護概説」の教育内容を担保するための教科書として，体系的・実践的な学びを提供することが重要と考えました。

　本書は，序章から6章で構成されています。序章は，科目「養護概説」とは，第1章 養護教諭制度の沿革と職務内容の変遷，第2章 養護の原理・概念（専門性を含む），第3章 養護教諭の職務と役割・養護活動，第4章 養護教諭の倫理指針（生命倫理を含む），第5章 養護実習，第6章 養護教諭の研究の柱を立てています。中でも第3章は，養護教諭に求められる役割の変遷，教育職員免許法による免許制度，養護教諭に求められる資質能力，保健管理，健康相談活動・健康相談，保健教育，保健室経営，保健組織活動の8項に分け，解説しています。そして何より，授業シラバスや授業展開の工夫についても示し，序章にその内容を盛り込みました。

　さらには，学校現場での養護教諭の実践事例や具体的な展開例を示すために，デジタル化を取り入れました。近年，大学等で扱う教科書や資料，また児童生徒の教科用図書においても電子教科書や二次元コード等による資料の閲覧など，ＩＣＴ化が進行していることから，法令や公的機関の関連サイトには二次元コードから直接閲覧可能とするとともに，知識・技能の理解を助ける具体的な実践事例やコンテンツを，二次元コード等により，本書出版社「ぎょうせい」にアクセスして閲覧する形式をとることとしました。最新のアクセス先に更新されない場合は，表示できないことも生じるかもしれませんが，その際はご容赦ください。

　このような「養護概説」の教科書は他社には見られず，これにより養護教諭を目指す学生だけでなく，

経験の浅い養護教諭等，現職養護教諭にとっても本書の活用が期待できると考えます。多くの養護教諭関係者に本書を手に取っていただき，養護学の本質をご理解いただきたいと思います。

　結びに，本書発刊にあたり，これまでの編集にはないデジタル化への新たな挑戦をはじめとして多大なるご尽力を賜りました（株）ぎょうせい出版事業部の皆様に，心から御礼を申し上げます。

　令和7年2月

編集代表

熊本大学教授　大　沼　久美子

＜本書の使い方＞

　本書は，すぐに授業で使える，現場の実践がよくわかる，現場ですぐに役立つ，「養護概説」としました。具体的には，次のとおり工夫しましたので，ご活用願いたいと思います。

1　養護教諭養成における科目「養護概説」の授業づくり・授業実践のために

・養護教諭免許状を取得するための必修科目「養護概説」（教育職員免許法施行規則第9条別表1「養護に関する科目」）の授業を想定し，2単位（90分授業×15回）～4単位（90分授業×15回を2科目）の内容，そして，養護実習を想定して作成しています。
・授業は，「シラバス」に基づき行われます。シラバスには，授業の達成目標，授業概要，授業の進め方や方法，各回の授業内容，成績評価の方法，教科書，参考資料等を記載します。シラバスに記載ができるよう，「学びの達成目標」を記載しました。
・「学びの達成目標」は，「知識・技能」「思考力・判断力・表現力」「学びに向かう態度」等の観点で記載しています。
・成績評価にあたっては，「学びの達成目標」に照らして，「評価基準」（ルーブリック評価）などを示すとよいと思います。
・学修者にとって「何を学ぶか」「どのように学ぶか」「何ができるようになればよいか」が明確に示されるとよいと思います。

2　授業をわかりやすくするための「二次元コード」等の活用

　二次元コードは，タブレット端末やスマートフォンで読み込むことで簡単にサイトにアクセスできます。二次元コードは，児童生徒の電子教科書にも採用されています。
・「参照資料1～参照資料8」：本文中の内容に関連する図表が表示されます。
・「関連サイト」：本文中の内容に参考となる関連サイトが表示されます。
　ただし，「2025年2月現在」で作成しているため，サイト情報が削除されたり変更されたりするとアクセスできないこともありますので，あらかじめご了解願います。
・「資料編」：本文中の具体的な実践例が表示されます。
　（＊資料編ご利用は次ページを参照）

3　学校現場の具体例がわかる，すぐに現場で使える，本文に関連する「資料編」の活用

・資料編は，小学校・中学校・高等学校・特別支援学校での養護実践事例を掲載しています。掲載項目は，巻末の「資料編：実践資料一覧」をご覧ください。
・資料編は，小社ＨＰ「購読者専用Webサイト」からご利用になれます。
　会員登録を行うことで，電子データとしてダウンロードすることができます。ご利用方法は，**次ページ**をご参照ください。
　＊自校の実態に即して，ご活用できるようにしています。

【「養護概説＜第6次改訂＞」の資料編のご利用について】

　本書とは別に小社ＨＰ（ホームページ）に収録している「資料編：実践資料一覧」の各種資料について，購読者専用Webサイトから閲覧及びダウンロードすることができます。
　先生方のご利用に合わせて書き換えてご活用ください。

　以下の手順で，会員登録をしてからご利用ください。

手順①　　ご使用のＰＣ等から，弊社の通販サイト「ぎょうせいオンラインショップ」
　　　　　（https://shop.gyosei.jp）へアクセスします。

　　②　　サイト右側にある「書籍購読者専用サービス」のバナーをクリックします。

　　③　　「教育・文化」の中から本書を選択します。

　　④　　「『養護概説＜第6次改訂＞』購読者専用Webサイﾄ」の案内に従って会員登録をします。

　　⑤　　会員登録したメールアドレスに送られたパスワードで，購読者専用Webサイトからログインします。

　　⑥　　ご希望の資料をクリック。
　　　　　　ユーザー名　　yougo6
　　　　　　パスワード　　gaisetsu　を入力（すべて半角）。

　　　　　Microsoft Word，Microsoft Excelのファイル等が開きます。適宜，ご自由にファイル名を付けて，お使いのコンピュータ等に保存してからご活用ください。

　　　　　＊Microsoft Word，Microsoft Excelは，米国　Microsoft Corporationの米国及びその他の国における登録商標です。

目　次

発刊にあたって／大沼久美子

本書の使い方

序　章　科目「養護概説」とは

1　養護概説のシラバスの構成 …………………………………………………*1*

　1）教育の質的転換の必要性 ……………………………………………………*1*

　2）シラバス（Syllabus）とは ………………………………………………*1*

　3）養護概説のシラバス …………………………………………………………*1*

2　授業の方法と評価 ……………………………………………………………*2*

第1章　養護教諭制度の沿革と職務内容の変遷

1　養護教諭の理念と沿革 ………………………………………………………*5*

　1）「教育」と「養護」 …………………………………………………………*5*

　2）我が国の養護教諭の職の特色 ………………………………………………*6*

　3）養護訓導と「養護」の関連 …………………………………………………*6*

　4）養護の機能 ……………………………………………………………………*6*

　5）養護の職務の範囲 ……………………………………………………………*7*

　6）養護教諭制度の沿革 …………………………………………………………*8*

2　社会・家族の変容と変遷 ……………………………………………………*11*

　1）少子高齢化 ……………………………………………………………………*11*

　2）家族世帯構成の変化・人生の多様性 ……………………………………*12*

　3）子供の貧困 ……………………………………………………………………*13*

　4）グローバル化・多様化 ………………………………………………………*13*

　5）情　報　化 ……………………………………………………………………*14*

3　児童生徒の健康課題の変遷 …………………………………………………*15*

　1）家庭環境・経済的問題 ………………………………………………………*15*

　2）問題行動・不登校等生徒指導上の諸課題 ………………………………*15*

　3）インクルーシブ・多様性 …………………………………………………*17*

　4）グローバル化・情報化による健康課題 …………………………………*17*

　5）地球変動による健康課題 …………………………………………………*18*

第2章　養護の原理・概念（専門性を含む）

1　養護とは ………………………………………………………………………*19*

2　教育としての養護 ……………………………………………………………*21*

　1）倉橋惣三氏が示す，学校における「養護」 ……………………………*21*

3　養護の対象・範囲 ……………………………………………………………*21*

4　子供の理解 ……………………………………………………………………*23*

　1）学齢期・思春期・青年前期と心身の健康 ………………………………*23*

　2）児童生徒の発育発達と健康課題 …………………………………………*24*

　3）子どもの権利条約・こども基本法 ………………………………………*27*

目　次　i

5	養護教諭の専門性と機能	28
	1）養護教諭の専門性とは	28

第3章 養護教諭の職務と役割・養護活動

1 養護教諭（養護訓導）の職務内容の変遷 …………………………………………31
　1）養護訓導・執務要領（訓令）─教育職員としての役割─ …………………31
　2）中学校，小学校保健計画実施要領（試案）─補助的，援助的役割を強
　　　調─ ……………………………………………………………………………31
　3）昭和47年保健体育審議会答申─主体的な役割の明確化─ ………………31
　4）平成９年保健体育審議会答申─新たな役割としての養護教諭─ …………32
　5）平成20年中央教育審議会答申における提言とその捉え方─養護教諭に関
　　　する答申内容─ ………………………………………………………………33
　6）養護教諭及び栄養教諭の資質能力の向上に関する調査研究協力者会議議
　　　論の取りまとめ ………………………………………………………………34
2 教員の資質能力を担保する教育職員免許法 …………………………………………36
　1）教育職員養成審議会の指摘 ……………………………………………………36
　2）教育職員免許法の改正 …………………………………………………………36
　3）省令改正関係指摘 ………………………………………………………………36
　4）養護教諭が保健の授業を担任する教諭又は講師になることについて（兼
　　　職発令） ………………………………………………………………………37
3 養護教諭に求められる資質能力 ……………………………………………………39
　1）養護教諭の資質の向上に関する指標（育成指標）について …………………39
　2）年次研修の目的と法的根拠 ……………………………………………………40
4 保健管理（保健室ＤＸを含む） ……………………………………………………41
　1）健康観察・健康実態の把握 ……………………………………………………41
　2）健康診断 …………………………………………………………………………44
　3）疾病・感染症の管理と予防 ……………………………………………………49
　4）救急処置 …………………………………………………………………………54
　5）学校環境衛生 ……………………………………………………………………60
　6）学校保健情報管理と文書管理 …………………………………………………65
5 健康相談活動・健康相談 ……………………………………………………………68
　1）健康相談活動・健康相談とは …………………………………………………68
　2）健康相談活動・健康相談のプロセス …………………………………………70
　3）養護診断とヘルスアセスメント ………………………………………………73
　4）健康相談活動・健康相談の方法 ………………………………………………76
　5）学校保健安全法第９条の保健指導とは ………………………………………80
　6）健康相談実践事例記録と評価 …………………………………………………82
6 保健教育 ………………………………………………………………………………85
　1）養護教諭が行う保健教育・保健指導の歴史的変遷 …………………………85
　2）保健教育とは ……………………………………………………………………88
　3）教育課程・カリキュラム・マネジメント ……………………………………92
　4）養護教諭が行う保健教育と実際 ………………………………………………95
7 保健室経営 ……………………………………………………………………………100
　1）保健室とは ………………………………………………………………………100

ii

2）保健室の機能 ··· *104*

　　3）保健室経営計画 ··· *108*

　　4）保健室登校 ··· *110*

　　5）これからの保健室の機能 ·· *113*

　　6）危機管理と養護教諭 ·· *117*

　　7）チーム学校・多職種連携・他機関連携 ··· *121*

8　保健組織活動 ··· *125*

　　1）学校保健の構造と領域 ··· *125*

　　2）学校教職員と校務分掌 ··· *127*

　　3）学校保健計画・学校安全計画 ·· *130*

　　4）学校保健委員会 ·· *133*

　　5）特別な支援を要する子供と養護教諭 ··· *137*

第4章　養護教諭の倫理指針（生命倫理を含む）

1　人権と倫理の歴史的変遷 ··· *141*

　　1）人権の歴史的変遷 ··· *141*

　　2）倫理の歴史的変遷 ··· *142*

　　3）生命倫理 ··· *143*

2　養護教諭の倫理綱領 ··· *145*

　　1）倫理綱領とは ··· *145*

　　2）養護教諭の倫理綱領 ·· *145*

第5章　養護実習

1　養護実習の目的と法的根拠 ·· *148*

　　1）養護実習の目的 ·· *148*

　　2）養護実習の法的根拠 ·· *149*

2　養護実習の方法 ··· *149*

　　1）講　　話（聞く） ··· *149*

　　2）観　　察（見る） ··· *150*

　　3）参　　加（実施する） ··· *150*

　　4）実　　習（実践する） ··· *151*

3　養護実習の実施計画 ··· *151*

　　1）事前情報の確認：養成大学担当者との打ち合わせ ······························ *151*

　　2）受け入れ側の心得：養護教諭の教育観と養護観 ································· *152*

　　3）実習指導計画の作成：ゴールを見据えつつ柔軟な運用 ························· *152*

4　養護実習の実施 ··· *153*

　　1）児童生徒を把握しやすい時間帯 ·· *153*

　　2）校内外の教職員との連携 ·· *154*

　　3）実習中の記録 ··· *154*

5　養護実習の評価の役割 ·· *155*

　　1）養護実習の目的と評価の意義 ·· *155*

　　2）評価の観点と具体的な方法 ··· *155*

　　3）評価表を通じた学びと今後の課題 ·· *156*

　　4）評価に基づく改善と教育の資質向上 ··· *156*

5）ルーブリック評価 ……………………………………………………………………………156

第6章　養護教諭の研究
1　研究方法とプロセス …………………………………………………………………………158
　　1）研究の意義 ……………………………………………………………………………158
　　2）養護教諭に求められる研究とは ……………………………………………………158
　　3）研究のプロセス ………………………………………………………………………158
　　4）研究デザインと選択方法 ……………………………………………………………161
2　研究倫理 ………………………………………………………………………………………163
　　1）知的財産権・肖像権 …………………………………………………………………163
　　2）研究倫理 ………………………………………………………………………………164

　　執筆者一覧
　　資料編：実践資料執筆者一覧
　　資料編：実践資料一覧

序章　科目「養護概説」とは

■■ 1　養護概説のシラバスの構成

1）教育の質的転換の必要性

・自律的な学修とするために

テクノロジーの急速かつ継続的な進化，グローバリゼーションの一層の進展の中で，社会は個人間の相互依存を深めつつより複雑化・個別化している。今後到来する予測困難な時代にあって，学生のみならず養護教諭は，卒業後も含めて常に学び続けなければならない。

学生自身が目標を明確に意識し，主体的に学修に取り組むこと，その成果を自ら適切に評価し，さらに必要な学びに踏み出していく自律的な学修者となることが求められている。

・『学修者が「何を学び，身に付けることができるのか」学修の成果を学修者が実感できる教育を行う』授業づくり

「2040年に向けた高等教育のグランドデザイン」（平成30年11月26日中央教育審議会答申）においては，高等教育改革の実現すべき方向性として，『学修者が「何を学び，身に付けることができるのか」を明確にし，学修の成果を学修者が実感できる教育を行う』よう示された。具体的には，①基礎的で普遍的な知識・理解と汎用的な技能を持ち，②その知識や技能を活用でき，③ジレンマを克服することも含めたコミュニケーション能力を持ち，④自律的に責任ある行動をとれる人材と定義した上で，そうした人材を育成するために，高等教育には，①「何を教えたか」から，「何を学び，身に付けることができたのか」への転換，②「何を学び，身に付けることができたのか」という点に着目し，教育課程の編成においては，学位を与える課程全体としてのカリキュラム全体の構成や，学修者の知的習熟過程等を考慮し，単に個々の教員が教えたい内容ではなく，学修者自らが学んで身に付けたことを社会に対し説明し納得が得られる体系的な内容となるよう構成すること等，「個々人の可能性を最大限に伸長する教育」への転換を求めている。

2）シラバス（Syllabus）とは

シラバスとは，まさに前述したことを学修者に契約として示す「学修支援計画書」と捉えることができる。文部科学省は，各大学に対して，すべての授業科目について作成し，公開するように求めているものである。

シラバスは個々の授業科目について学生と教員との共通理解を図る上で極めて重要な存在であり，かつ，成績評価の基点となるものである。授業科目を担当する教員は，各授業科目の到達目標が達成されるよう，シラバスの内容に依拠しつつ，各回の授業を適切に設計し，実施する。シラバスは，障害のある学生が大学からの支援が必要か否かを事前に検討する上でも重要な情報となる。

3）養護概説のシラバス

「養護概説」という科目は，教育職員免許法施行規則第9条第2欄養護に関する科目に位置付けられた養護教諭免許状に特化した必修科目である。養護教諭の免許を取得する者すべてが本科目を履修するからこそ，養護概説のシラバスを明確に示し，養護に関する基礎的で普遍的な知識・理解と汎用的な技能を持つことができるよう，また，その知識や技能を活用できるよう「何を学ぶか」を示すことが重要である。

・「何を学び，身に付けることができるの

シラバスは，「何を学び，身に付けることができるのか」（到達目標）を明確に定めることで適切な成績評価を実施するための基点としても機能するよう作成さ

「か」（到達目標）シラバスに盛り込むべき内容
①授業科目の目的や到達目標
②「卒業認定・学位授与の方針（ディプロマポリシー）」との関係
③授業内容と方法
④授業計画
⑤成績評価基準
⑥事前学修と事後学修の内容

参照資料1：科目「養護概説」の授業計画例及び本書該当ページ

れる必要がある。

授業の目的や到達目標は「何を学び，身に付けることができるのか」を具現化し評価との関連を考慮しながら記述する。学修者を主体として記述する。各大学の学位授与の方針（ディプロマポリシー）との関連も念頭におく。

卒業認定・学位授与の方針（ディプロマポリシー：ＤＰ）との関連については，到達目標の各項目に各大学のどのＤＰと関連があるのか記載するとわかりやすい。

授業内容は，第1回から第15回（14回の場合もある）の各回の授業テーマや概要，授業の方法（オンライン授業やオンデマンド授業，フィールドワークやグループワーク，反転授業など）を知らせ，見通しをもって授業に取り組むことができるようにする。

第1回目の授業は，ガイダンスとして科目「養護概説」が養護教諭養成において必修科目であり「核」をなす科目であることに触れ，達成目標に照らした成績評価の方法や基準を示す。グループワークやプレゼンテーション，レポートなどの評価については，これらの評価基準をルーブリックで示すとなおよい。事前学修と事後学修の内容を盛り込む必要がある。

これらをシラバスに示すことで，障害のある学生が大学からの支援が必要か否かを事前に検討することができたり，学修者が主体的に学修に取り組むことができるようになる。授業者にとっても教材研究や準備が計画的に実施できる。

参照資料1に授業計画例と本書の該当ページを入れたので参照されたい。

＜参考文献＞
1）文部科学省：中央教育審議会，「2040年に向けた高等教育のグランドデザイン」（答申），平成30年11月26日
　https://www.mext.go.jp/content/20200312-mxt_koutou01-100006282_1.pdf，2024/11/09アクセス
2）文部科学省：中央教育審議会大学分科会，教学マネジメント指針，令和2年1月22日

2　授業の方法と評価

・対面か遠隔かの二分法から脱却

近年，グローバル化や少子高齢化，デジタル技術の高度化が進み，ＭＯＯＣ等を含めたオンライン環境を活用した教育研究の急速な拡大などが見られる。

ＭＯＯＣ（Massive open online course）は，インターネットを利用した大規模なオンライン講座を意味する。ＭＯＯＣの場合，ほとんどの講座は年齢・性別・学歴などに関係なく誰でも受講できる。このように大学を取り巻く環境も急速に変化している。

新型コロナウイルスの感染拡大は，キャンパスを中心とする学生生活の制限や遠隔授業の急速な普及など，大学の日常を大きく変えた。新型コロナウイルス感染拡大下の学修機会の確保の必要性を契機として，大学における遠隔教育が急速に普及・進展している。学修者本位の視点に立ち，対面か遠隔かの二分法から脱却し，双方の良さを最大限に生かした教育の可能性を追求することが重要である。その際，学生が主体となる授業形式（アクティブ・ラーニング）は欠かせない。社会全体が大きく変動する中，「学修者本位」の観点から大学が創意工夫に基づく先導性・先進性のある教育研究活動を行っていくことが求められている。これは養護教諭養成教育においても避けて通れず，むしろ積極的に取り入れる必要がある。少子化・人口減少社会にあって，大学は全入時代に突入し，単に知識・技能を修得するためだけの場ではなく，全人格的な教育の場としても役割を果

たすことになるからである。授業内外において教員と学生との間で質問等の相互のやり取りをすることや学生同士の会話や議論を通じた知識の拡大や考え方の深化を図ることが重要である。

　授業の方法には，面接授業，遠隔授業（メディアを利用して行う授業），放送授業，印刷教材等による授業がある。これらは大学設置基準や大学通信教育設置基準に定められている。

・授業の方法例―ＡＬの手法を中心に―

　アクティブ・ラーニング（ＡＬ）とは，教員による一方的な講義形式の教育とは異なり，学修者の能動的な学修への参加を取り入れた教授・学習法をいう。学修者が能動的に学修することによって，認知的，倫理的，社会的能力，教養，知識，経験を含めた汎用的能力の育成を図ることができる。

①反転授業

　反転授業とは，これまで教室で行っていた講義を，ビデオを用いて自宅等であらかじめ学生が視聴し，教室では演習や発展的内容を行うという授業形態である。各受講者の前提知識や内容の理解の早さは異なるため，それぞれの学生が各自のペースで内容の理解を進めることができる。毎回の授業の開始時に，ビデオの内容の理解度を確認するために小テストを行うこともできる。反転授業は，目的に合わせて対面授業とオンライン授業を組み合わせて授業を計画したり，学生をいくつかのグループに分け，グループごとに順番に対面授業に取り組んだり多様な授業形態を設定できる。

②演　習

　授業者がテーマを設定し，学生が研究・発表・討議を行うことを主眼とした少人数の授業形式である。履修者が大人数の場合は，ＳＧＤ（Small Group Discussion：3～4人程度の少人数グループ）とし，グループで研究した内容を発表したり，全体で討議したりすることもできる。また，知識だけでなく技能の獲得を目指し，体験的に学修することもできる。

③ロールプレイ

　現実に起こると想定される場面を設定し，複数の人がそれぞれの与えられた役割（ロール）を演じて（プレイ）擬似的な体験を積み，その事象が実際に起こった時に適切な対応ができるようにするための方法である。解決すべき課題について，問題場面の状況を設定し，登場人物の役割を演じる中で，役割としての立場を理解したり，気づかなかった問題点を発見したりする等，現実の場面に対処する問題解決能力を身に付けることができる。その効果として，問題場面に対する洞察力が高まり，知識としての理解だけでなく，共感的な理解ができるようになり，自発性や自主性，創造力が高まることが期待できる。

④フィールドワーク

　フィールドワークとは，社会学や人類学から始まったリサーチの手法である。キャンパスを離れて，フィールド（研究対象の現地）を訪れ，フィールドの事情を直接観察したり，関係者から話を聞いたりして，問題点を明らかにし，解決策を探る。本や講義だけでは学べない情報を直接現地で集め，発表したり協議したりすることで，これまで当たり前に思っていた価値観や常識が自明のものではないことに気付かされる。自分自身を見つめなおすことにもつながる。

⑤グループワーク

　学生同士のコミュニケーションを重視し，学生の自律的な知識構築を授業の目的とする場合に適している方法である。初めてグループワークを行う際には，コミュニケーションスキルが十分でないため，アイスブレイク（30秒自己紹介など）で緊張をほぐすなどの配慮が求められる。また，グループ内の役割をあらかじめ決めたり，ワークがスムーズに進むよう担当教員が積極的・能動的に働きかけたりする配慮を行うことで，グループワークが活性化される。

⑥ケーススタディ

　現実に起こり得る問題や実際に起こった問題等を参考に教材としてねらいを明

序章　科目「養護概説」とは　　*3*

確にした事例を作成し，学生に提示する。問題点の分析，状況の把握，原因の分析，解決策の検討，結果の予測等を考えさせる学習方法である。結論そのものよりも，結論に至る過程における討論に重点がおかれ，現実の場面で求められる分析力，判断力，課題解決能力，役割遂行能力等を体験的に養うシミュレーション的学習である。

　いずれの方法も学修者がインプットした知識をアウトプットする手法がとられていたり，アウトプットされた知識や技能，他者の考えをさらにインプットして自身の考えを深めたりしている双方向型の展開である。これにより授業者も自身の指導法について省察することができるので，積極的に取り入れていくことが求められる。

＜参考文献＞
1）文部科学省：中央教育審議会大学分科会質保証システム部会，「新たな時代を見据えた質保証システムの改善・充実について」（審議まとめ），令和4年3月18日
2）厚生労働省：授業スタイルと講師・学生の関わり方，第3章，Part2キャリア教育の実践

（大沼久美子）

第1章　養護教諭制度の沿革と職務内容の変遷

■■ 1　養護教諭の理念と沿革

【学びの達成目標】
①我が国の養護教諭制度の沿革について，歴史的変遷を踏まえ理解している。(知識・技能)
②社会の変化と現代的健康課題の関連及び養護教諭の関わりについて理解を深め，その課題を発見し，その解決を目指して科学的に思考し，それらを書いたり他者に伝えたりすることができる。(思考・判断・表現)
③養護教諭の歴史的変遷，現代的健康課題と我が国の養護教諭制度の学修について主体的に取り組むことができる。

1）「教育」と「養護」

- 「養護」は，教授，訓練，養護の一部門
- ヘルバルト

教育と養護について，教育学上における養護は，ドイツのバセドーなどによって身体の健全が精神の健全と相まって発展するという，身体と精神の調和的発達の考えに基づき，教育の大切な位置づけとして捉えられていた。また，明治時代にヘルバルトによって提唱された教育学上の養護は，「教授，訓練，養護」の一つとして示され，「教授」は主として知識，「訓練」は，道徳的なしつけ，「養護」は，体育を含め健康の保持に関することと捉えられていた。

文部省龍山義亮督学官は，「学童養護」(昭和11年文部省体育局監修）において，教育上における養護の意義として，ヘルバルトと同様「元来，教育における養護は，教育の理論をもとに教授，訓練，養護の三つの一部門を形造り，これが相互に重要な役割を担っている」としている。また，「教授，訓練は，養護の力によって一層その徹底を期し，即ち，養護，教授，訓練の三つが総合的に同一の働きを機能して始めて人間教育，国民教育が徹底される」と述べ，養護を教育の「養護，教授，訓練」の三者の関係の中で論じている。しかも，身体が丈夫であることが知識を磨き道徳を修練するという視点から養護は大変重要であり，身体を健全にするということは，同時に精神を養いいわゆる人格の形成までに至るという考えが主流であった。また，学校教育において養護は一つの重要なる部門を形成し，学校経営上においても衛生的な見地から十分に教授，訓練の考え方と一致して全人格の陶冶，全人間の形成に結びつくようにする必要があると述べていた。

- 倉橋惣三

また，倉橋惣三教授（東京女子高等師範学校）は，文部省における養護訓導を対象とした講習会（昭和18年）（帝国学校衛生会監修の学校衛生）では，学校教育における養護の地位について，「健全ナル心身ノ育成」を目的とする学校において，教授，訓練，養護の分離を避けてはならないことを強調し，養護の教育的地位を確立させることが重要であり，この学校観の自覚なしに健康上の問題の真の解決にはならないとしている。当時の戦時下における身体の健全を第一とすることを根底に置きつつも，教授，訓練，養護は一体的に進める必要があるという考えである。さらに，養護の意義として「養護は学校教育そのものである」とし，従来，養護は教育の補助のような響きがあり，特に学校衛生は教育の効果をあげるために補助するように捉えられていたが，身体を護ることによって訓練と教授との効果をあげるというのではなく児童の身体を養護するそのこと自体が学校の本務であることと述べている。現代の我が国の養護教諭は，学校教育法第37条において学校に置かなければならない教育職員となっており，その職務は「児童（生徒）の養護をつかさどる」と定められている。

2）我が国の養護教諭の職の特色

「養護教諭（養護訓導）」は学校教育においてのみ，その職務を果たし得る職である。すなわち養護教諭としての養護の対象は学校に在籍する児童生徒であり，例えば看護師，保健師，栄養士とは異なり，養護教諭は学校以外には存在しない職種であり，制度の特徴として次の事項が挙げられる。

○学校教育法に規定されている教育職員であること。
○教育職員免許法施行規則に基づく「養護教諭養成カリキュラム」を有していること。
○医学的，看護学，公衆衛生学，知識・技能，健康相談等の専門的な知識技能を有した専門職であること。
○ほとんどの場合，一校あたり一人を必置としてどこの学校にも配置されていること。
○勤務形態は常勤として毎日の勤務に当たっていること。
○保健室を経営し，その機能を生かした実践活動に当たっていること。

3）養護訓導と「養護」の関連

「養護訓導」と「養護」との関連について，養護訓導が昭和16年制度化された２年後の「学校衛生」（帝国学校衛生会体育局監修昭和18年）に示されている。この内容は，文部省主催の養護訓導を対象に実施した講習会において前述した倉橋氏の講義内容である。養護訓導が職制として確立した当時の「養護」に関する本質や捉え方として大変意義深いと考える。

倉橋氏は「養護訓導と養護の用語の関連は，養護が学校教育そのものであり，養護訓導の制度において一層明らかである」と前置きした上で，「養護訓導の新制度をただ養護としての重視ではその意を得ていない。それだけのことなら，学校看護婦制で足りるのである。そこに必要な専門的知識から専科訓導に類するものとして特設され，又国民の養護問題（この場合健康問題と考えられる）を総合的に統括して行うために別置されたものであり，断じて教育の助手でも又傍系職員でもないこと。養護訓導の仕事の内容が医学的であり技能的専門の如何に拘わらず完全に学校教育者であることの認識が自他共に明らかにしない限り，学校の養護は本物にならない」と述べている。

昭和16年養護訓導となった当時に倉橋氏は養護訓導について，医学的な専門や技能を有した専門職，とりわけ「教育者」として捉えることの重要性を強調している。しかも，このことを養護訓導自身が自覚することなしに本物の養護にならない，と言うことを全国に向け発信啓発していたことに注目する必要がある。

4）養護の機能

養護の機能について，国民学校施行規則総則に「心身ヲ一体トシテ教育シ教授，訓練，養護ノ分離ヲ避クベシ」とあり，養護は学校教育において分離的な機能としてはならないと述べている。学校内での執務の実際において，養護が養護としてその教育的任務のみならず他の教育作用たる教授及び訓練と非分離の機能を持つということである。このことは，養護訓導執務要領第三項に「養護訓導ハ其ノ執務ニ當タリ常ニ他ノ職員トヨク連絡ヲハカルコト」の規定通りである（なお昭和22年養護教諭に名称変更した後にも執務要領は示されていないのでこの考えは昭和47年の保健体育審議会答申などに反映されたものと考えられる）。すなわち養護は，教育そのものであり，教育問題を広く捉えるとともに，養護の専門的な知識や技能を十分に生かしつつ，他の職員とよりよく連携するなど総合的な教育機能であるという考えがこの頃にも重要視されていたものと考えられる。この考え方や養護訓導執務要領及び昭和47年保健体育審議会答申で示された養護教諭の役割を「健康の保持増進全ての活動」から養護の機能を以下のようにまとめることができる。

①診断的機能：専門的な立場から健康や保健に関する実態の把握や分析をし，これらを学校の教育とりわけ健康の問題として共有化するための診断的機能
②管理的機能：健康の諸問題の解決や健康の保持増進のために必要な人や物及び環境を適切に管理する機能

③教育的機能：健康の保持増進を図るための個別又は集団を対象とした学習指導など，教育開発的な機能
④相談的な機能：心身の健康に関する悩みや不安，ストレス，心身の相関に関する児童生徒，保護者，教員などへの相談助言などの機能
⑤調整的機能（コーディネーター的機能）：養護の専門性を活かしつつ，関係者や専門家，専門機関などとの連携協働を円滑にするための機能
　①〜④までの機能を円滑にするために総合的な調整的機能

5）養護の職務の範囲

昭和16年「養護訓導執務要領」（訓令）の規定に次の事項が挙げられる。①常に心身の情（状）況を査察（把握），②訓練に留意し児童の養護に従事，③児童の養護の具体的な執務内容（身体検査，学校設備の衛生，学校給食と栄養，健康相談…など），④他の職員との連絡，⑤家庭との連携等である。この中の①②③は養護訓導の実際の執務，④と⑤は①，②，③を円滑に進めるための留意的な事項といえる。このことについて，先の倉橋氏は次のように述べている。

○「生活的，全体的」であるとし，その子の学校生活を中心としての全体的総合的問題を対象とすること。
○「環境的，科学的」であるとし，例えば教室の湿度，温度など環境の養護的条件が重要であり，それは十分科学的性質を持ちこのことに注意して執務に当たること。
○「自律的，積極的」であり，「養護」は，児童に対する保護を加える点は他律的であるが，学校における養護は単なる治療と健康増進との施行ではなく，教育である以上，それは必ず自律的な行動に移す必要があること。
○教育は積極的なものであり，養護も積極的でなければならず，学校養護の特殊性の一つがここにあること。
○「個別的，家庭的」であり，教育としての養護は，常に個別的特質を念頭に置くとともに，その子の家庭生活を十分に知った上で実際にあたること。
○「養護」は，最も親密に児童に近づける存在であり，児童の身体のみならず，身体を通じてその心にふれる，あるいは児童を通して教育者の心にふれること。

　すなわちこの当時から，養護の範囲は生活全般に関わる総合的な問題であり，それは科学的な認識をもって解決に当たること，さらに教育としての養護は，単に治療的看護的ケアや知識を理解させるための指導のみならず，積極性をもち，現在で言う自己教育力に結びつくものであることや個別の問題の解決には家庭との連携が欠かせないことなどと述べている。これらは80年以上経過した現在にも十分当てはまる。とりわけ，養護は「身体を通じて，その心にふれる」と述べていることに特に注目したい。平成9年保健体育審議会答申に示された養護教諭の新たな役割として「健康相談活動」が「身体的症状と心の健康問題の理解」など養護教諭の職務の特質を活かす提言にも当てはまる。さらに，平成10年中央教育審議会答申に養護教諭は，子供の身体的な訴えからいじめなどの心の悩み等のサインにいち早く気づく立場にあると指摘された。これは，いじめや不登校，薬物乱用，性の逸脱行動など健康の現代的課題への解決に向けた提言であるが，昭和18年当時から同様な事項が指摘されており意義深いものである。

・養護の本質

　すなわち「養護」の本質は，時代を超えて変わらない価値ある概念であり時代の要請に応え得るものでなければならないと考える。
　養護は「教授としての知育」「しつけなどの訓練」などと同一軸として捉えられていたが，その後の社会の情勢によって，養護教諭のもつ役割が特に保護的，看護的側面に比重を置いた時代を経て様々な捉え方がされていた。例えば中等学校保健計画実施要領（試案昭和24年）の養護は「看護及び保護を受けもつもの」と解され，戦後の占領軍の影響を受け，児童生徒の体位や体力の低下及び心身の健康課題等に対応することが国家的な願いでもあったものと推測される。この時には，医師や教諭の補助的，補佐的な役割が主であり養護の主体的な役割が後退したような感触を持たれるものであった。その後，昭和47年の保健体育審議会答申において専門的な立場から心身の健康と環境の実態の把握，問題のある児童の指導，健康な児童への健康増進への活動，一般教諭の行う活動への協力など「児

童生徒の健康を保持増進する活動」と捉えられた。以後，「養護」は教育におけ
る専門性を有した，より主体的な概念としての捉え方をするようになった。

　昭和22年学校教育法第28条第7項において「児童の養護をつかさどる」と成文
化された後，「養護」は「職」としての位置づけが明確になった。

　こうしたことから，我が国の養護の機能は教育職員としての特質を基盤におい
て考える必要がある。すなわち養護の基本的な機能的概念は教育的機能及び専門
的な機能がその基盤にあり，これらの上に「教育としての養護」「児童生徒の健
やかな発育発達を援助」「心身の健康に問題のある児童生徒への看護や保護」「健
康な児童生徒へのさらなる健康増進」等の具体的な役割が位置付き，「養護をつ
かさどる」は，制度確立当時から養護の内容的な概念といえる。

　昭和47年の保健体育審議会答申において「養護をつかさどる」とは，児童生徒
の健康を保持増進するすべての活動と提言された。

　「養護」の役割は，時代により，また人により，社会情勢等により様々に捉え
られていた。すなわち養護は「時代を超えて変わらない価値ある本質」を忘れて
はならないのである。

6）養護教諭制度の沿革

　現在の養護教諭の制度は，明治38年の学校看護婦をルーツとし，昭和16年養護
訓導，昭和22年養護教諭となるまで，その時々の児童生徒の健康状態や社会の変
化等に伴い，その名称や身分の位置づけ，職務内容及び配置数などが大きく変化
した。それぞれの状況等について年次を追って概説する（なお，ここでは当時の
決まりや考えをそのまま理解できるようにあえて原文のまま記述する。）。

○**明治33年（1900）**
　学校衛生の専従者として初めて学校看護婦が公立の学校に採用され，岐阜県の二つの小学校（1900年）に配置された。当時は，全国的なトラホームの大流行があり，洗眼などの対応が配置の理由と考えられる。看護婦の多くは東京に在住し全国の学校に雇用するには無理な状況であった。

○**明治45年（1912）**
　市町村の学校当局が学校看護婦を職員として採用した。例えば大阪府堺市では看護婦5名を置き小学校を巡回し学校衛生に関わる活動を展開した。

○**大正11年（1922）**
　文部省による学校看護婦に関する実態調査を実施し，積極的に設置奨励策を打ち出した。この時期においてはトラホームの洗眼が職務の中心とされており学校看護婦としては衛生全般の職務に従事するものではないと見られていた。この時点での学校看護婦数は100余名であった。

○**大正15年（1926）**
　この頃になると看護婦も増加しており，学校看護婦も急激に増加し900余名の配置となった。第一次大戦後のデモクラシー思想を背景に，学校衛生の目的に児童の健康の保護育成が加えられ，学校看護婦が新しい任務を担当する重要な職員として位置づけられた。

○**昭和4年（1929）**
　文部省訓令で「学校看護婦ニ関スル件」を公布。昭和に入って学校看護婦は飛躍的に増加し1438名となった。「学校看護婦ニ関スル件」を公布するに至った背景は，各学校に学校看護婦の配置が進むにつれ児童の保健衛生上の大きな成果が認められ，各県では府県令等で職務規程を制定していたが国の基準がなく，しかも臨床看護婦とは異なり一種の教育施設の中で保健業務に従事するという観点から，業務の内容に関し国として統一した規定を望む声が強かったからであった。文部省訓令「学校看護婦ニ関スル件」の主な内容は以下のとおりである。

【学校看護婦ニ関スル件】
近時学校衛生ノ発達ニ伴ヒ之ニ関スル各種ノ施設漸ク其ノ普及ヲ見ルニ至レルハ児童生徒の健康増進上洵ニ慶ブベキコトナリトス惟フニ学校衛生ニ関シテハ学校教職員，学校医主トシテ之ニ従事スト雖モ就中幼弱ナル児童ヲ収容スル幼稚園，小学校等ニ於テハ学校看護婦ヲシテ其ノ職務ヲ補助セシメ以テ周到ナル注意ノ下ニ一層養護ノ徹底ヲ図ルハ極メテ適切ナルコト云フベシ而シテ学校看護婦ノ業務ハ衛生上ノ知識技能並ニ教育ニ関スル十分ナル理解ヲ必要トスルヲ以テ之ニ対シテハ特殊ノ指導ヲナサザルベカラズ然ルニ未ダ規準ノ拠ルベキモノナク為ニ往々業務ノ実行上不便アルノミナラズ延イテ該事業ノ発達上支障無キヲ保シ難キハ甚ダ遺憾ナルコトト云ハザルベカラズ地方長官ハ叙上ノ趣旨ニ鑑ミ左記要項ニ準拠シ夫々適当ノ方法ヲ講ジ以テ学校衛生ノ実績ヲ挙グルニ力メラルベシ

1　学校看護婦ハ看護婦ノ資格ヲ有スルモノニシテ学校衛生ノ知識ヲ修得セル者ノ中ヨリ適任者ヲ採用スルコト但シ教育ノ実務ニ経験アルモノニシテ学校衛生ノ智識ヲ修得セル者ヲ採用スルモ妨ゲナキコト

2　学校看護婦ハ学校長，学校医其ノ他ノ関係職員ノ指揮ヲ受ケ概ネ左ノ職務ニ従事スルコト
　イ　疾病予防・診療介補消毒，救急処置及診療設備ノ整整並ニ監察ヲ要スル児童ノ保護ニ関スルコト
　ロ　身体検査，学校食事ノ補助ニ関スルコト
　ハ　身体，衣服ノ清潔其ノ他ノ衛生訓練ニ関スルコト
　ニ　家庭訪問ヲ行ヒテ疾病異常ノ治療矯正ヲ勧告シ又ハ必要ニ応ジテ適当ナル診療機関ニ同伴シ或ハ眼鏡ノ調達等ノ世話ヲ為シ尚病気欠席児童ノ調査，慰問等ヲ為スコト
　ホ　運動会，遠足，校外教授，休暇聚落等ノ衛生事務ニ関スルコト
　ヘ　学校衛生ニ関スル調査並ニ衛生講話ノ補助ニ関スルコト
　ト　校地，校舎其ノ他ノ設備ノ清潔，採光，換気，暖房ノ良否等設備ノ衛生ニ関スルコト
　チ　其ノ他ノ学校衛生ニ関スルコト
　3　学校看護婦執務日誌其ノ他必要ナル諸簿冊ヲ学校ニ備フルコト
　4　幼稚園其ノ他ノ教育機関ニ於テモ本訓令ニ準拠スルコト

　　この「学校看護婦ニ関スル件」は，我が国の初めての学校看護婦に関する法令で主として学校看護婦の職務内容を定めた。特に以下の内容に注目したい。

○昭和9年 (1934)	学校衛生調査会（学校衛生に関する文部大臣の諮問機関）に学校看護婦の設置や身分，資格（1934年）等についての草案を諮問した。同調査会の審議では学校看護婦の名称を学校衛生婦と改称するとした他は基本的に原案通り承認した。この審議結果をもとに単行勅令案を作成した。この内容は待遇を学校職員とすることや，職務を「学校衛生ノ実務ニ服スル」とされた。しかし，この案に対して「学校衛生ノ実務」教育の内容といえるか等の意見もあり，しばらく棚上げの状態となった。（昭和7年の学校看護婦2,400人）
○昭和13年 (1938)	昭和13年には学校衛生婦から「学校養護婦」と改め職務内容の表現も「衛生養護ニ関スル「職務」」として文部省議で定めた「学校養護婦令案」について，厚生省の同意を求めた。しかし，厚生省においても保健婦規則の起草に関わっており，学校養護婦を学校職員とすることに難色を示し，衛生職員として保健婦の一部とすることを主張したと言われる。このような経過を経て，○学校養護婦を文部省で所管し学校職員とすること。○学校養護婦の資格を保健婦並みに高めること。○職務の内容を治療補充側面より教育指導面に重点をおくこと。また，このような経過を経て職務の内容を「児童ノ養護ヲ掌ル」という案になった。このころ，国民学校令の起草が進められており，この単行勅令案は国民学校令の制定につながった。（昭和15年の学校看護婦の配置数　5,900人）

(1)学校養護婦

　　このような経過を経て，昭和13年「学校養護婦」という名称となった。学校養護婦について，①学校養護婦を文部省で所管し学校職員とすること。②学校養護婦の資格を保健婦並みに高めること。③職務の内容を治療補充側面より教育指導面に重点をおくこと。また，職務の内容を「児童ノ養護ヲ掌ル」という案になった。この頃，国民学校令の起草が進められており，この単行勅令案は国民学校令の制定につながっていった。学校養護婦については以下のとおりである。

○昭和17年 (1942)	養護婦に関する件（昭和17年7月17日文部次官通達）（抄） 　文部省訓令第19号を以て　養護訓導執務要項を制定せられ，昭和4年文部省訓令第21号学校看護婦に関する件は之を廃止せられたるも，従来の学校看護婦は，養護婦として養護訓導執務要項に準拠して執務することに付，之が指導上の遺憾なきを期せられたい。養護婦の採用に関しては，看護婦免許状を有する者の中より適任者を選定する。なお，国民学校においては，養護訓導免許状を有する者を得がたい場合に於いて，当分の間「養護婦」を児童の衛生の実務に従事することになることを申し添える。

(2)養護訓導

○昭和16年 (1941)	国民学校令で養護訓導として規定。 　昭和13年12月，教育の制度・内容の在り方に関して審議していた教育審議会は「国民学校・師範学校・及び幼稚園に関する件」を答申した。 　この答申において「国民学校ニ関スル要項」第9号に「心身一体ノ訓練ヲ重視シテ児童ノ養護，鍛錬ニ施設及制度ヲ拡充シ左ノ事項ニ留意スルコト」として「学校衛生ニ関スル制度ヲ整備スルコト」が盛り込まれた。この答申に基づき，国民学校設置の大綱が設定された。この中に「心身ヲ一体トシテ教育シ教授，訓練，養護ノ分離ヲ避クルコト」とし，「養護」は純然たる学校教育の内容であることが承認されるとともに教科そのものではないが教科の延長であると解釈された。また，教科を扱うのが「訓導」であるならば，養護を扱う職員も訓導の身分を持つべきであるとして学校養護婦から「養護訓導」へと法制化するに至った。 　戦時下のこの当時は人的資源養成の立場から青少年の健康確保が国の重要な課題であったことから，養護つかさどり，しかも健康の保護育成を担う教育職員が必要とされたものと考えられる。

ア.「国民学校令」と養護訓導

　　昭和16年3月教育審議会答申に基づいて小学校令が改正され，国民学校令が公布された。この中で養護訓導に関する規定は，次に示す第15条，第17条，第18条

第1章　養護教諭制度の沿革と職務内容の変遷　　**9**

｜に規定されている。

國民學校令　（抄）　改正　昭和18年199號・635號

昭和16年３月１日
勅令　第165号

朕機密顧問ノ諮詢ヲ經テ小學校令改正ノ件ヲ裁可シ茲ニ之ヲ公布セシム

第四章　職員

第15條　國民學校ニハ學校長，訓導及養護訓導ヲ置クベシ，國民學校ニハ教頭及准訓導ヲ置クコトヲ得

第16條　學校長ハ奏任官又ハ判任官ノ待遇トス地方長官ノ命ヲ承ケ校務ヲ掌握シ所属職員ヲ監督ス教頭ハ其ノ學校ノ訓導ノ中ヨリ之ヲ補ス學校長ヲ補佐シ校務ヲ掌ル

第17條　訓導ハ奏任官又ハ判任官ノ待遇トス學校長ノ命ヲ承ケ児童ノ教育ヲ掌ル。奏任官ノ待遇ト爲スコトヲ得ル訓導ハ教頭タルモノ又ハ功績アルモノトス，養護訓導ハ判任官ノ待遇トス學校長ノ命ヲ承ケ児童ノ養護ヲ掌ル，准訓導ハ學校長ノ命ヲ承ケ訓導ノ職務ヲ助ク

第18條　學校長，訓導及准訓導ハ國民學校教員免許状ヲ有スル者タルベシ

養護訓導ハ女子ニシテ國民學校養護訓導免許状ヲ有スルモノタルベシ

教員免許状ハ師範學校ヲ卒業シ又ハ訓導若ハ准訓導ノ檢定ニ合格シタル者ニ地方長官之ヲ授與ス

養護訓導免許状ハ養護訓導ノ檢定ニ合格シタル者ニ地方長官之ヲ授與ス

前二項ノ檢定ヲ施行スル爲樺太及道府縣ニ國民學校教員檢定委員會ヲ置ク

國民學校教員檢定委員會ニ關スル規程ハ別ニ之ヲ定ム

教員免許状及養護訓導免許状其ノ他檢定ニ關スル規程ハ文部大臣之ヲ定ム

第19條　特別ノ事情アルトキハ地方長官ハ國民學校教員免許状ヲ有セザル者ヲシテ准訓導ノ職務ヲ行ハシムルコトヲ得

第20條　國民學校職員ハ教育上必要アリト認ムルトキハ児童ニ懲戒ヲ加フルコトヲ得但シ體罰ヲ加フルコトヲ得ズ

イ．養護訓導の設置，待遇，職務及び資格

①設置：養護訓導の設置に関しては第15条に「養護訓導ヲ置クコトヲ得」と定めてある。この時点では全国すべての学校に配置するのは実現不可能と判断されたことから「養護訓導ヲ置クコトヲ得」と規定された。その後昭和18年の国民学校令の改正で第15条「國民學校ニハ學校長，訓導及養護訓導ヲ置クベシ」と規定された。この時すでに養護訓導の俸給，手当てなどが一般教員と同様に国庫補助を受けることが法制化され財政上の措置がとられたことから必置制に踏み切った。しかし，養成が追いつかないことから「養護訓導は当分の間置かないことができる」の規定が付け加えられた。

②職務：養護訓導の職務に関しては第17条に「學校長ノ命ヲ承ケ児童ノ養護ヲ掌ル」と規定された。この解釈については，昭和13年の教育審議会総会において国民学校の教育方針として「心身ヲ一体トシテ教育シ教授・訓練，養護ノ分離ヲ避クルコト」と提言されている。このことから「養護」とは，教育内容であることが承認されるに至り，従来の「学校衛生の実務」や「衛生養護」に関する職務などの曖昧な表現から児童の養護とし教育性を明確にした。

③待遇（身分）：養護訓導の待遇に関しては第17条に示され，訓導と同じ判任官としての身分とされた。判任官とは戦前の官吏の一つで天皇の委任を受けた各大臣，各地方長官等行政官庁の長に任命された官職である。

④資格：養護訓導の資格は第18条に「女子ニシテ國民學校養護訓導免許状ヲ有スルモノタルベシ」と規定された。この当時は養護訓導は女子のみに規定されていた。資格は，検定試験に合格した者に地方長官が授与することになっていた。養護訓導の検定試験は，この第18条の規定をうけ国民学校令施行規則に規定されている。

⑤検定：検定には無試験検定及び試験検定の二つの方法があった。
　○無試験検定　(i)文部大臣の指定した学校又は養成所を卒業した者，(ii)看護婦免許状を有し国民学校訓導免許状を有する者
　○試験検定　試験検定については看護婦資格を有し，(i)高等女学校を卒業した者，(ii)それと同等以上の学力のある者，(iii)その他地方長官において特に適任と認めた者，この中の(iii)が従来からの従事者を救済するための措置である。「現に学校に勤務し，２年以上勤続せる者で成績優良と認められる者」が該当した。この時の試験検定科目は，「修身」「公民科」「教育」「学校衛生」の４科目で師範学校本科程度とした。

⑥養成：養護訓導養成所の指定条件は文部省令で規定され，次の二つがある。この二つとも高等女学校を入学資格としていた。(i)既に看護婦資格を持つ者の１年コース，(ii)看護婦免許状を持たない者の２年コース（看護学が必修）

---

(3)養護教諭

○昭和21年 (1946)	文部省体育局長より「学校衛生刷新ニ関スル件」が示され，養護訓導（昭和22年から養護教諭）の緊急な増員が勧告された。
○昭和22年 (1947)	学校教育法の制定により，国民学校は「小学校」と改正された。それに伴い，訓導は「教諭」に養護訓導は「養護教諭」に改称された。

｜学校教育法第28条第７項において「養護教諭は，児童の養護をつかさどる」と

され国民学校令の職務を踏襲している。また，その具体的な職務内容については特に規定や通達は示されていない。

　　この後，養護教諭の配置は徐々に増加し，児童生徒の衛生管理はもとより様々な健康問題への対応に大きな役割を果たすようになり，その重要性が期待されるようになってきた。

○昭和24年 （1949）	教育職員免許法が制定され，養護教諭の養成制度の養成コースは次のように定められた。

　　教育職員免許法においては，教員養成は大学教育において行うことが原則という方針であったが，養護教諭については，当時占領下にあったことからGHQの強い勧告により大学における計画養成がなされず，昭和23年7月に制度化した保健婦助産婦看護婦法に基づく看護婦又は保健婦の養成に依存することになった（教育職員免許法第5条　イ甲種看護婦の免許＋養成期間1年　ロ保健婦の免許）。

○昭和28年 （1953）	教育職員免許法の改正により大学における養護教諭の養成が開始されることになった。また看護婦の免許の有無とは関係なく養護コースが設けられた。この改正による養成コースは次のとおりであり，養成の在り方も多岐にわたるものであった。

　　教育職員免許法第5条　イ　学士又は準学士の称号（4年制大学及び2年制短期大学）　ロ　保健婦の免許＋養成期間半年　ハ　看護婦の免許＋養成期間1年

＜参考文献＞
1）杉浦守邦編：養護教諭講座，東山書房，1995
2）帝国学校衛生会編：学童養護，学校保健文献センター，1936
3）帝国学校衛生会編：学校衛生，学校保健文献センター，1943
4）三木とみ子編集代表：新訂　養護概説，ぎょうせい，2018

（三木とみ子）

■■ 2　社会・家族の変容と変遷

【学びの達成目標】
①子供たちを取り巻く社会や家族の変容と変遷について，多角的側面から，最新の情報を習得し実態について理解している。（知識・技能）
②子供たちを取り巻く社会や家族の変容と変遷について理解を深め，課題を発見し，その解決を目指して科学的に思考・判断し，それらを書いたり他者に伝えたりすることができる。（思考・判断・表現）
③社会・家族の変遷についての学修に主体的に取り組むことができる。

　　子供たちの心身の健康状態は社会の変化や状況に敏感に影響を受けるため，社会の動きを捉えることは養護教諭にとって極めて重要である。そのため養護教諭は視野を広げ，リアルタイムで経済や社会状況・制度など最新の情報を理解しておく必要がある。

1）少子高齢化

・少子化

・合計特殊出生率

　　我が国の少子高齢化は世界に類をみないスピードで進行している。少子化とは，人口を長期的に維持するために必要な人口増加率を示す指標の一つである合計特殊出生率（その年次の15歳～49歳までの女性の年齢別出生率を合計したもので，1人の女性がその年次の年齢別出生率で一生の間に生むとしたときの子供数に相当する。[1]）が2.07（人口置換水準）を下回った状態である。我が国の令和5年の合計特殊出生率は1.20と過去最少となり減少の一途をたどっている[1]。

・高齢化

　　高齢化とは，65歳以上の高齢者の割合が増加している状態である[1]。我が国の65歳以上人口は，1950年には総人口の5.1％であったが，2023年には29.1％に達し，先進国の中でも最も高齢化率の高い国となった[2]。

　　少子高齢化が問題となるのは，人口の減少により生産労働人口が低下すること

第1章　養護教諭制度の沿革と職務内容の変遷　**11**

である。また，現在，学校教育においては子供の数が減少することで，学校の統廃合が加速化し，学校規模の適正化の問題や通学費用負担の増加，学校が無くなることによって地域の活力がなくなるなど様々な問題が山積している。今後もさらに学校が減少し続けるため，恒常的に統廃合の問題を抱え続けることが推測される。

・平均寿命
・健康寿命

2024年5月21日にWHOが公表したWorld Health Statistics（世界保健統計）に基づく報告によれば，我が国は，世界で最も平均寿命が長い国となった[3]。現在，健康寿命をいかに伸ばしていくかが課題となっている。健康寿命とは，健康上の問題によって日常生活が制限されることなく生活できる期間のことである。そのため，学校教育で行う健康教育は今後ますます重要であり，養護教諭の役割，学校保健の果たす役割は大きい。

2）家族世帯構成の変化・人生の多様性

(1)家族世帯構造の変化

2023年の国民生活基礎調査によると，我が国の平均世帯人数は著しく減少しており，世帯規模が縮小している。1986年と2023年の世帯種類別の構成割合を比較すると，2023年では「単独世帯」「ひとり親と未婚の子のみの世帯」の構成割合が増加しているが，「夫婦と未婚の子のみの世帯」「3世代等世帯」の構成割合は低下している[4]。つまり，このことは将来的に介護，子育て等を少数の家族で担うことにつながる。また，単独世帯は急増しており，1986年の調査と比較すると2.7倍となっている。今後，これまで主流であった「夫婦と子」からなる世帯構造は，2050年には少数派となり，単独世帯が約4割を占めることや，単独世帯のうち高齢者単独世帯の割合は5割を超えることが予測されている[5]。

(2)家族形態・家族の役割意識の変化

内閣男女共同参画室が実施している「結婚と家族をめぐる基礎データ」（令和4年2月7日）によると，2005年を境に，離婚件数は減少傾向にあるが，未成年の子供がいる離婚件数は，約11万1,335件（全体の約6割）と増加傾向にある[6]。また，全婚姻件数に占める再婚件数の割合は，1970年代以降，上昇傾向にあり，2020年度調査では，婚姻件数に占める再婚率は26.4%となっている。また，夫妻の初婚―再婚の組合せ別再婚件数・割合は，「夫妻とも再婚」が最も多く，5.2万件（37.3%）であることが報告されている[7]。そのような背景の下，近年，多様な家族の形態や家族概念，親子概念が広がりつつあり，ステップファミリーへの支援の重要性が注目されている。ステップファミリーとは，厚生労働省社会保障審議会の定義によれば「再婚（事実婚含む）により，夫婦のいずれかと生物学的には親子関係のない子ども（養子縁組をしている場合は，法的には親子関係が存在する）がともに生活する家族形態」とされている[8]。

・ステップファミリー

以下の再婚の場合が包括的ステップファミリーとして表現される。

（例）○法的な婚姻関係にある夫婦や事実婚関係にある場合

　　　○同性婚や同性の事実婚関係のもとで，生物学的な親子関係にない子供をもつ家族

　　　○法律上の婚姻でないカップルや養子縁組しない継親子など

また，家族が，同居している場合もあるが同居していない場合もある。必ずしも同一世帯のメンバーのみを指すのではなく，世帯を越えた親子関係などがある。

そのため，学校においては，様々な価値や人権に配慮した家族に対する理解や適切な言葉・表現が求められる。加えて，ステップファミリーの児童生徒に起きやすい心身の課題について専門的な知識や対応の技能を高めておく必要がある。

注意したい表現	推奨したい表現
片親家族	双核家族
子連れ再婚家族	ステップファミリー
正常な家族	初婚家族
ふつうの家族	核家族
実（本当）の親のよう	親／血縁の親
義理の親	継親
新しいお母（父）さん	継母　継父

（引用文献）野沢慎司・菊地真理（監修）：ステップファミリーを育むための基本知識オンラインプログラムとリーフレットを活用して学ぼう，ＳＡＪ（ステップファミリー・アソシエーション・オブ・ジャパン），bookletre-new2020.pdf,2020年３月１日より8）抜粋筆者作成

(3)家族の役割意識の変化

　家族形態・構造の変化に伴い，家族の役割意識にも変化が生じている。令和５年男女共同参画局が実施している調査によると，2010年を境に共働き世帯が上昇し，専業主婦世帯の減少が著しい[9]。このことは，家庭内の役割意識にも変化をもたらしている。従来の男性は仕事，女性は家庭という認識が薄れ，女性が仕事をすることへの理解や男性が家事や育児に積極的に参画するなど男女の家庭内役割意識の変化が顕著である。厚生労働省が公表した「令和５年度雇用均等基本調査」によると，男性の育児休業取得率は30.1％となっており，平成17年以前は１％に満たなかったことからも，男性の積極的な育児参画がみられる[10]。男性の育休取得率に関する政府目標は，2030年までに80％を目指している[11]。しかしながら，実際には，育児休暇が取得できるのは一定の層の職種や企業，行政機関などに過ぎず，子育て環境においても格差が生じていることが懸念される。

3）子供の貧困

・相対貧困率

「子供の貧困対策に関する大綱（令和元年11月）」こども家庭庁

「子どもの貧困対策の推進に関する法律の改正について」こども家庭庁

　我が国の経済状況の理解は子供たちの心身の健康状態の背景を理解する上では欠かせない要件である。1991年以降，日本のＧＤＰ（国内総生産）は停滞している。一方，他の先進国のＧＤＰは，長期的に上昇傾向にあり，日本は他の先進国と比較して，相対的に貧しくなっている。この背景の一つに前述した少子高齢化により生産人口が減少していることが挙げられる。今後，生活水準が低下することや様々な業種において人材不足がさらに深刻化することが推測される。また，ＯＥＣＤ（経済協力開発機構）加盟38か国の相対的貧困率ランキングによると，日本は７位（15.7％）であり，主要７か国のなかでは相対貧困率が最も高い。特に我が国は女性のひとり親世帯で，相対的貧困率が高い傾向にある。

　「2022年国民生活基礎調査の概況」によると，日本の子供の貧困率は11.5％となっており，９人に１人が貧困である。特にひとり親世帯の貧困率は44.5％と高い[12]。これらの状況を鑑み日本政府は，平成25年６月に「子どもの貧困対策の推進に関する法律」（平成25年法律第64号。以下「法律」という。）を制定した。これを受け，子供の貧困対策に関する大綱（平成26年８月閣議決定。以下「前大綱」という。）において，子供の貧困対策を総合的に推進することが重要であるとの方針を掲げ，政府では様々な取組を進めてきている。令和元年６月，議員提出による子どもの貧困対策の推進に関する法律の一部を改正する法律（令和元年法律第41号）が成立した。同法による改正後の法律では，子供の「将来」だけでなく「現在」の生活等に向けても子供の貧困対策を総合的に推進すること，基本理念として，子供の最善の利益が優先考慮されること，貧困の背景に様々な社会的要因があること等を明記，加えて子供の貧困対策に関する施策の検証及び評価その他の施策の推進体制に関する事項が追加された。

4）グローバル化・多様化

　我が国は今，急速に国際化が進行している。厚生労働省が調査した「外国人雇用状況」の届出状況まとめ（令和５年10月末）では外国人労働者数は　初めて200

万人を超え，届出が義務化された2007年以降，過去最高となっている[13]。10年前と比較すると外国人労働者が3倍以上増加している。これらのことからも，今，我が国は飛躍的にグローバル化が進展しているといえる。そのため，近年，学校では，外国につながりのある子供の数が年々増加している。「令和5年日本語指導が必要な児童生徒の受入状況等に関する調査」（文部科学省）によると，日本語指導が必要な外国籍の児童生徒が5年前調査（2016年）と比較し2倍以上となっている。また，日本語指導が必要な外国籍の児童生徒を言語別にみると，ポルトガル語が20.8％で最も多く，次に中国語の20.6％となっている[14]。日本語が上手く使えない子供の増加に伴い，今後学校において留意しなくてはならないことは，言葉の壁による健康情報の入手の困難さである。言葉の壁は，命や人権にかかわるような危機に遭遇した際に，必要かつ適切な情報が得られにくいこと，そして自身の体の状態を上手く伝えられないことや意思疎通が困難なことで医療につながりにくいことが懸念される。

加えて，健康に関する考え方は，国の持つ文化や価値観，宗教等によっても捉え方が異なるため，個々の母国の文化や教育制度，宗教観，健康観，家庭教育の価値観などを十分理解したうえで予防教育や情報提供を行うことが大切である。

5）情報化

情報化社会とは，様々な「価値のある情報」のやりとりを中心として発展していく社会のことである。今後ますます情報化が進展していくことが考えられるが，迅速に様々な情報を得られる反面，多くの課題も抱えている。学校教育においては，情報化社会のデメリットとメリットを十分理解した上での活用やそれらのリスクに関わる予防教育を実施していくことが求められる。こども家庭庁が実施した令和5年度「青少年のインターネット利用環境実態調査」報告書（令和6年3月）によれば，小学生は男子が98.2％，女子が98.3％，中学生は男子が97.8％，女子が99.3％，高校生は男子が99.4％，女子が99.8％がインターネットを利用していることが報告されている[15]。

つまり現代の子供たちは生まれた時から，メディア環境の中で生活しており，多くの情報を日常的にインターネットから得ている。しかし，必ずしも正しい情報とは言えず，また簡単に危険に巻き込まれていく場合も少なくない。そのため学校教育において，情報のリテラシー教育は必須であるといえる。また電子機器に多くさらされることにより，視力や聴力，姿勢など多くの健康問題が報告されている。そのため，健康被害の実際や使用方法・時間などの制限など学校教育における予防教育は重要である。

＜参考文献＞
1）厚生労働省：令和5年（2023）人口動態統計月報年計（概数）の概況（令和6年9月17日）
2）内閣府：令和6年版高齢社会白書（全体版）（PDF版）高齢化の現状https://www 8.cao.go.jp/kourei/whitepaper/w-2024/zenbun/06 pdf_index.html（2024年11）（2024年11月1日閲覧）
3）日本WHO協会：World Health Statistics（世界保健統計）
4）厚生労働省：2023（令和5）年　国民生活基礎調査の概況
5）総務省：人口動態・家族のあり方等社会構造の変化についてhttps://www.soumu.go.jp/main_content/000452791/.pdf
6）内閣府男女共同参画局：結婚と家族をめぐる基礎データ　令和4年2月7日
　https://www.gender.go.jp/kaigi/kento/Marriage-Family/2 nd/pdf/1.pdf（2024年10月1日閲覧）
7）男女共同参画局：https://www.gender.go.jp/about.danjo/whitepaper/r 04/zer.tai/html/zuhyo/zahyo 00-02.html（2024年11月1日閲覧）
8）野沢慎司・菊地真理（監修）：ステップファミリーを育むための基本知識オンラインプログラムとリーフレットを活用して学ぼう，ＳＡＪ（ステップファミリー・アソシエーション・オブ・ジャパン），bookletrenew2020.pdf，2020年3月1日
9）男女共同参画局：共働き世帯数と専業主婦世帯数の推移（妻が64歳以下の世帯）2023年の国民生活基礎調査https://www.gender.go.jp/about_danjo/whitepaper/r 04/zentai/html/zuhyo/zuhyo 00-07.html（2024年10月2日閲覧）
10）厚生労働省：「令和5年度雇用均等基本調査」
11）厚生労働省：仕事と育児・介護の両立に係る現状及び課（令和5年1月26日）
　https://www.mhlw.go.jp/content/11901000/001045156.pdf（2024年10月1日閲覧）

12）厚生労働省：2022年　国民生活基礎調査の概況」
13）厚生労働省：「外国人雇用状況」の届出状況【概要版】（令和５年10月）
14）文部科学省：令和５年度　日本語指導が必要な児童生徒の受入状況等に関する調査の概要（令和６年８月）
15）こども家庭庁：令和５年度「青少年のインターネット利用環境実態調査」報告書，令和６年３月

（鎌塚　優子）

■ 3　児童生徒の健康課題の変遷

【学びの達成目標】
①児童生徒の現代的健康課題について多面的な方向から最新情報を収集し，理解する技能を身に付けている。（知識・技能）
②現代的健康課題に関わる実態や背景，国の政策，法律などを分析し，その解決を目指して科学的に思考・判断し，それらを書いたり他者に伝えたりすることができる。（思考・判断・表現）
③現代的健康課題の学修に主体的に取り組むことができる。

　子供たちの心身の健康課題は社会環境の変化や科学技術の発展とともに以前にも増して複雑化，多様化，深刻化している。不登校，虐待，特別な支援を必要とする児童生徒支援等にかかわる対応や支援体制整備等が，問題の増加に対応し切れず山積している。それらの問題はいくつかの背景が重層的に関係していることもあり，養護教諭は現代的課題の全体像について多面的な方向から俯瞰的に最新情報を得ておく必要がある。また多様な子供を包摂した教育・養護実践を行うことが求められる。

1）家庭環境・経済的問題
・虐待
・虐待の法的根拠

　厚生労働省が公表した令和４年度児童相談所における児童虐待相談の対応件数は21万4,843件であり過去最多を更新している。虐待には身体的虐待，心理的虐待，性的虐待，ネグレクトがあるが，特に近年では，両親のＤＶを目撃する状況が加わったことで心理的虐待の割合が増加している[1]。虐待を受けたことによって，脳の器質的・機能的なダメージを伴うことも報告（Tomoda.A,Sheu,Y.S,Rabi,k,et al(2011)）[2]されているなど，発達途上の子供たちの心身の発達に甚大な影響を及ぼすことも明らかになってきている。また，虐待に至らないまでも不適切な養育環境や養育者のかかわりも問題となっている。

・ヤングケアラー

　近年，ヤングケアラーと呼ばれる子供たちの存在も注目されるようになった。ヤングケアラーとは，「家族の介護その他の日常生活上の世話を過度に行っていると認められる子ども・若者」と定義されている[3]。こども家庭庁が実施した「ヤングケアラーの実態に関する調査研究」（2020年度）によると，「自分はヤングケアラーに当てはまる」と思う人の割合は，中学２年生では1.8％，全日制高校２年生で約２％，定時制高校２年生相当で約５％，通信制高校生で約７％であることが報告されている[4]。これらの状況を踏まえ，「子ども・子育て支援法等の一部を改正する法律」において，国・地方公共団体等が各種支援に努めるべき対象にヤングケアラーが明記された。

・子供の貧困

　また，2023（令和５）年　国民生活基礎調査によると，相対的に貧困の状態にある子供の割合は11.5％となっており，特にひとり親世帯の貧困率は44.5％と高く，格差が広がっている[5]。このように，近年，福祉や経済的支援が必要とされる児童生徒が増加している中，様々な政策が進展している。しかし，社会の変化とともに新たな問題や表在化されていない課題を抱えている家庭も推測され，子供たちに十分な支援が行き届いていない可能性もある。今後，養護教諭はますます行政やスクールソーシャルワーカー等との連携力が必要となる。

2）問題行動・不登校等生徒指導上の諸課題

　「令和５年度児童生徒の問題行動・不登校等生徒指導上の諸課題に関する調査結果」によると，小・中・高等学校における暴力行為の発生件数10万8,987件（前年度９万5,426件），児童生徒1,000人当たりの暴力行為発生件数8.7件（前年

第１章　養護教諭制度の沿革と職務内容の変遷　**15**

(1)暴力・いじめ ・いじめ防止対策推進法	度7.5件），となり，過去最高となった[6]。特に小学校では平成27年を境に急増しており，10年で6倍以上となっている。 　また，同調査では，小・中・高・特別支援学校におけるいじめの認知件数は，73万2,568件（前年度68万1,948件），いじめ防止対策推進法第28条第1項に規定する重大事態の発生件数1,306件（前年度919件）となっている。特に「ネットいじめ」の件数は，増加が続き，2023年度は2万4,678件で過去最多となっている[7]。
(2)不登校・保健室 ・不登校	「令和5年度児童生徒の問題行動・不登校等生徒指導上の諸課題に関する調査結果」によると，小・中学校における不登校児童生徒数34万6,482人，高等学校における不登校生徒数6万8,770人と，不登校児が小学校及び中学校，高等学校を合わせると約42万人となり過去最高となった。不登校対策は生徒指導上，喫緊の課題となっている。加えて，同調査から，学校内外の専門機関等で相談・指導等を受けていない小・中学生が約13.4万人（90日以上の不登校）に上ることも明らかとなっており，深刻さが増している[6]。
・保健室登校	また，5年おきに実施されている「保健室利用状況に関する調査報告書（令和4年度調査結果）」によると保健室登校（令和3年10月から令和4年9月末まで）の児童生徒は，小学校で44.8%，中学校で35.1%，高等学校で34.5%，前回調査（平成28年度調査）より増加しており，学校に登校できても教室に入れない児童生徒が増加している。保健室登校を取り巻く校内支援については児童生徒の背景も様々であるため，個々に合った体制整備が求められる。
(3)自　殺 ・小中高生自殺の推移	令和5年度の小・中・高等学校から報告のあった自殺した児童生徒数は397人（前年度411人）であり，その内小学生は11人（前年度比8人減），中学生は126人（前年度比3人減），高校生は260人（前年度比9人減）であった[8]。このことからも児童生徒の心理・精神的問題は深刻な状況にあるといえる。特に2020年に発生した新型コロナウイルス感染症が流行した時期より，若年層の自殺者数が急増している。また，15歳から19歳までの死因の1位が自殺であることから，この年代における発達的特徴からも，自殺が起こりやすい時期であることが予測されるため学校における予防教育は必須であるといえよう。
(4)性犯罪被害・性被害	令和4年における青少年が主たる被害者となる性犯罪（強制性交等，強制わいせつ）の認知件数は，2,776件であり，前年より増加している。特に児童ポルノ事犯の検挙件数・検挙人員が増えている。被害者の多くが中学生であり，被害児童の被害態様別割合では，「児童が自らを撮影した画像に伴う被害」が最多の38.8%，低年齢児童の被害態様別では，盗撮が39.0%という結果が報告されている[9]。特にSNSに起因する事犯のうち，重要犯罪等の被害児童数は増加傾向にある。 　情報化社会の広がりにより，簡単に被害に巻き込まれてしまう可能性があり，学童期以前からの教育が必要である。
(5)薬物乱用	大麻事犯における20歳未満の検挙人員は，過去最多を更新した昨年と同水準30歳未満の検挙人員のうち20歳未満が占める割合は23.9%である[10]。また近年，児童生徒のオーバードーズが問題となっている。オーバードーズとは市販薬を主たる薬物とする依存症患者が急増しており，2012年から2020年にかけて約6倍に増加している。また，薬物使用と生活に関する全国高校生調査2021（国立精神・神経医療研究センター）によれば「過去1年以内に市販薬の乱用経験がある」という高校は60人に1人（高校生全体の1.57%，推計値），高校生の市販薬乱用の経験

率（過去１年間）は大麻の使用率の約10倍（大麻0.16%，市販薬乱用1.57%）となった[11]。市販薬は例え少量であっても覚せい剤や大麻と同じように依存性が高いため，早期からの正しい知識が必要となる。

3）インクルーシブ・多様性

(1)発達障害
・発達障害者支援法

「通常の学級に在籍する特別な教育的支援を必要とする児童生徒に関する調査結果（令和４年）」によると発達障害が疑われる児童生徒が通常学級に8.8%存在[12]しており，10年前に実施された同調査よりも2.3%増加している。特に養護教諭は，健康面での発達障害児が持つ独自の感覚を理解する必要がある。発達に偏りのある子供の多くは感覚過敏など独自の感覚を持つことが報告されている。過剰に過敏であったり，刺激に対する反応が鈍く，怪我をしても痛みを感じにくかったり，体調不良が自覚しにくいなど感覚鈍麻の特性を持つ子供も存在する。発達障害児の多くは自分が周囲と異なる感覚を持つことに本人すら気づいていない場合があるため，周囲からの理解も得られにくい。このように，発達障害児には独自の感覚があることを理解し，指導や対応を考える必要がある。つまりこれらの専門的な知識の習得とそれに伴う教育技術が必要とされる。また，近年では企業，社会において，発達障害をニューロダイバーシティ（神経多様性）と表現される等の新しい捉え方も広がりつつある。

・「性的指向及びジェンダーアイデンティティの多様性に関する国民の理解の増進に関する法律」

(2)医療的ケア児等

「性同一性障害や性的指向・性自認に係る，児童生徒に対するきめ細かな対応等の実施について（教職員向け）」文部科学省

近年，医療的ケアが必要とされる児童が増加している。特別支援学校に在籍する医療的ケア児の数8,485人，幼稚園，小・中・高等学校に在籍する医療的ケア児の数1,783人，全国の医療的ケア児（在宅）は，推計約２万人を超える[13]など，15年前と比較すると約２倍となっており，教職員の理解と支援体制の構築が喫緊の課題となっている。学校においては，養護教諭は医療と教育をつなぐ重要な立ち位置にいるため，医療的ケア児看護職員と連携しながら子供の支援を行うことが求められる。

(3)性の多様性

「性的指向及びジェンダーアイデンティティの多様性に関する国民の理解の増進に関する法律」（令和５年法律第68号）が令和５年６月23日に公布された。その中で性的指向及びジェンダーアイデンティティの多様性に関する児童，生徒又は学生の理解について，家庭及び地域住民その他の関係者の協力を得つつ，児童生徒等の心身の発達段階に応じた教育又は啓発，教育環境の整備，相談の機会の確保等に努めることが示された。性の在り方は様々であることを理解し，個々にあった適切な支援を行うことが大切である。

(4)健康・発達課題を抱えた日本語指導が必要な児童生徒

また近年，日本語指導が必要な外国籍児童生徒の増加が顕著であるが，精神疾患や基礎疾患，発達障害などを抱える児童生徒にとっては医療通訳などの不足など深刻な課題を抱えており，加えて経済上の不安を持っている場合など複合的な困難さを伴っている事案も少なくないため，多職種他機関連携などの専門機関・専門職を含めた体制整備が急がれる。

4）グローバル化・情報化による健康課題

日本政府は2018年の段階において，既に，国際的に脅威となる感染症対策関係閣僚会議において，「国際的に脅威となる感染症対策の強化に関する基本方針」を示し，グローバリゼーションの進展によって，国際社会全体に感染症が拡大しやすくなっていることを報告している[14]。

公衆衛生学等様々な分野において，グローバリゼーションの進展とともに多くの人，物の交流が拡大することによって，様々な感染症の脅威にさらされるであろうことは既に懸念されてきたことである。2020年に新型コロナウイルス感染症のパンデミックが起きたように，今後，学校は幾度となく感染症の脅威に遭遇する可能性があるため感染症対策や予防教育は日常的に実施しておくことが大切で

・情報化による心身健康課題

「児童生徒の健康に留意して「ICTを活用するためのガイドブック」1．留意事項の考え方」文部科学省

5）地球変動による健康課題

ある。

　現在の子供たちは，ゲーム機，パソコン，携帯電話，タブレット端末など様々なディバイスを日常的に使用しておりソーシャルメディア環境の中で育っていることは言うまでもない。しかし，これらは便利な反面，様々な健康被害がもたらされることも懸念されている。佐藤[15]は，具体的な心身への影響について，暴力・攻撃性，運動不足，性の問題，喫煙，酒，違法薬物，学業成績，睡眠の質等に影響することを報告している。またネット依存症も深刻であり，これらの心身への影響について適切な教育を早期から実施するとともに家庭・地域と協力しながら使用の制限やマナー等について教育していくことは重要である。

　近年，気候変動は，大気汚染や感染症を増加させるなど，多くの健康被害をもたらしている。このことは，全世界の人々の健康とウェルビーイングにも大きな影響を与える地球規模の課題でもある。我が国においても，猛暑が続いたり，日々の気温の変動が激しかったり，急激に発生する豪雨など，これまでにみられない異常事態が頻繁に起きている。全国の猛暑日（最高気温35℃以上の日）や熱帯夜（夜間の最低気温が25℃以上）の日数も増加していることが報告されており，睡眠障害や自律神経にかかわる体調不良など，今後も地球変動による様々な健康問題や生活上のリスクも考えられることから外的な環境の影響による身体面への影響など心身相関の視点から考える保健教育も必要である。

＜参考文献＞
1）厚生労働省：令和4年度　児童相談所における児童虐待相談対応件数20230401_policies_jidougyakutai_07.pdf（cfa.go.jp）（2024年11月4日閲覧）
2）Tomoda.A.,Sheu,Y.S.,Rabi.K.et al.1.Exposure to parental verbal abuse is associated with increased gray matter volume in superior gyrus.Neuroimage.54 Suppl 1.s 280-286.
3）厚生労働省・こども家庭庁：「ヤングケアラーの実態に関する調査研究」（2020年度）
4）「子ども・子育て支援法等の一部を改正する法律」「子ども・子育て支援法等の一部を改正する法律」（令和6年法律第47号）（令和6年6月5日施行）
5）厚生労働省：2023（令和5）年　国民生活基礎調査の概況
6）文部科学省初等中等教育局児童生徒課：令和5年度　児童生徒の問題行動・不登校等生徒指導上の諸課題に関する調査結果（令和5年10月31日）
7）日本学校保健会：保健室利用状況に関する調査報告書令和4年度結果
8）厚生労働省自殺対策推進室警察庁生活安全局生活安全企画：令和5年中における自殺の状況https://www.npa.go.jp/safetylife/seianki/jisatsu/R 06/R 5 jisatsunojoukyou.pdf（2024年10月1日閲覧）
9）警察庁生活安全局人身安全・少年課：子供の性被害の現状と取組について
警察庁生活安全局人身安全・少年，2022　https://www.cfa.go.jp/assets/contents/node/basic_page/field_ref_resources/aceeb 993-95 c 7-4465-9 db 7-3753 b 9 e 6694 b/1 ecbdd 44/20230627_councils_kodomokanren-jujisha_%20 x 2 UksA 0 k_19.pdf（2024年10月1日閲覧）
10）嶋根卓也他：令和2年度厚生労働行政推進調査事業費補助金医薬品・医療機器等レギュラトリーサイエンス政策研究事業「薬物乱用・依存状況の実態把握と薬物依存症者の社会復帰に向けた支援に関する研究　総括・分担研究報告書，pp41―104，2021．
11）国立精神・神経医療研究センター：薬物使用と生活に関する全国高校生調査，2021
12）文部科学省：通常の学級に在籍する特別な教育的支援を必要とする児童生徒に関する調査結果（令和4年）
13）文部科学省：令和3年度学校における医療的ケアに関する実態調査結果（概要）
14）首相官邸：国際的に脅威となる感染症対策の強化に関する基本指針，2016
15）佐藤和夫：ＩＴの功罪：電子メディアの子どもへの影響とその対応，小児保健，pp.18―22

（鎌塚　優子）

第2章 養護の原理・概念(専門性を含む)

■ 1 養護とは

【学びの達成目標】
①「養護」の用いられ方から「養護」の意味や対象・範囲を比較し、学校における「養護」について理解している。(知識・技能)
②倉橋惣三氏の「養護」の捉え方について思考し、他者との意見交換により自らの考えを書いたり伝えたりすることができる。(思考・判断・表現)
③学校における「養護」の捉え方や対象、範囲についての学習に主体的に取り組むことができる。

- 「養護」という言葉

「養護」という言葉は、どのような場面で使用されているだろうか。単独で用いられる場合と、ほかの単語と組み合わせて用いられる場合とがある。「養護」が用いられる単語には、「養護教諭」「児童養護」「社会的養護」「家庭養護」「特別養護」「養護施設」などがある。

> 『養護とは、養護教諭の職務として学校教育法第37条第12項において「養護教諭は児童の養護をつかさどる」と規定されている言葉であり、児童生徒等の心身の健康の保持(健康管理)と増進(健康教育)によって発育・発達の支援を行うすべての教育活動を意味している』
> 【一般社団法人日本養護教諭教育学会;養護教諭の専門領域に関する用語の解説集＜第3版＞】

- 「養護」の解釈

日本養護教諭教育学会が示している(下線部)ように『「養護教諭」の職務として……教育活動を意味している』と述べていることから、ここで扱う「養護」とは「学校教育としての概念」と捉えられる。

学校で行う「養護」は「教育活動」として位置づけられ、教育的な意図をもってその行為を行う。そこに「学校における養護」すなわち「学校養護」としての価値がある。

- 教育の目的

教育基本法では、「第一条 教育は、人格の完成を目指し、平和で民主的な国家及び社会の形成者として必要な資質を備えた心身ともに健康な国民の育成を期して行われなければならない。」とある。この目的を達成するために、学校では「教育を受ける者の心身の発達に応じて、体系的な教育が組織的に行われ、かつ、教育を受ける者が、学校生活を営む上で必要な規律を重んじて、自ら進んで学習に取り組む意欲を高めることを重視」して学校教育が行われている。

- 「学校における養護」

「学校における養護」は、学校教育全体を通じて、組織的・体系的・自律的・主体的に実践されるものである。一方、「児童養護」「社会的養護」「家庭養護」「特別養護」「養護施設」の『養護』は、学校を包含した社会における福祉的な要素を含んだ「養護」として用いられる。広辞苑では、「養護とは、1養い守ること 2児童・生徒の健康を保護し、その成長を助けること 3特に、保護を必要とする児童などを特別な施設によって教育すること」とある。この意味からして、「養護」はどちらかといえば「状態」を表す言葉ではなく「行為」を表す言葉であると考える。

「養護」には、対象とする人が存在し、さらにはその場所(場面)が存在する。したがって広義としての養護の対象は、子供を含むすべての国民と捉えることができる。

　　　　ゆえに，筆者はあえて「学校における養護」「学校養護」と表記した。学校養護の対象は，学校に在籍する児童生徒等である。定時制高校や夜間中学等においては，多様な年齢の生徒が通学することもあることから「子供」ではなく「生徒」を用いることが適当と思われる。

　　　　養護教諭を取り巻く世界では，「学校養護」ではなく「養護」として学校養護を表現していることから，本書においては以後，「養護」を使用するものとする。

・養護はケア（Care）と英訳

　　　　ケア（Care）は，名詞として扱われる場合には，心配，苦労，心痛，心配や苦労のもと，（危険・損害などを避けるための）注意，留意，〔細かい部分への〕注意，配慮，〔物の〕手入れ，ケア，〔人の〕世話，介護，ケア，〔子どもなどの〕監督，保護である。自動詞として扱われる場合には，大事［重要］だと思う，〔重要なことなので〜に〕関心がある，気にかける，心配する，気遣う，気にする，構う，世話をする，看護する，面倒を見るという意味がある。他動詞として用いられる場合は，〔〜に〕関心がある，〔〜を〕気にする，〔〜に〕構うという意味がある。いずれも，対象に対する慈しむ思いが感じ取れる。

・「養護概説」の「養護」

　　　　以上のことから「養護概説」の「養護」とは，『養護教諭の職務として学校教育法第37条第12項において「養護教諭は，児童の養護をつかさどる」と規定されている養護』について，『児童生徒等の心身の健康の保持（健康管理）と増進（健康教育）によって発育・発達の支援を行うすべての教育活動』の理論と実践の総体として捉える。学校における「養護」（「学校養護」）の独自性を理論と実践の両側面から，社会に発信することは，養護学の発展に寄与するものとなると考え，述べることとする。

表1 「養護」の類語と法的根拠

「養護」が用いられる言葉	養護教諭	社会的養護	児童養護施設	養護老人ホーム特別養護老人ホーム	家庭養護
法的根拠等	学校教育法第37条第12項	児童福祉法第1条児童の権利に関する条約第3条	児童福祉法第41条	老人福祉法ほか	国連指針「児童の代替的養護に関する指針」（2009年（平成21年）12月国連総会決議）
「養護」が用いられる言葉の定義や意味，解釈	養護教諭の職務として学校教育法第37条第12項において「養護教諭は児童の養護をつかさどる」と規定されている言葉であり，児童生徒等の心身の健康の保持（健康管理）と増進（健康教育）によって発育・発達の支援を行うすべての教育活動を意味している。	親のない子どもや親に監護させることが適当でない子どもを公的責任で社会的に養育し保護するとともに，養育に困難を抱える家庭への支援を行うこと。	保護者のない児童（乳児を除く。ただし，安定した生活環境の確保その他の理由により特に必要のある場合には，乳児を含む。以下この条において同じ。），虐待されている児童その他環境上養護を要する児童を入所させて，これを養護し，あわせて退所した者に対する相談その他の自立のための援助を行うことを目的と	六十五歳以上の者であつて，環境上の理由及び経済的理由（政令で定めるものに限る。）により居宅において養護を受けることが困難なものを当該市町村の設置する養護老人ホームに入所させ，又は当該市町村以外の者の設置する養護老人ホームに入所を委託すること。	国連指針では，residential care（施設養護）とfamily-based care（家庭を基本とする養護＝家庭養護）が相互に補完しつつ児童のニーズを満たしているとしつつ，施設養護は必要な場合に限られるべきこと，幼い児童の代替的養護は原則としてfamily-based careで提供されるべきこと，大規模な施設養護は廃止

「養護」が用いられる言葉	養護教諭	社会的養護	児童養護施設	養護老人ホーム 特別養護老人ホーム	家庭養護
			する施設とする。		していくべきこと，施設養護は可能な限り家庭や少人数に近い環境（a setting as close as possible to a family or small group situation）であるべきとしている。○国連指針では，family-based careとして，① Kinship care，② Foster care，③ Other forms of family-based careを挙げている。また，family-based careと，family-like careを区別している。

2　教育としての養護

1）倉橋惣三氏が示す，学校における「養護」

参照資料2：「初等教育と養護」
東京女子高等師範学校教授　倉橋惣三氏

　東京女子高等師範学校教授倉橋惣三氏の当時の講演記録から学校における「養護」を述べることにする。そのうえで「学校養護」の独自性と機能について述べる。

　参照資料2として掲載した文章は，筆者が「学校衛生第23巻，昭和18年学校保健文献センター」の9ページから22ページに記載されている内容を現代語的に要約して述べたものである。本講演は，倉橋氏が文部省主催養護施設講習会において講演した内容である。保健室講習会であるから，本講演会に参加していたのは，養護訓導（養護教諭）等であると推測できる。本講演が行われている社会的な背景としては，昭和18年（1943年）当時であるため，第2次世界大戦中であることは言うまでもない。このような背景を斟酌しても，現代の多様化複雑化する社会背景や，それによって引き起こされる現代的健康課題は当時と重なるように感じる。このような時代にあって，教育としての「養護」の捉え方は時代を超えて現代に通じる考え方であると筆者は考える。参照資料2を読み，「養護」の不易と流行とは何か，授業等では「養護」とは何かを討議し養護観を養っていただきたい。

3　養護の対象・範囲

- 学校教育法第1条に規定する学校

　この法律で，「学校とは，幼稚園，小学校，中学校，義務教育学校，高等学校，中等教育学校，特別支援学校，大学及び高等専門学校とする。」とある。

> 学校教育法　第1条
> 　この法律で，学校とは，幼稚園，小学校，中学校，義務教育学校，高等学校，中等教育学校，特別支援学校，大学及び高等専門学校とする。

　養護の対象は，これらの学校の「児童生徒等」である。範囲は「学校教育」の範囲となる。

- 子供の呼び名

　ちなみに，小学生は「児童」と呼ぶ。中学生，高校生，高等専門学校は「生徒」と呼ぶ。大学生や高等専門学校生のうちの専攻科（大学とほぼ同程度の専門的な知識，技術を身につける過程）は「学生」と呼ぶ。義務教育学校とは，「小中一貫校」である。この場合，小学校課程に属する子供は「児童」であり，中学校課程に属する子供は「生徒」と呼ぶ。中等教育学校とは，「中高一貫校」である。高等学校には，全日制高校のほか，定時制高校や通信制高校，単位制高校などもある。そこに通学する生徒の中には，成人した者もいる。そのため「子供」ではなく「児童生徒等」と法令等では表記している。この「等」に学生や幼児が含まれる。

　この法律には，養護教諭を置く根拠が示されている。

- 養護教諭の法的根拠
　―学校教育法第37条―

「学校教育法第37条（養護教諭の法的根拠）」e-GOV法令検索

「高等学校設置基準第9条（養護教諭の法的根拠）」e-GOV法令検索

> 学校教育法
> 第37条　小学校には，校長，教頭，教諭，<u>養護教諭</u>及び事務職員を<u>置かなければならない。</u>
> 　　　　　　　　　　　　　　　　　　　　　　　　　　　　　　（下線は筆者加筆）

> 学校教育法
> 第60条　高等学校には，校長，教頭，<u>教諭及び事務職員を置かなければならない。</u>
> ②　高等学校には，前項に規定するもののほか，副校長，主幹教諭，指導教諭，<u>養護教諭</u>，栄養教諭，<u>養護助教諭</u>，実習助手，技術職員その他必要な職員を<u>置くことができる。</u>
> 　　　　　　　　　　　　　　　　　　　　　　　　　　　　　　（下線は筆者加筆）

> 高等学校設置基準
> （養護教諭等）
> 第9条　高等学校には，相当数の<u>養護をつかさどる主幹教諭，養護教諭その他の生徒の養護をつかさどる職員を置くよう努めなければならない。</u>
> 　　　　　　　　　　　　　　　　　　　　　　　　　　　　　　（下線は筆者加筆）

　「小学校には…」とあるが，学校教育法第49条及び第49条の8には「第三十条第二項，第三十一条，第三十四条から第三十七条まで及び第四十二条から第四十四条までの規定は，<u>中学校に準用する。</u>」「（同）<u>義務教育学校に準用する。</u>」（下線は筆者加筆）と示されていることから，小学校及び中学校，義務教育学校には養護教諭はおかなければならない。ということは，特別支援学校の小学部・中学部にも養護教諭は置かなければならない。学校教育法では，高等学校には「養護教諭を置くことができる。」と規定されている。また高等学校設置基準では，第九条に「（略）生徒の養護をつかさどる職員を置くよう努めなければならない。」として養護教諭の必要性を示している。これは，幼稚園や高等専門学校，大学においても同様である。

- 養護教諭の定数と複数配置

　養護教諭の配置については，「公立義務教育諸学校の学級編制及び教職員定数の標準に関する法律」に基づき標準定数が決められている。養護教諭は義務教育段階の学校に必置であるため，この法律に規定されている。養護教諭定数は，3学級以上の学校数×1名，複数配置は，小学校851人以上で2名，中学校801人以上で2名，無医村，無医離島は加算とされている。特別支援学校は，学校数×1名，複数配置は小学部及び中学部の児童及び生徒の数が61人以上である。高等学校においては，収容定員が81〜800人の全日制課程数（本校）×1名，121〜800

	人の定時制課程数（本校）×1名，801人以上の全日制・定時制課程数（本校）×2名となっている。ただし，幼稚園や高等専門学校，大学についての規定はないが，配置されている例は多数ある。 　これらのことから，学校教育法に定められた「学校」に所属するすべての児童生徒等が対象であり範囲であるといえる。
・養護をつかさどる範囲	学校は児童生徒等が安心安全に学校生活を過ごし，学校教育の目標を達成できるようにしなければならない。「養護は教育そのものである」や「教授・訓練・養護の分離を避けること」「身体をもってその心のふれる」という倉橋氏の言葉にもあるように，学校教育活動のすべての場面において，「養護」は存在している。その認識を常にもち，教育活動にあたることがこれからの学校にますます重要になってくる。すなわち，常に児童生徒等を身体的，心理的，社会的，行動的な側面から観察し，授業や学習，学校生活全体を通じて，心身の健康を適切なタイミングで支援することで成長を促すことが養護の範囲である。養護教諭の職務を通じて子供の成長や自己実現を支援することが養護の範囲ともいえる。

■ 4　子供の理解

1）学齢期・思春期・青年前期と心身の健康

【学びの達成目標】
①養護の対象である子供の心身の発育や発達の特徴，精神の発達課題や健康課題と子供の権利について理解している。（知識・技能）
②子供の発達段階の違いやそれに伴う健康課題を発見し，その解決を目指して科学的に思考・判断し，それらを書いたり他者に伝えたりすることができる。（思考・判断・表現）
③子供の理解の学修に主体的に取り組むことができる。

・年齢階級別死亡率	学校保健の対象となる学齢期・思春期・青年前期の児童生徒の健康は，性別5歳階級別に人口10万対の死亡率の変化から見ると，明らかに学齢期は人間のライフステージの中で最も死亡率の低い年齢層であることがわかる（図1）。 　一方で，学齢期・思春期の疾病や障害が成人に達して以後，悪化が進むことは少なくない。生活習慣病の例では，学齢期のライフスタイルは成人になっても変わらず，各種の疾病の発生と極めて深い関連がある。

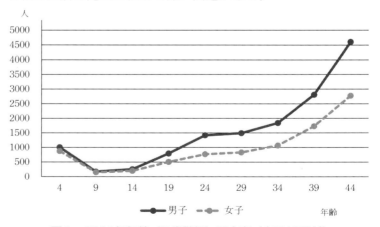

図1　2022年年齢（5歳階級）死亡率（人口10万対）

（出典）厚生労働省人口動態統計より筆者が作成

「学校保健統計調査―結果の概要」文部科学省

・現代の健康課題	メタボリックシンドロームの一次予防の重要性が叫ばれて久しいが，ことに学齢期・思春期の生活習慣形成の重要性は強調されるべき点である。 　近年，学校保健統計調査でもわかるように，肥満と痩せの二極化，視力の低

・不登校の増加

「児童生徒の問題行動・不登校等生徒指導上の諸課題に関する調査」文部科学省

下，アレルギー疾患の増加が課題となっている。

さらには，メンタルヘルスの問題などの現代的な健康課題は，生活習慣と密接な関係がある。

「令和5年度児童生徒の問題行動・不登校等生徒指導上の諸課題に関する調査結果」によれば，不登校は，小・中・高等学校で40万人を超えるまでに増加している。図1のように，人間のライフステージでみれば学齢期の死亡率は最も低いが，2023年の性別年齢5歳階級別死因順位（https://www.e-stat.go.jp/stat-search/files?stat_infid=000040206142）によれば，男女ともに10～14歳，15～19歳の死因の第1位は自殺であり，「令和5年度児童生徒の問題行動・不登校等生徒指導上の諸課題に関する調査結果」でも児童生徒の自殺者数は増加傾向にある。

この背景には，いじめ，貧困，ヤングケアラー，性被害や性の多様性などの多様化・複雑化する社会背景から引きおこされる人々の「不安」が根底にあると考える。

また発達に特性がある子供や医療的ケアを必要とする子供が2万人を超えるなど，個別の支援が必要な子供が増加している。

いずれにしても，ライフステージの中で，最も活動性の高い学齢期・思春期・青年前期における心身の健康の課題は，単に現在の状態としてのみ捉えるのではなく，「生涯にわたってよりよく生きる（ウェルビーイング）基礎を培う」という視点に立って論ずるべきであり，学齢期・思春期・青年前期における健康教育や健康相談・個別指導の意義はますます重要とされる。

2）児童生徒の発育発達と健康課題
　①児童生徒の発育と課題

学齢期は，「発育発達の途上にある」と言う身体的特性を第一に考慮すべきである。子供の体の年齢的変化は，形態面を発育，機能面を発達と呼ぶことが多い。定期健康診断の際に身長，体重を測定するが，これらの測定値の経過によって，個々の児童生徒の発育状態を評価することができる。とりわけ身長と体重の関係から肥満傾向や痩せ傾向を算出して個別の指導を行う場合，身長別標準体重から算出する肥満度を用いる。ほかにも，ＢＭＩ（ボディマスインデックス）や体重と身長の3乗との比から算出するローレル指数もある。

発育の年次推移については，戦前の緩やかな上昇傾向が戦時中及び終戦直後の生活困難によって一時的に下降した。その後，経済復興とともに急速に上昇し今日に至っているが，児童生徒の発育に見られた年次的上昇は頭打ちとなっている。一方で，体重については男子児童の肥満の増加や，女子の痩せ願望の低年齢化が課題である。詳細は，学校保健統計調査を参照されたい。

・身体各部位の発育の特徴－スキャモンの発育曲線－

身体各部位の発育のスピードは，一定ではない。アメリカの人類学者R．スキャモンは人体，各器官の発育過程は4つの型があるとして，スキャモンの発育曲線を提唱した。

4つの発育型とは，①一般型：出生直後と思春期を中心に発育が著しい，②神経型：6歳頃までに成長の90％に達する，③生殖型：2～13歳頃から急速に発育する，④リンパ型：思春期前に最大値に達し以後成人するまで減少する，である。4つの発育型は，それぞれ発育のスピードが大きく異なる。発育のスピードが最も大きい時期に働きかけを行うことが重要である。例えば，神経系の早い幼児期は，様々な動作の獲得が重要であり，学童期は免疫系や一般系が増大するため持久力を高める働きかけが重要である。生殖系は一気に発達して二次性徴もたらすが，その急激さゆえに思春期の心身の様々なトラブルを引き起こす。

ただし養護教諭はこれにとらわれず，子供の発育には個人差が大きいこと，時

に重大な疾病が隠れていたと言う場合もあるため，身長・体重測定値を発育成長曲線にプロットし，グラフ化して客観的に把握することを忘れてはならない。

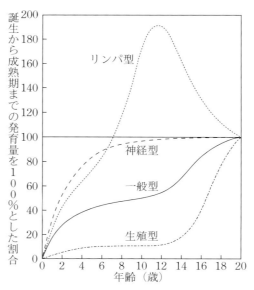

図2　スキャモンの発育曲線

(出典) 小林正子：新訂　養護概説，ぎょうせい，p102より

・子供の発育発達に必要な要素

　栄養・良質な睡眠・適度な運動が子供の発育発達には必要不可欠である。それらに加え，親の養育態度，友人関係，教育，光の刺激なども発育発達に重大な影響を及ぼす。近年，スマートフォンの夜間の長時間使用が思春期の発育発達に大きな影響及ぼしている。これは脳がスマートフォンの光の刺激により興奮状態になり，深い睡眠が得られず，成長ホルモンの分泌が低下するために，足の骨が伸びないことが原因と考えられる。

　日本は四季がはっきりした国であり，季節が発育に影響を及ぼすことも知られている。これは季節変動といわれる。身長は春から夏に増加する子供が多く，体重は秋から冬に増加する。夏は体重が増えないというのが正常な季節変動である。こうしたリズムが乱れると，肥満や痩せといった発育異常が起こる。夏休みは生活リズムが乱れやすく，夏に体重が増加するパターンができると，それを繰り返すことで肥満になる。養護教諭は，夏休み前に生活リズムを狂わせないよう指導を行い，早寝早起き朝ご飯の重要性を認識させることが肥満防止のポイントとなる。

②児童生徒の発達と課題

　身体の発育，発達と精神の発達は密接な関連がある。エリクソンは人間の一生を8段階に分け，それぞれの段階で解決しなくてはならない固有の発達課題があると唱えた。この発達課題を達成して初めて次の段階に進んでいくことができるとして，人間の成長は，前の段階の発達課題を達成することなしに，突然，次の段階の発達課題を達成することはできないとしている。これは身体の発育発達が段階を経て成熟していくことと同様である。身体と精神の発達の関連について，思春期までの発達段階を参照資料3に示した。

参照資料3：身体発育発達と精神発達の相関（エリクソン）

③児童生徒の健康課題

　第一に，心疾患や腎疾患，一型糖尿病，アレルギー疾患の中でも命に関わる食物アレルギーや気管支喘息などは学校生活において管理が必要な疾患である。

　第二に，視力の低下，アレルギー疾患の中でもり患者数が多い花粉症といわれるアレルギー性鼻炎やアレルギー性結膜炎，アトピー性皮膚炎，歯周疾患など数の多さは課題となる。歯のう蝕（むし歯）は学校保健統計調査でもわかるように，年々減少している。

第2章　養護の原理・概念（専門性を含む）　25

第三に，起立性調節障害やうつ傾向，摂食障害や自傷行為，パニック症，月経困難症や生理痛などは，不登校や保健室登校の要因となることもある。

第四に，発達に特性がある子供や医療的なケアが必要な子供など個別の支援や配慮がある。

第五に，集団生活の場としての学校では避けて通ることのできない新興感染症や再興感染症の問題がある。新型コロナウイルス感染症のパンデミック以降，インフルエンザ等の感染症は季節を問わず発生している。

第六に，自然災害や人為災害，事件事故などの危機事案に遭遇した子供の心のケアについての課題がある。学校における安心安全の確保はこれからの社会において不可欠である。多様化・複雑化とともにますます重要度が増す現代においてこのような多くの視点から，児童生徒の健康課題は多角的に捉え対応する必要がある。これらの課題はすべて，自己肯定感や自尊感情，自己有用感，承認の欲求や所属の欲求，愛着形成などとも深く関わっているといえよう。心と体を一体として捉え，「養護」を行う意義がここにある。

④精神の発達とその課題

・乳幼児期（就学前）の精神発達とその課題

・幼児前期（1〜3歳頃）

人生初期の乳児期（0〜1歳頃）には，親と出会い，密接で，持続的な愛着行動を経験することで，基本的信頼感を培うことが大切である。これは生涯にわたる「生きる力の火種」となるものである。これを豊かに人格の最基底部（土台）に育成することがこの時期の精神発達における最大の課題である。

この時期は身辺自立のトレーニングを開始する。子供は排泄，食事，就寝，衣服の着脱等を自らの力で行うことを学習する。これは基本的な生活習慣として生涯にわたる生活の中心をなすものである。この学習を通して「できる」喜びから「自尊心」と言う力強い情緒性を培う。これが幼児前期の精神発達上の重要な課題である。

・幼児前期（3〜6歳頃）

遊びや冒険を通して，知的興味や好奇心が沸き上がり，動作を伴って自発心が豊かに育つよう関わることが重要である。自分を取り巻く世界，中でも自然に触れ，その不思議で奥深い驚きや畏敬の念，感動を覚える経験をすることも重要である。知識や理屈で抑え込み，何事にも諦めることを学習してしまうと，生涯にわたって消極的な世界観を育てることになる。

このように各時期には発達課題があり，それなりに達成することができれば，安定と調和がもたらされ，存在感を実感したり，その時期にふさわしいレベルの人格を形成したりするようになる。もし課題達成が不十分で，人格を傷つけ，病理的な様相を呈する事態になれば，精神の健康は危うくなり，人間性の発達にも支障が起きる。そのことに留意し，家庭や幼稚園・保育所は，子供の精神状態の安定に配慮すべきである。

・学齢期（小学生期）の精神発達とその課題

学齢期（小学生期）は，小学校入学とともに，いよいよ本格的な遊びが開始され，「読み」「書き」や算数を始めとする様々な知識や技能を身に付けるために勤しむことが求められる。体力やエネルギーを学習の場においても発展させようと頑張る。そして勤勉であれば賞賛と自己満足と言う報酬が得られることを知る。また物事に没頭し，集中と忍耐と努力により課題を達成する喜びも感じる。この過程で得られることは，積極性や勤勉性であり，それを人格の中で育てることが大切である。ところが，自分がやろうとした課題が不完全であったり，失敗することもあったり，また仲間と比較して劣っていると感じたりすることもある。これが「劣等感」であり，どんな人も経験する。このように「勤勉性」と「劣等感」は，ともに学童期に最も経験されることで，この時期の発達危機といえる。

つまり，勤勉性が劣等感より勝って人格に組み入れられていくことが大切で，これにより学童期の発達危機は解決される。さらにこの時期には何かを達成した時，素直に自分には自分なりの力があると言う喜びや自信に満ちた自己評価を抱くことができる。これが有能感と言われるものである。このように程良い劣等感に刺激されて，「やってみよう」と言う勤勉性や，「やればできる」と言う有能感を培うことが，学童期の心の発達や精神的健康を支える上で最も重要な課題である。

⑤思春期・青年期（中学生・高校生期）の精神発達とその課題

　思春期・青年期は人生の中で最も大きな変化の時である。まず身体面では二次性徴の発現と性衝動という子供期とは異なる新たな課題に直面する。そして性の成熟と言う身体的な大変化は心理面において，親子分離と孤独と言う新しいテーマに向かわせる。また社会面でも仲間体験と社会参加に重点を置くようになる。これを一言で要約すれば，それまでの母港（家庭や学校，そしてそこにいる親や教師に守られた世界）を離れ，心理的に１人となり，社会と言う海へ船出していく時期と捉えられる。この時期の若者は，健康な意味で，性の欲動に揺さぶられ，身体像（ボディーイメージ）や自己像（セルフイメージ）の根底から見直しを迫られる。しかも性の営みがそうであるように，人生の究極の問題は，自分１人で解決しなければならないことを知り，もはや親や先生に相談することをせず，自分１人の孤独な世界で自分を見つめ始める。これが心理的な親子別離であるが，生まれて初めて１人になった若者は，不安刺激に対する過敏性自意識，過剰イライラ感とモヤモヤ感の中で不安定な心性を持ちつつ生きている。

　これは決して不健康な心性ではない。この中で初めて自分に目を向け，真の自分を探求すると言う自我同一性（アイデンティティ）の獲得に向けて，１度は通らなくてはならない過程を歩んでいるからである。この時，最も重要な人間関係は，親や教師に対するものではなく，仲間中心である異性，同性グループなどの結びつきを求めて，若者は，さまよい，自分を見出す。新たなる人間との絆を頼りにしつつ，社会参加への準備を整える。

　思春期・青年期には，不登校や対人恐怖，心身症や神経症，精神疾患や行為障害等，実に様々な危機や挫折が見られるが，それを直ちに不健康と決めつけず，いわば成人期の自立と共存と言うテーマに向けて，心を鍛えている過程という考え方を根底に持つべきである。

　以上，各発達段階における精神発達とその過程を要約した。精神発達や人格形成は生涯を通じて進められるものである。したがって，養護教諭は長く広やかな，生涯人間発達論的視点を持って子供や若者を眺め，理解することが望まれる。各時期に発達危機があり，それを乗り越えることで人格は豊かな力強いものとなる。ただ発達危機に対し不十分又は不適切で病理的な対応しかできない時，その後の発達過程に支障が出たり，精神的健康が損なわれたりする養護教諭は，個々の子供の精神発達の状況に深く目を向け，より健全な発達への道程を子供たちがたどるように支援することが養護教諭の重要な役割である。

3）子どもの権利条約・こども基本法
・子どもの権利条約

　子供は「弱くておとなから守られる存在」という考えだけではなく，子供も「ひとりの人間として人権（権利）をもっている」つまり「権利の主体」だという考え方に大きく転換したのが子どもの権利条約である。子供を権利の主体と捉え，おとなと同様にひとりの人間としてもつ様々な権利を認めると同時に，成長の過程にあって保護や配慮が必要な子供ならではの権利も定めている。

　子供の権利（child rights）とは，子供の人権（human rights of children）と同

第2章　養護の原理・概念（専門性を含む）　*27*

じ意味である。子供は生まれながらに人権（権利）をもっており，義務と引き換えに与えられるものではなく，また，何かをしないと取り上げられるものでもない。子どもの権利条約では，子供が「権利の保有者（rights holders）」であり，それを守る「義務の担い手（duty bearers）」は，国である。国は，法律や政策などを通じて，条約に定められた子供の権利の実現につとめ，また，条約では，子供を育てる責任はまず親にあり，国がそれを支援すると示している。

・子どもの権利条約の基本的な考え方－４つの視点－

①差別の禁止（差別のないこと）
　すべての子どもは，子ども自身や親の人種や国籍，性，意見，障がい，経済状況などどんな理由でも差別されず，条約の定めるすべての権利が保障される。
②子どもの最善の利益（子どもにとって最もよいこと）
　子どもに関することが決められ，行われる時は，「その子どもにとって最もよいことは何か」を第一に考える。
③生命，生存及び発達に対する権利（命を守られ成長できること）
　すべての子どもの命が守られ，もって生まれた能力を十分に伸ばして成長できるよう，医療，教育，生活への支援などを受けることが保障される。
④子どもの意見の尊重（子どもが意味のある参加ができること）
　子どもは自分に関係のある事柄について自由に意見を表すことができ，おとなはその意見を子どもの発達に応じて十分に考慮する。

　あらゆる子供の権利の実現を考える時には，上記の「原則」を踏まえる。これは，日本の子供に関する基本的な法律である「こども基本法」にも取り入れられている。

<参考文献>
1）小林正子：新訂　養護概説，ぎょうせい，p102〜108，2018
2）服部幸子：四訂　養護概説，ぎょうせい，p64〜66，2009
3）ユニセフ：子どもの権利条約，https://www.unicef.or.jp/crc/

■■ 5　養護教諭の専門性と機能

【学びの達成目標】
①養護教諭の職務としての専門性と養護教諭の機能としての専門性を理解している。（知識・技能）
②養護教諭の職務としての専門性の具体や養護教諭の機能としての専門性の具体について想起するとともに，その課題を発見・分析し，その解決を目指して科学的に思考・判断し，それらを書いたり他者に伝えたりすることができる。（思考・判断・表現）
③養護教諭の専門性と機能の学修に主体的に取り組むことができる。

1）養護教諭の専門性とは

①養護教諭の職務としての専門性は，保健管理や保健教育に必要な知識・技能があること

　養護教諭は「児童の養護をつかさどる」教育職員である。養護教諭の教員免許状に裏付けられた専門性がある。養護教諭の教員免許状に照らせば，教育職員免許法施行規則第９条「養護に関する科目」が専門性を担保する内容とも言えるが，この内容では足りないと筆者は感じている。

　養護教諭にとって「何ができるようになれば良いか」は，①養護教諭の職務としての専門性と，②養護教諭の機能としての専門性から成り立つと考える。

　養護教諭の職務としての専門性としては，主に「保健管理や保健教育に必要な知識・技能があること」がこれに相当する。具体的には以下が「養護教諭の職務としての専門性」として挙げられる。

・健康診断の実施（計画・実施・評価及び事後措置）
・健康観察による児童生徒の心身の健康状態の把握・分析・評価
・傷病発生時や緊急時における救急処置等の対応
・感染症等の予防や発生時の対応及びアレルギー疾患等の疾病の管理や健康相談，保健指導
・学校環境衛生の日常的な点検等への参画を実践するための「知識・技能」

上記を行うためには，以下のような知識・技能の理解が必要である。
　これらを行うためには，解剖生理学的な知識に加え，医学的・看護学的な知識や技能，公衆衛生的な知識や技能も求められる。
　まさに「身体」に関連する「知識」やそれを学校で適切に管理するための「技能」がこれにあたる。

②養護教諭の機能としての専門性
・学校保健活動の中核的役割
・コーディネーターの役割
・つなぎ役

　養護教諭の機能としての専門性は，養護教諭の職務を円滑に遂行するための計画力，実行力，調整力が挙げられる。養護教諭は学校保健活動の中核的役割やコーディネーターの役割を担うと平成20年の中教審答申で示されたが，まさに養護教諭は児童生徒，保護者，教職員（スクールカウンセラーやスクールソーシャルワーカーなどを含む），学校医をはじめとする関係機関等との「つなぎ役」としての機能がある。

> 【健康診断・健康観察・救急処置】
> ⇒疾病や感染症，傷病の症状理解，精密検査を含めた検査方法の理解，心疾患や腎疾患，アレルギー疾患などがある児童生徒等の学校生活管理に必要な知識やそれらの疾病理解，緊急時の対応方法の理解や傷病発生時の救急処置対応技術など
> 【学校環境衛生】
> ⇒学校環境衛生基準の理解や学校環境衛生検査方法の理解など
> 【保健教育】
> ⇒上記を指導するための知識・技能
> 【保健組織活動】
> ⇒専門機関や関係機関の専門家と共通言語で理解し合える専門的な知識・技能

　この機能は，先に述べた養護教諭の職務を遂行する上で必要な専門性があるからこそ，できることである。

・全校児童生徒の担任

　養護教諭は「全校児童生徒の担任」ともいえるほどすべての児童生徒の家庭環境や兄弟姉妹関係を把握しており，学級担任をもたず，成績評価をしない存在である。救急処置活動や健康相談を通じて，平等に児童生徒等の心身の苦痛や困難の軽減にその専門性を通して関わることができる存在である。これが児童生徒等に安心感を与え，養護の機能として特徴づけている。

・健康相談及び保健指導に関すること

「学校保健安全法」e-GOV法令検索

　養護教諭にとって健康相談及び保健指導は，養護教諭の職務としての専門性や養護教諭の機能としての専門性の「核心」と言える。理由は，学校保健安全法第8条（健康相談）と第9条（保健指導）に裏付けられているからである。
　学校保健安全法第9条（保健指導）の条文の主語は，「養護教諭その他の職員は…」とあることに注目する必要がある。健康相談と保健指導は別々に行われるものではない。「健康状態の日常的な観察」（健康観察）で心身の健康に問題がある児童生徒等に対して，養護教諭の職務としての専門性（知識・技能）を発揮して，児童生徒への健康相談を実施する。同時に健康相談等を踏まえた保健指導を実施し，児童生徒によりよい自己決定や行動選択を支援する極めて意義深い教育活動である。これが「養護」であるといっても過言ではない。

> ・学校保健安全法　第8条【健康相談】
> 　学校においては，児童生徒等の心身の健康に関し，健康相談を行うものとする。
> ・学校保健安全法　第9条【保健指導】
> 　養護教諭その他の職員は，相互に連携して，健康相談又は児童生徒等の健康状態の日常的な観察により，児童生徒等の心身の状況を把握し，健康上の問題があると認めるときは，遅滞なく，当該児童生徒等に対して必要な指導を行うとともに，必要に応じ，その保護者（学校教育法第十六条に規定する保護者をいう。第二十四条及び第三十条において同じ。）に対して必要な助言を行うものとする。

・健康教育とヘルスプ

　健康教育は，保健教育・安全教育・食育で構成されるが，養護教諭は職務の専

ロモーション 保健教育 安全教育 食育 カリキュラムマネジメント	門性から保健教育のみならず，健康教育全体に関わることが重要である。 　健康教育は，児童生徒等に生涯を通じて心身ともに健康で安全な生活を送るための基盤を培う観点から，学校生活のあらゆる場面を通じて行う。具体的には，体育科保健分野，保健体育科保健領域，各教科，総合的な学習（探究）の時間，道徳科，特別活動などすべての教科領域で横断的に行う「カリキュラムマネジメント」の考え方である。各教科領域以外の場面，例えば登下校時や休憩時間，放課後において適時行うこと（日常指導）も含まれる。
・ＳＤＧｓ	現代社会は予測困難な事象に見舞われるため，学校安全（生活安全・交通安全・災害安全）教育やＳＤＧｓ（持続可能な開発目標）の視点に立った食育の推進に，養護教諭として学級担任や教科担当，栄養教諭，専門機関と連携して取り組むことは「養護教諭の機能としての専門性」に通じる。 　ヘルスプロモーションの理念は，平成９年保健体育審議会答申（「生涯にわたる心身の健康の保持増進のための今後の健康に関する教育及びスポーツの振興のあり方について」）で取り上げられた。「人々が自らの健康をコントロールし，改善することができるようにするプロセス」とされたヘルスプロモーションの考え方は，急速に変化する社会の中で，国民一人ひとりが自らの健康問題を主体的に解決していく必要性を指摘しており，現在もこの考え方は変わらず保健体育の教科書にも取り上げられている。
・ウェルビーイング教育と養護教諭	ウェルビーイング（Well-being）教育とは「「令和の日本型学校教育」の構築を目指して～全ての子供たちの可能性を引き出す，個別最適な学びと協働的な学びの実現～（答申）」（令和３年１月26日）において示された。ウェルビーイングはＯＥＣＤの「ＰＩＳＡ　2015年調査国際結果報告書」の定義として，「生徒が幸福で充実した人生を送るために必要な，心理的，認知的，社会的，身体的な働き（functioning）と潜在能力（capabilities）である」としている。身体的・精神的・社会的に良い状態であることを表すもので，短期的な幸福のみならず，生きがいや人生の意義など将来にわたる持続的な幸福を含む概念として提唱された。現在，国際的にも注目されている考え方であるが，その背景には，経済先進諸国において，経済的な豊かさのみならず，精神的な豊かさや健康までを含めて幸福や生きがいを捉えることが重視されてきている。 　養護教諭の職務の専門性や養護教諭の機能の専門性を生かして行う健康相談及び保健指導等は，保健室登校や心身の健康課題がある児童生徒等に対して，生涯にわたって身体的・精神的・社会的に良い状態でいるために必要な資質能力を育むことにつながっているに違いない。生きがいや人生の意義など将来にわたる持続的な幸福を獲得できるよう，児童生徒等にかかわっていくことが求められる。

＜参考文献＞

1）文部省：保健体育審議会，「生涯にわたる心身の健康の保持増進のための今後の健康に関する教育及びスポーツの振興のあり方について」（答申）平成９年

2）文部科学省：中央教育審議会，「「令和の日本型学校教育」の構築を目指して～全ての子供たちの可能性を引き出す，個別最適な学びと協働的な学びの実現～」（答申）（令和３年１月26日）

（大沼久美子）

第3章 養護教諭の職務と役割・養護活動

■■1 養護教諭（養護訓導）の職務内容の変遷

> 【学びの達成目標】
> ①第2次世界大戦後以降の教育職員としての養護教諭の職務内容と役割の変遷を各種法令や答申，通知を踏まえ理解している。（知識・技能）
> ②法令，各種答申や通知の変遷を踏まえ，養護教諭の職務内容と役割の根拠や具体についての課題を発見・分析し，その解決を目指して科学的に思考・判断し，それらを書いたり他者に伝えたりすることができる。（思考・判断・表現）
> ③養護教諭の職務内容の変遷，教員免許制度の学修に主体的に取り組むことができる。

1）養護訓導・執務要領（訓令）―教育職員としての役割―

　昭和22年，養護訓導から養護教諭へとその名称を変えてからも職務は「養護をつかさどる」と法的に規定され，その具体的な役割は昭和17年の「養護訓導執務要領」（訓令）を拠り所として執務の展開がなされていた。教育職員としての位置づけとなった養護教諭の「養護をつかさどる」の捉え方や職務内容については人により立場により様々な解釈がなされていた。養護教諭の職務内容の変遷については以下のとおりである。この訓令の主な内容としては以下の事項が挙げられる（p.10「養護訓導の設置，待遇，職務及び資格」参照）。

①　学校医その他関係職員の補助者という立場ではなく教育者として自らの判断のもとに自主的に職務を執行する独立的な性格が強くなったこと。
②　児童の日常生活における教育的関与が著しく増大したこと。
③　家庭訪問に関する職務が著しく軽減されたこと（これは保健婦制度の発足に伴い両者の区別を明確にするための特質を生かすと考えられる）。
④　従来の看護婦的な色彩を払拭しようとしたこと。

2）中学校，小学校保健計画実施要領（試案）―補助的，援助的役割を強調―

　文部省は，占領軍の指導のもとに中学校は昭和24年，小学校は昭和26年に「中学校保健計画実施要領（試案）」「小学校保健計画実施要領（試案）」を作成した。その中で養護教諭の職務について以下のように示している。

1学校保健事業遂行の援助　2学校身体検査の準備と援助　3身体検査結果処理の計画と実行　4伝染病予防補助　5救急処置の助力　6学校給食衛生の助言　7環境衛生の援助と助言　8健康相談の準備と援助　9健康教育に協力　10健康資料の整理と活用の助言　11教職員健康保持の助言　12学校保健事業の評価の援助　13環境調整の助力　14保健情報の収集　15家庭訪問と保健指導の助言

3）昭和47年保健体育審議会答申―主体的な役割の明確化―

　先の保健計画実施要領（試案）では，「養護をつかさどる」の解釈は，援助，協力，助力，補助などの補助的，補佐的役割と捉えられていたが，この答申により主体的な役割が明確になった。
　昭和44年文部大臣より，保健管理の在り方などに関する諮問を受けた保健体育審議会は約3年間の審議を経て昭和47年に答申され，その中の「児童生徒の健康の保持増進に関する施策について」で養護教諭の役割や配置，養成の在り方等について次のように示している。

　養護教諭は，専門的立場からすべての児童生徒の保健及び環境衛生の実態を的確に把握して，疾病や情緒障害，体力，栄養に関する問題等心身の健康に問題を持つ児童生徒の個別の指導にあたり，また，健康な児童生徒についても健康の増進に関する指導にあたるのみならず，一般教員の行う日常の教育活動にも積極的に協力する役割を持つものである。このため，養護教諭の専門的知識及び技能をいっそう高めるよう，その現職教育の改善充実に特に配慮する必要がある。
　また，養護教諭の養成数および定員の計画的な増加を図り，その配置を促進するとともに，児童生徒の健康の積極的な

増進を目ざす今後の学校保健の要請にこたえ得るよう養成機関における教育課程の改善方策を検討し，さらに将来は4年制大学を中心として，これを養成するよう検討する必要がある。

(下線筆者加筆)

4）平成9年保健体育審議会答申―新たな役割としての養護教諭―

「養護をつかさどる」が昭和47年の保健体育審議会答申において「児童生徒の健康の保持増進に関する活動」と解釈された。以来，各学校では，養護教諭が保健教育活動に積極的に関わるなど健康の保持増進の中心的な役割を担うようになってきた。しかし社会の急速な進展に伴う生活様式などの変化は，児童生徒の心や体の健康に様々な影響を及ぼした。とりわけ不登校，いじめ，薬物乱用，性の逸脱行為，生活慣習病，児童虐待等の健康の現代的課題は緊急に解決しなければならない問題となった。これらは，心の問題と深く関わりその解決のためには，身体的側面へのケアとともに心のケアへの両面からの対応が求められ，この役割を担う養護教諭に大きな期待が寄せられた。平成9年の保健体育審議会答申の全文を以下示す。

（養護教諭の新たな役割）

近年の心の健康問題等の深刻化に伴い，学校におけるカウンセリング等の機能の充実が求められるようになってきている。この中で，養護教諭は，児童生徒の身体的不調の背景に，いじめなどの心の健康問題がかかわってきていること等のサインにいち早く気付くことのできる立場にあり，養護教諭のヘルスカウンセリング（健康相談活動）が一層重要な役割を持ってきている。養護教諭の行うヘルスカウンセリングは，養護教諭の職務の特質や保健室の機能を十分に生かし，児童生徒の様々な訴えに対して，常に心的な要因や背景を念頭に置いて，心身の観察，問題の背景の分析，解決のための支援，関係者との連携など，心や体の両面への対応を行う健康相談活動である。

これらの心の健康問題等への対応については，「心身の健康に問題を持つ児童生徒の個別の指導」及び「健康な児童生徒の健康増進」という観点からの対応が必要であるが，過去においては必ずしもこれらの問題が顕在化していなかったことから，これらの職務を実施できる資質を十分に念頭に置いた養成及び研修は行われていなかった。もとより心の健康問題等への対応は，養護教諭のみではなく，生徒指導の観点から教諭も担当するものであるが，養護教諭については，健康に関する現代的課題など近年の問題状況の変化に伴い，健康診断保健指導，救急処置などの従来の職務に加えて，専門性と保健室の機能を最大限に生かして，心の健康問題にも対応した健康の保持増進を実践できる資質の向上を図る必要がある。

（求められる資質）

このような養護教諭の資質としては，①保健室を訪れた児童生徒に接したときに必要な「心の健康問題と身体症状」に関する知識理解，これらの観察の仕方や受け止め方等についての確かな判断力と対応力（カウンセリング能力），②健康に関する現代的課題の解決のために個人又は集団の児童生徒の情報を収集し，健康課題をとらえる力量や解決のための指導力が必要である。その際，これらの養護教諭の資質については，いじめなどの心の健康問題等への対応の観点から，かなりの専門的な知識・技術が等しく求められることに留意すべきである。さらに，平成7年度に保健主事登用の途を開く制度改正が行われたこと等に伴い，企画力，実行力，調整能力などを身に付けることが望まれる。

（資質の向上方策等）

このような養護教諭の資質の向上を図るため，養成課程及び現職研修を含めた一貫した資質の向上方策を検討していく必要があるが，養成課程については，養護教諭の役割の拡大に伴う資質を担保するため養護教諭の専門性を生かしたカウンセリング能力の向上を図る内容などについて，質・量ともに抜本的に充実することを検討する必要がある。現職研修のうち，採用時の研修については，既に平成9年度より日数を大幅に拡充し，また，経験者研修についても新たに実施されたところであるが，今後は，情報処理能力の育成も含め研修内容の充実に努めるとともに，とりわけ経験者研修について，担当教諭とチームを組んだ教科指導や保健指導に関する実践的な指導力の向上，企画力・カウンセリング能力の向上などに関する内容を取り入れることを含め，格段の充実を図る必要がある。同時に，養護教諭が新たな役割を担うことに伴い，従来の職務はもとより，新たな心身の健康問題にも適切に対応できるよう，養護教諭の複数配置について一層の促進を図ることが必要である。

(下線は筆者加筆)

この答申において養護教諭に求められる資質は，以下のように考えられる。

① 養護教諭の職務や保健室の機能を生かすこととしており，このために求められる心の健康問題と身体症状の理解と観察の仕方，確かな判断力，対応のためのカウンセリング能力を挙げている。
② 健康に関する現代的課題の役割とそれに求められる資質としては，個人又は集団の健康問題を捉える力量や解決のための指導力が求められる。
③ 平成7年度に保健主事登用の途が開かれたことなどに伴い企画力・実行力・調整能力が求められる資質を担保する向上方策として，養成課程，現職研修を一貫して進める必要があるとした上で次の3つが挙げられている。
・養成課程では，養護教諭の専門性を活かした対応力の向上を質・量ともに充実すること。
・現職研修の充実を図ること。
・複数配置のなお一層の促進

この答申に基づき，教育職員免許法施行規則が改正された。また，文部科学省が主催する研修会等においてはおおむね以下のような内容を示している。

1　学校保健情報の把握に関すること
　　○体格，体力，疾病，栄養状態の実態　○健康，安全の認識の発達に関する実態　○健康生活の実践状況の実態　○不安や悩みなど心の健康に関する実態　○性に関する実態　○学校環境衛生に関する実態　○保健室で捉えた傷病の実態　○その他必要な事項
2　保健指導・保健学習に関すること
　〔個人を対象とした保健指導〕
　　○心身の健康に問題のある児童生徒の個別指導
　　・健康診断の事後措置に関して問題のある児童生徒への指導・疾病予防に関して問題のある児童生徒への指導
　　・いじめ，性の逸脱行動，薬物乱用等に関して問題のある児童生徒への指導
　　○健康生活の実践に関して問題のある児童生徒の個別指導
　　・清潔，食生活，睡眠などの生活習慣に関して問題のある児童生徒への指導
　〔集団を対象とした保健指導〕
　　○学級活動やホームルーム活動での保健指導：学級担任等が行う保健指導への専門的な助言，資料提供や教材作成の協力・学級担任等との協力授業での保健指導
　　○学校行事での保健指導：学校行事等での保健指導　・学校行事に伴う保健指導
　〔保健の学習指導〕
　　○保健の学習指導への参加・協力
　　・保健の学習指導への助言，資料提供や教材作成の協力・教科担当教師とのティーム・ティーチングの実施
　〔家庭・地域対象〕
　　○「保健だより」などの作成と啓発　○ＰＴＡなど地域における健康つくり活動への指導助言
3　救急処置及び救急体制の整備に関すること
　　○日常の救急処置　○学校行事に伴う救急処置，救急体制の整備　○緊急時の救急処置，救急体制の整備
4　健康相談活動に関すること：○養護教諭の職務の特質や保健室の機能を生かした健康相談活動・心身の健康観察，問題の背景の分析，解決のための支援　○校内の教職員及び校外の専門家や専門機関等との連携
5　健康診断・健康相談に関すること：○定期・臨時の健康診断の実施計画の立案，準備，指導，評価　○健康診断の事後措置に関する計画と実施　○学校保健法第11条の規定で行われる健康相談の対象者の把握，計画，準備，実施事後処置
6　学校環境衛生に関すること：○保健主事との協力による学校環境衛生活動実施計画の作成　○学校薬剤師が行う検査活動の準備，実施，事後措置に対する協力　○教職員による日常の学校環境衛生活動（日常点検・事後措置）実施への協力と助言　○地域の環境衛生に関する情報の把握
7　学校保健に関する各種計画及び組織活動の企画，運営への参画及び一般教員が行う保健活動への協力に関すること：○学校保健安全計画（特に学校保健計画）　○保健指導の全体計画と年間指導計画　○一般教員の行う保健活動への協力　○保健主事に協力して学校保健委員会等の組織活動の企画，運営に参画
8　伝染病の予防に関すること：○伝染病による出席停止に関する事項　○学校保健法施行規則第22条伝染病予防に関する細則に関する事項
9　保健室の運営に関すること：○保健室の機能を生かした保健室の経営計画作成と実施　○保健室の施設，設備の整備　○健康診断及び環境衛生検査に関する機器の整備と管理　○救急薬品・材料の整備・保管　○健康観察の観点及び学校での救急処置基準等の作成と周知　○保健に関する諸表簿の整備及び諸情報の整備・保管　○健康相談，健康相談活動，救急処置，保健指導の場としての環境設定とその整備・活用
　　＊教諭に兼職発令の上，体育・保健体育の保健学習を担当

（出典：文科省養護教諭中央研修会資料（平成13年度）

5）平成20年中央教育審議会答申における提言とその捉え方―養護教諭に関する答申内容―

中央教育審議会（平成20年1月17日）は，同審議会スポーツ・青少年分科会学校健康・安全部会において，審議と関係団体のヒヤリングやパブリックコメント等の経過を経て様々な答申がなされた。その中の養護教諭に関わる内容は，「Ⅱ　学校保健の充実を図るための方策について」「2．学校保健に関する学校内の体制の充実」として以下の記述があり，養護教諭に関して8項目の提言がされている。

○多様化・深刻化している子どもの現代的な健康課題を解決するためには，学校内の組織体制が充実していることが基本となることから，すべての教職員が共通の認識（基本的な知識と理解）を持ち，校長のリーダーシップの下，学校保健計画に基づき，教職員の保健部（係）などの学校内の関係組織が十分に機能し，すべての教職員で学校保健を推進することができるように組織体制の整備を図り，保健教育と保健管理に取り組むことが必要である。

第3章　養護教諭の職務と役割・養護活動　　33

本答申の養護教諭に関わる提言において特に留意すべき内容として以下の事柄を挙げる。

○養護教諭は学校保健活動推進の中核的な役割と明確に提言したこと。
○学校保健活動に関わる関係職員が健康課題解決に当たってコーディネーターの役割を期待されたこと。
○養護教諭の「職務」を「児童の養護をつかさどる」と明確に示し，さらに，養護教諭の「役割」を昭和47年，平成9年の保健体育審議会答申の提言に主要な役割を示したと記述されたこと。
○それを踏まえて，養護教諭の役割を「現在」という前置きをした上で具体的に5項目を例示したこと。
　①救急処置，健康診断，疾病予防などの保健管理，②保健教育，③健康相談活動，④保健室経営，⑤保健組織活動
○すなわち，この答申で養護教諭の「職務」と「役割」を明確に区別したこと。役割には，職務役割（前述の5項目），機能役割（中核的役割，コーディネーター的役割）の二つあること。
○保健室は学校保健活動のセンター的役割とし，保健室経営の充実に関して提言していること。
○具体的には養護教諭に関わる8項目が提言されていること。以下，特徴的な指摘を挙げる。
○「養護」，「職」，「つかさどる」について
　「養護」の解釈は時代により人により様々な解釈がされてきたが，昭和47年の保体審答申をもって「養護をつかさどる」とは「児童生徒の保持増進するすべての活動」と解された。養護教諭の「職務」や「役割」は，学校教育法に深く関連する。すなわち，学校教育法第37条第12項「養護教諭は児童の養護をつかさどる」，同条第4項「校長は校務をつかさどり所属職員を監督する」，同条第11項「教諭は児童の教育をつかさどる」，同条第13項「栄養教諭は児童の栄養の指導及び管理をつかさどる」のように，「職」に関わるものを「職務」，その具体的な内容を「役割」であると整理できる。「職務」という用語はどのように使われるのであろうか。学校教育法では，例えば「校長に事故ある時はその職務を代理し…」また「養護助教諭は養護教諭の職務を助け…」等に用いられている。これを踏まえ養護教諭の職務は法的には，今回の答申で示されたように「養護教諭は児童の養護をつかさどる」と提言された。また「養護」は，昭和16年（67年前）養護訓導として教育職員としての制度が確立して以来長期にわたり使われ，「養護」は崇高な用語であり，養護教諭自身がこれを自覚することが養護学確立の共通基盤となろう。
○コーディネーターについて
　子供たちの健康課題解決など学校保健活動の円滑な推進のためには，学級担任等，学校医，学校歯科医，学校薬剤師，スクールカウンセラーなど学校内における連携，また医療関係者や福祉関係者など地域の関係機関との連携にはその中心となる養護教諭のコーディネーターの力量発揮が大きく期待された。今後，養護教諭関係者は養護教諭のコーディネーターとは何かその力量とは何か等究明すべきである。

6）養護教諭及び栄養教諭の資質能力の向上に関する調査研究協力者会議議論の取りまとめ

　この会議は，養護教諭及び栄養教諭の資質能力の向上を目指して令和4年に議論され，議論の取りまとめは，令和5年1月17日に公表された。内容は①議論の取りまとめ，②養護教諭及び栄養教諭に求められる役割（職務の範囲）の明確化及び関連する事例などの視点から議論された。養護教諭及び栄養教諭の課題やその解決に向けた方向性が以下の4点から議論された。

①求められる役割（職務の範囲）の明確化，②資質の向上に関する指標を基軸とした養成と採用・研修の接携，③新たな教員研修制度下における実効性のある研修機会の確保，④職務遂行のインフラとしてのICTの積極的な活用

　養護教諭及び栄養教諭の資質能力の向上に関する調査研究協力者会議が議論の取りまとめで示した「養護教諭の職務の範囲」は以下のとおりである。

①保健管理：救急処置，健康診断，健康観察，疾病の管理・予防，学校環境衛生管理
②保健教育：各教科等における指導への参画
③健康相談及び保健指導：心身の健康課題に関する児童生徒等への健康相談・健康相談等を踏まえた保健指導
④保健室経営　⑤保健組織活動

　前記「養護教諭及び栄養教諭の資質向上に関する調査研究協力者会議議論の取りまとめ」を受けて，文部科学省担当局担当課長による通知が示された。そこに示された養護教諭の標準職務の例は以下のとおりである。

5初健食第5号
令和5年7月5日

養護教諭及び栄養教諭の職務の明確化に係わる学校管理規則の参考例等の送付について（通知）

別表第一　養護教諭の標準的な職務の内容及びその例

号	区分	職務の内容	職務の内容の例
1	主として保健管理に関すること	健康診断，救急処置，感染症の予防及び環境衛生等に関すること 学校環境衛生の日常的な点検等への参画	・健康診断の実施（計画・実施・評価及び事後措置） ・健康観察による児童生徒の心身の健康状態の把握 ・分析・評価 ・緊急時における救急処置等の対応 ・感染症等の予防や発生時の対応及びアレルギー疾患等の疾病の管理 ・学校環境衛生の日常的な点検等への参画
		健康相談及び保健指導に関すること	・心身の健康課題に関する児童生徒への健康相談の実施 ・健康相談等を踏まえた保健指導の実施 ・健康に関する啓発活動の実施
		保健室経営に関すること	・保健室経営計画の作成・実施 ・保健室経営計画の教職員，保護者等への周知設備 ・備品の管理や環境衛生の維持をはじめとした室の環境整備
		保健組織活動に関すること	・学校保健計画の作成への参画 ・学校保健委員会や教職員の保健組織（保健部）等への参画
2	主として保健教育に関すること	各教科等における指導に関すること	・各教科等における指導への参画（ティーム・ティーチング，教材作成等）

備考

（一）養護教諭は，教育職員免許法（昭和二十四年法律第百四十七号）附則第十四項に基づき，当分の間，その勤務する学校において，保健の教科の領域に係る事項の教授を担任する教諭又は講師となることができるとされており，兼職発令を受けることにより，養護教諭としてではなく，教諭・講師として当該職務を遂行することが可能である。

（二）校長は，各学校や地域の実情等を踏まえ，上記に掲げていない職務であっても，教諭等の標準的な職務の内容及びその例並びに教諭等の職務の遂行に関する要綱の別表番号2「主として学校の管理運営に関すること」に掲げるものを参考にした上で，養護教諭の職務とすることも可能である。

＜参考文献＞
1）帝国学校衛生会編：学童養護，学校保健文献センター，1936
2）文部科学省：保健体育審議会答申（平成9年）・中央教育審議会答申（平成20年）
3）文部科学省：養護教諭及び栄養教諭資質能力向上に関する調査研究協力者会議議論の取りまとめ（令和5年）

（三木とみ子）

■■ 2 教員の資質能力を担保する教育職員免許法

1）教育職員養成審議会の指摘　保健体育審議会答申（平成9年）及び教育職員養成審議会答申（平成9年）を受けて改正された教育職員免許法（平成10年）の改正の要旨は次のとおりである。

教育職員免許法の改正
(1) 保健体育審議会答申の指摘と養護教諭養成カリキュラムの改善
　　養護教諭の資質向上は，平成9年の教育職員養成審議会答申及び保健体育審議会答申で指摘しているように，養成・現職研修を一貫して，その資質の向上を図る必要がある。大学における今後の教育職員の養成のあり方については，教育職員養成審議会において，教諭及び養護教諭の養成について審議され，答申が出された。
　　その内容は以下の通りである。
①教育職員養成審議会第1次答申の特徴は，大きく次の3点が挙げられる。
　(i)　教員に求められる資質能力と教職課程の役割
　(ii)　教員養成カリキュムの改善（養護教諭のカリキュラム）
　　　養護教諭の養成カリキュラムは，保健体育審議会答申を踏まえて検討
　(iii)　養護教諭の「保健」の授業を担任できる教諭又は講師になり得るような制度的措置

2）教育職員免許法の改正　特に養護教諭に係わる改正の要旨は以下のとおりである。

1．教職重視の観点からの免許規準の改正及び選択履修方式の導入
　普通免許状の授与規準に関し，大学の養成教育において，教え方や子供たちとのふれあいを重視し，教科指導，生徒指導，教育実習等の「教職に関する科目」の単位数の充実を図ること。併せて，得意分野と個性を持つ教員を養成するため，一種免許状及び二種免許状に係る教職課程に新たに選択履修方式を導入する。（別表第1・第2）
2．社会人の活用促進のための特別免許状制度・特別非常勤講師制度の改善・社会人の学校教育への活用を一層促進するため，特別免許状制度及び特別非常勤講師制度を小学校並びに盲学校，聾学校及び養護学校のすべての教科に拡大するとともに，特別免許状の有効期間を延長し，特別非常勤講師については授与権者（都道府県教育委員会）の許可制から届出制に改めること。
（特別免許状関係：省略）
3．養護教諭による保健の授業担任を可能とする教諭又は講師となる措置
　いじめ，登校拒否，薬物乱用，性の逸脱行動等の問題に適切に対応するため，3年以上の教職経験を有する現職の養護教諭が，その勤務する学校において保健の授業を担任する教諭又は講師となることを可能とすること。（附則第18項）
4．知的障害者である幼児児童生徒に対し弾力的な教科指導を可能とする措置（省略）
5．大学院へ「飛び入学」した者への一種免許状授与を可能とする措置
　一種免許状授与の基礎資格に，大学に3年以上在学し大学院への入学が認められた場合を含めることとすること。（別表第1備考第2号の2等）（具体的には省令事項）
6．学位授与機構の認定に係る短大専攻科在学者に一種免許状取得を可能にする措置。学位授与機構の認定に係る短期大学専攻科において，一種免許状の授与を受けるための単位修得を可能とすること。（別表第1備考第8号等）（具体的には省令事項）
7．施行期日　本法は平成10年7月1日から施行すること。（改正法附則第1項）

3）省令改正関係指摘　教育職員養成審議会答申及び「養護教諭養成カリキュラムに係る報告」に基づく省令改正事項は以下のとおりである。

＜養護教諭に係わる省令改正に関する事項（養護教諭の養成カリキュラムに係る報告関係）＞
1．「教職に関する科目」関係
　教諭の「教職に関する科目」の改善方向と同様の観点で，新カリキュラムを構成。その主なものは以下の通り（一種免許状の場合）。
①教師としての使命感等を涵養するための「教師論」＝「教職への志向と一体感の形成に関する科目」の新設（2単位）
②教育課程に関する科目の充実（2単位相当→4単位相当）
③カウンセリングに係る内容付加に伴う生徒指導科目の充実（2単位相当→4単位）
④地球環境等今日的課題を指導に生かす「総合演習」の新設（2単位）
⑤養護実習の単位増（3単位→4単位，この他事前・事後指導1単位）
2．「養護に関する科目」関係科目の新設
①「学校保健」中の養護教諭の職務に係る内容を「養護概説」（2単位）として独立
②「健康相談活動の理論及び方法」（2単位）を新設
③科目の名称変更　科目「精神衛生」の名称を「精神保健」に変更

4）養護教諭が保健の授業を担任する教諭又は講師になることについて（兼職発令）

①教育職員免許法附則第18項（現行第15項）を新設した背景
②「教育職員免許法の一部を改正する法律等の公布についての通達

平成10年7月1日教育職員免許法の一部改正により，附則第18項（現行第15項）を新設して養護教諭に保健の授業を担任する教諭又は講師になり得るような制度的措置が講じられた。

いじめ，不登校，性の逸脱行動などの緊急かつ深刻化している教育問題の解決は，学校をあげての対応が求められていることにある。こうした状況の中で，養護教諭の有する専門的な知識及び技能を教諭が担当している保健の教科の指導に活用し児童生徒の健やかな発達を援助するために活用する観点から，法改正となった。

教育職員免許法を改正して附則第18項（現行第15項）が新設されたのは，中央教育審議会指摘の課題の解決が求められていることを受け，教育職員養成審議会のカリキュラム等特別委員会において審議された結果をもとに第142期通常国会において可決成立し平成10年7月1日公布となったのである。以上のように，教育職員養成審議会答申を踏まえ，この法改正及び省令改正，さらに文部事務次官通知が平成10年6月25日に発出された。特に法附則第18条（現行15条）に関連する内容について，その要旨は以下のとおりである。

教育職員免許法附則第18項（現行第15項）

養護教諭の免許状を有する者（3年以上養護教諭として勤務したことがある者に限る。）で養護教諭として勤務しているものは，当分の間，第3条の規定にかかわらず，その勤務する学校（幼稚園を除く。）において，保健の教科の領域に係る事項（小学校又は盲学校，聾学校若しくは養護学校の小学部にあっては，体育の教科の領域の一部に係る事項で文部科学省令で定めるもの）の教授を担任する教諭又は講師となることができる。

＜参考文献＞
1）文部省：教育職員養成審議会答申（平成9年）

（三木とみ子）

教育職員免許法施行規則（一部改正）　養護教諭養成カリキュラム

免許法別表第二に規定する養護教諭の普通免許状の授与を受ける場合の養護及び教職に関する科目の授与を受ける場合の養護及び教職に関する科目の単位（現行（平成10年改正）　教育職員免許法施行規則第9条から第10条の2関係）

	各科目に含めることが必要な事項	専修	1種	2種
第一欄　養護及び教職に関する科目				
第二欄　養護に関する科目	衛生学・公衆衛生学（予防医学を含む。）	4	4	2
	学校保健	2	2	2
	養護概説	2	2	1
	健康相談活動の理論・健康相談活動の方法	2	2	2
	栄養学（食品学を含む。）	2	2	2
	解剖学・生理学	2	2	2
	微生物学、免疫学、薬理概論	2	2	2
	精神保健	2	2	2
	看護学（臨床実習及び救急処置を含む。）	10	10	10
第三欄　教育の基礎的理解に関する科目	イ　教育の理念並びに教育に関する歴史及び思想 ロ　教職の意義及び教員の役割・職務内容（チーム学校への対応を含む。） ハ　教育に関する社会的、制度的又は経営的事項（学校と地域との連携及び学校安全への対応を含む。） ニ　幼児、児童及び生徒の心身の発達及び学習の過程 ホ　特別の支援を必要とする幼児、児童及び生徒に対する理解（1単位以上修得） ヘ　教育課程の意義及び編成の方法（カリキュラム・マネジメントを含む。）	8	8	5
第四欄　道徳、総合的な学習の時間等の内容及び生徒指導、教育相談等に関する科目	イ　道徳、総合的な学習の時間及び特別活動に関する内容 ロ　教育の方法及び技術（情報機器及び教材の活用を含む。） ハ　生徒指導の理論及び方法 ニ　教育相談（カウンセリングに関する基礎的な知識を含む。）の理論及び方法	6	6	3
第五欄　教育実践に関する科目	イ　養護実習（学校インターンシップ（学校体験活動）を2単位まで含むことができる。）（5単位） ロ　教職実践演習（2単位）	7	7	6
第六欄　大学が独自に設定する科目		31	7	4
合　計（総単位）		80	56	42

1）免許法別表第二に規定する養護教諭の普通免許状の授与を受ける場合の普通免許状の授与を受ける場合の養護及び教職に関する科目の単位の修得方法は、この1）及び2）のとおりとする。（第9条から第10条の2関係）

①免許法別表第二の養護教諭の一種免許状の授与への修得方法は、教育の基礎的理解に関する科目（教育史及び養護教諭の心身の発達及び学習の過程、児童及び幼児、児童（特別の支援を必要とする幼児、児童及び生徒に関する科目（養護実習に係る部分に限る。）の2単位以上を修得するものとする。

②教育の基礎的理解に関する科目（特別の支援を必要とする幼児、児童及び生徒に対する理解に係る部分に限る。）については、それぞれ2単位以上を修得するものとする。

③教育実践に関する科目（養護実習に係る部分に限る。）は1単位以上を修得するものとし、経験の年数として1年以上良好な成績で勤務した旨の実務証明責任者の証明を有する者につき、養護実習の内容及び方法並びに教育相談等に関する教育実践に関する科目をもってこれに替えることができる。

④教育実践に関する科目（養護実習に係る部分に限る。）の単位数は、2単位までとする。

⑤教育の基礎的理解に関する科目又は道徳、総合的な学習の時間等の内容及び生徒指導、教育相談等に関する科目にあっては6単位（二種免許状の授与を受ける場合の養護教諭の普通免許状の授与を受ける場合の大学が独自に設定する科目について、小学校、幼稚園、中学校又は高等学校の教諭の普通免許状の授与を受けることができる。

⑥教育の基礎的理解に関する科目又は道徳、総合的な学習の時間等の内容及び生徒指導、教育相談等に関する科目にあっては8単位（二種免許状の授与を受ける場合にあっては5単位）、教育実践に関する科目にあっては3単位、道徳、総合的な学習の時間等の内容及び生徒指導、教育相談等に関する科目のうち一以上の科目について単位を修得するものとする。

2）免許法別表第二に規定する養護教諭の普通免許状の授与を受ける場合の養護及び教職に関する科目の普通免許状の授与を受ける場合の大学が独自に設定する科目、道徳、総合的な学習の時間等の内容及び生徒指導、教育相談等に関する科目、道徳、総合的な学習の時間等の内容及び生徒指導、教育相談等に関する科目とする。（第8条の3関係）

①養護教諭の一種免許状又は二種免許状の授与を受ける場合の養護及び教職に関する科目、教育の基礎的理解に関する科目並びに教育実践に関する科目の単位の修得方法は、養護に関する科目又は教育の基礎的理解に関する科目並びに教育実践に関する科目並びに教育実践に関する科目とする。（第32条関係）

②養護教諭の一種免許状又は二種免許状の授与を受ける場合の養護及び教職に関する科目又は教育実践に関する科目について二以上の単位について養護教諭の普通免許状の授与を受ける場合の養護及び教職に関する科目とする。（第17条）

3）免許法別表第六に規定する第六に規定する養護教諭の普通免許状の授与を受ける場合の養護及び教職に関する科目とする。

①規定する科目を、教育の基礎の理解に関する科目を、道徳、総合的な学習の時間等の内容及び教育実践に関する科目とする。

②規定する科目を、教育の基礎的理解に関する科目を、道徳、総合的な学習の時間等の内容及び教育実践に関する科目とする。

④指定教員養成機関における科目を、教育の基礎的理解に関する科目並びに教育実践に関する科目とし、教育相談等に関する科目並びに教育実践に関する科目とする。

※「養護に関する科目」、「教職に関する科目」、「養護又は教職に関する科目」の3区分は廃止し、総単位数以外は全て省において、それぞれ定める。

※「教育の基礎的理解に関する科目」においては、アクティブ・ラーニングの視点を取り入れること。

※実施期日
この省令は平成31年4月1日から施行する。ただし、次に掲げる規定は、それぞれ定める日から施行する。
①教育職員免許法施行規則第10条の6、第12条及び免許状更新講習規則第6条の改正規定公布の日
②免許状更新講習規則第4条の改正規定平成30年4月1日

（教育職員免許法施行規則改正を基に、三木とみ子作成（平成29年11月））

■■ 3　養護教諭に求められる資質能力

【学びの達成目標】
①養護教諭の資質の向上に関する指標（育成指標）の意義と目的及びその内容について，各自治体の育成指標を調べるなどとして理解している。（知識・理解）
②各都道府県や自治体が示す養護教諭の育成指標のキャリア段階における資質能力に着目し，求められる課題を発見・分析し，その解決を目指して科学的に思考・判断し，それらを書いたり，他者に伝えたりすることができる。（思考・判断・表現）
③養護教諭に求められる資質能力の学修に主体的に取り組むことができる。

1）養護教諭の資質の向上に関する指標（育成指標）について

　平成28年11月28日，「教育公務員特例法等の一部を改正する法律」が公布され，学校教育関係者の資質の向上を図るため，公立の小学校等の校長及び教員の任命権者に校長及び教員としての資質の向上に関する指標（以下「指標」）及びそれを踏まえた教員研修計画の策定が，任命権者に義務づけられた。これによりすべての都道府県等で指標が策定され，教員等に求める資質が明確化された。養護教諭に特化した指標を示した自治体もあり，養護教諭としてのキャリアステージが「見える化」された。指標の活用は養護教諭の資質向上の要となった。

　教育公務員特例法及び教育職員免許法の一部を改正する法律（令和4年法律第40号）が，第208回国会において成立し，教員免許更新制度の発展的解消に伴う「新たな教師の学びの姿」の実現に向けた仕組みが整備された。これを踏まえ，令和4年8月31日，「改正教育公務員特例法に基づく公立の小学校等の校長及び教員としての資質の向上に関する指標の策定に関する指針の改正等について（通知）」が文部科学省から通知された。この指針の改正の中では，教員に共通に求められる資質能力を①教職に必要な素養，②学習指導，③生徒指導，④特別な配慮や支援を必要とする子供への対応，⑤ICTや情報・教育データの利活用の5つの柱で再整理している。なお，指標の内容を定める際の観点として，養護教諭及び栄養教諭については，「養護教諭にあたっては保健管理，健康相談や保健室経営に関する事項等，栄養教諭にあっては食に関する指導と学校給食の管理に関する事項等を適宜加えるなど，上記にあげる事項を中心としつつも，各職の特性を踏まえ，必要な事項を加えたり，不必要な事項を除いたりすることが可能である」と示されている。

　さらに，文部科学省は令和4年9月9日，「養護教諭及び栄養教諭の資質能力の向上に関する調査研究協力者会議議論の取りまとめ」の中で，「養護教諭に求められる役割（職務の範囲）の明確化」を示した（表1）。また，「これらの職務については養護教諭が実施主体となるだけではなく，全校的な推進体制の中核として，教職員間の連携をコーディネート（調整）することが求められている」と記している。

表1　養護教諭に求められる役割

養護教諭
◇保健管理 　・救急処置，健康診断，健康観察，疾病の管理・予防，学校環境衛生管理
◇保健教育 　・各教科等における指導への参画
◇健康相談及び保健指導 　・心身の健康課題に関する児童生徒等への健康相談 　・健康相談等を踏まえた保健指導
◇保健室経営
◇保健組織活動

各都道府県等において策定される養護教諭の指標については，教員に共通に求められる資質能力の5つの柱とともに上述の議論で整理された5項目を養護教諭に必要な資質能力として構成することが推察される。

〈参考〉育成指標活用チェックリスト（例）

養護教諭一人ひとりが自分の現状を把握し，資質向上を目指すため具体的な方策を確認できるよう，埼玉県では育成指標に基づく「活用チェックリスト」を作成した。資質向上を目指すための具体的な方策を確認することができる。

2）年次研修の目的と法的根拠

参照資料4：日々の実践や研修に育成指標を活かす活用チェックリスト

教員は，その職責を遂行するために，絶えず研修に努めなくてはならない。

国では，都道府県等が行う研修事業に対する支援を行うとともに，独立行政法人教職員支援機構にて，各地域でリーダー的役割を果たす教職員を対象とした研修や，学校教育に係る喫緊の課題に対応するための研修等を実施している。

また，都道府県・指定都市・中核市教育委員会等は，研修の計画的な実施に努める必要があり，初任者研修等の法定研修をはじめとする各種研修の体系的な整備を図っている（図1）。

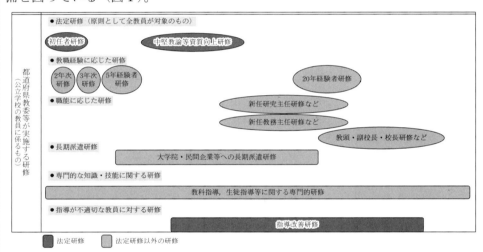

図1　都道府県教委等が実施する研修

法定研修…研修実施者が行う研修のうち，原則として対象となる全教員が必ず受講する研修のこと。現行法においては，初任者研修及び中堅教諭等資質向上研修を指す。

研修の機会や体制整備が求められている一方，平成31年1月25日，中央教育審議会にて「新しい時代の教育に向けた持続可能な学校指導・運営体制の構築のための学校における働き方改革に関する総合的な方策について」が答申された。資質能力の向上に研修は欠かせないことから，研修の推進にあたっては，研修履歴等を活用し，計画的に研修を実施することが求められる。

<参考文献>
1）文部科学省：改正教育公務員特例法に基づく公立の小学校等の校長及び教員としての資質の向上に関する指標の策定に関する指針の改正等について（通知），2022
2）文部科学省：養護教諭及び栄養教諭の資質能力の向上に関する調査研究協力者会議　議論の整理2022, https://www.mext.go.jp/b_menu/shingi/chosa/shotou/178/index.html
3）文部科学省：教員研修　https://www.mext.go.jp/a_menu/shotou/kenshu/
4）文部科学省：中央教育審議会，「新しい時代の教育に向けた持続可能な学校指導・運営体制の構築のための学校における働き方改革に関する総合的な方策について」（答申），2019
5）埼玉県教育委員会：平成30年度文部科学省委託学校保健総合支援事業　平成30年度埼玉県「養護教諭育成支援事業」報告書，2019

（芦川　恵美）

■■ 4　保健管理（保健室ＤＸを含む）

1）健康観察・健康実態の把握

【学びの達成目標】
①健康観察の意義，目的，学校種や発達段階を踏まえた健康観察の機会，内容，方法，非常災害時における健康観察とその評価について理解している。（知識・技能）
②健康観察と養護教諭の関わり，健康観察の活用方法などについての課題を発見・分析し，その解決を目指して科学的に思考・判断し，それらを書いたり，他者に伝えたりすることができる。（思考・判断・表現）
③健康観察や健康実態の把握の学修に主体的に取り組むことができる。

	学級担任をはじめ教職員により行われる健康観察は，日常的に子供の健康状態を観察し，心身の健康問題を早期に発見して適切な対応を図ることによって，学校における教育活動を円滑に進めるために行われる重要な活動である。朝の健康観察をはじめ，学校生活全般を通して健康観察を行うことは，体調不良のみならず心理的ストレスや悩み，いじめ，不登校，虐待や精神疾患など，子供の心の健康問題の早期発見・早期対応にもつながることから，その重要性は増している。
(1)健康観察の法的根拠	健康観察は，中央教育審議会答申（平成20年1月）「子どもの心身の健康を守り，安全・安心を確保するために学校全体の取組を進めるための方策について」で，その重要性が述べられており，学校保健安全法（平成21年4月1日施行）においても，健康観察が位置付けられている。

○中央教育審議会答申（平成20年1月17日）
Ⅱ　学校保健の充実を図るための方策について
２．学校保健に関する学校内の体制の充実
　(3)　学級担任や教科担任等
　　②　健康観察は，学級担任，養護教諭などが子どもの体調不良や欠席・遅刻などの日常的な心身の健康状態を把握することにより，感染症や心の健康課題などの心身の変化について早期発見・早期対応を図るために行われるものである。また，子どもに自他の健康に興味・関心を持たせ，自己管理能力の育成を図ることなどを目的として行われるものである。（後略）
　　③　学級担任等により毎朝行われる健康観察は特に重要であるため，全校の子どもの健康状態の把握方法について，初任者研修をはじめとする各種現職研修などにおいて演習などの実践的な研修を行うことやモデル的な健康観察表の作成，実践例の掲載を含めた指導資料作成が必要である。

○学校保健安全法（平成21年4月1日施行）
（保健指導）
第九条　養護教諭その他の職員は，相互に連携して，健康相談又は児童生徒等の健康状態の日常的な観察により，児童生徒等の心身の状況を把握し，健康上の問題があると認めるときは，遅滞なく，当該児童生徒等に対して必要な指導を行うとともに，必要に応じ，その保護者（学校教育法第十六条に規定する保護者をいう。第二十四条及び第三十条において同じ。）に対して必要な助言を行うものとする。

(2)健康観察の目的	健康観察の目的は，以下のとおりである。 ①子供の心身の健康問題の早期発見・早期対応を図る。 ②感染症や食中毒などの集団発生状況を把握し，感染の拡大防止や予防を図る。 ③日々の継続的な実施によって，子供に自他の健康に興味・関心をもたせ，自己管理能力の育成を図る。
(3)健康観察の機会	学校における健康観察は，学級担任や養護教諭が中心となり，教職員との連携の下で実施すべきものであることから，全教職員が共通の認識をもつことが重要である。また，家庭における保護者が行う健康観察も，子供の心身の状況を把握する上で重要になることから，保護者の理解と協力を得るとともに，保護者にも，子供の健康観察の視点等について周知を図っておくことが重要である。
①朝の健康観察	健康観察は，子供の発達段階，年齢に応じてかかりやすい病気，特別な支援を

第3章　養護教諭の職務と役割・養護活動　*41*

必要としている子供の特性等を考慮した上で実施する必要があるため，観察項目，手順，記録用紙等については各学校の実態に即した方法で実施することが必要である。特に，学級担任が行う朝の健康観察は，欠席者の把握のみならず，集団の感染管理や個別の要観察者を早期に把握する上で重要であり，組織的に実施する必要がある。そのため，実施方法等について教職員の共通理解を得ておくことが重要である。

②健康観察の手順（フローチャート）

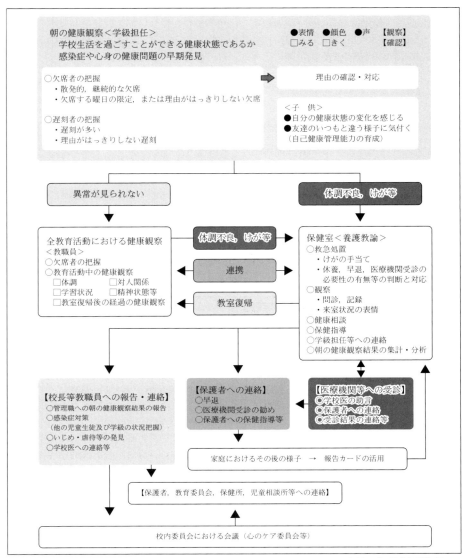

（出典）　学校における子供の心のケア－サインを見逃さないために－（平成26年3月文部科学省）

(4)健康観察の視点

子供は，自分の気持ちを言葉でうまく表現できないことが多く，心の問題が顔の表情や行動に現れたり，頭痛・腹痛などの身体症状となって現れたりすることが多いため，きめ細やかな観察が必要である。また，子供に自分の健康状態を意識させることによって，自己健康管理能力を育てることが大切である。

さらに，友達関係や家庭環境などの心理社会的な問題ではなく，脳の機能障害や心身症など疾患が原因となっている場合があることから留意が必要である。そのような場合は，学校だけでは解決が困難なため専門機関との連携が必要となる。まず，身体的な疾患があるかないかを見極めてから対応することが大切である。

(5)健康観察結果の集計・分析

養護教諭は，各学級の健康観察結果を集計・分析し，全校の子供の心身の健康状態を管理職や教職員と情報を共有することが重要である。その際，ＩＣＴ端末を利用して健康観察を行うことで，出欠席や健康状態の情報を即時に回収・自動

集計することが可能となり，児童生徒の心身の課題の早期発見や対応，集団の健康状態把握に有効である。この場合，情報の管理については十分配慮する必要がある。

(6)健康観察結果の活用方法

健康観察結果については，以下の活用方法が考えられる。

①感染症及び食中毒などの集団発生の早期発見に役立てる。

②いじめ，不登校傾向，虐待等の早期発見に役立てる。

③個々及び集団の健康課題を把握する資料とする。

④健康相談及び保健指導につなげる。

⑤健康診断の資料とする。

⑥家庭訪問時や保護者面談時の資料とする。

⑦児童生徒理解のための資料とする。

⑧休業中の保健指導計画等の参考資料とする。

⑨学校保健計画立案の参考資料とする。等

(7)健康観察の評価

健康観察は，以下の評価の観点等に基づいて評価する。評価する時期については，学期ごとあるいは学年末に行い，次年度の実施に生かすことが大切である。

○評価の観点（例）

(1)健康観察の必要性について共通理解されているか。

(2)学級担任による朝の健康観察は適切に行われているか。

(3)全教育活動を通じて実施されているか。

(4)健康観察事項は適切であったか。

(5)心身の健康問題の早期発見に生かされているか。

(6)健康観察の事後措置（健康相談及び保健指導等）は適切に行われたか。

(7)子供に自己健康管理能力がはぐくまれたか。

(8)必要な事項について記録され，次年度の計画に生かされたか。

(9)保護者等の理解や協力が得られたか。等

(8)健康観察における養護教諭の役割

学校における健康観察は，教育活動全体を通じて，すべての教職員により行われるべきものである。その中でも，養護教諭は，その職務の特質により，子供の心身の健康状態の異変やその兆候等に気付きやすい一方で，養護教諭が，校内のすべての児童生徒等の健康観察を行うことは現実的ではなく，日常的に子供と接している学級担任等が児童生徒等の健康観察を適切に行うことが必要となる。

このため，養護教諭は，日常的なあるいは災害や事件・事故等の発生時等を想定した健康観察を行う際のポイントや留意事項，結果の共有方法等について，学級担任等に指導・助言するとともに，健康観察の結果を校長等の管理職に報告の上，必要な対応を講ずること等が考えられる。

また，養護教諭は，保健室への来室の際など，学級担任等とは異なる視点から児童生徒等の心身の健康状態の異変やその兆候等に気付くことができる機会があることから，日常的な健康観察を補完する観点から必要な対応を行うことも重要である。

(9)災害等危機発生時における健康観察

災害等に遭遇し，強い恐怖や衝撃を受けた場合，頭痛，食欲不振，不眠などのストレス症状が現れることがある。こうした反応はだれでも起こり得ることであり，時間の経過とともに薄らいでいくものであるが，場合によっては長引き，生活に支障を来すなどして，その後の成長や発達に大きな障害となることもある。

そのため，日頃から子供の健康観察を徹底し，情報の共有を図るなどして早期発見に努め，適切な対応と支援を行うことが必要である。

災害等発生時におけるストレス症状のある子供への対応は，基本的には平常時と同じように行うが，健康観察等により速やかに子供の異変に気付き，問題の性質を見極め，必要に応じて保護者や主治医等と連携を密に取り，学級担任等や養護教諭をはじめ，校内組織（教育相談部等）と連携して組織的に支援に当たることが重要である。

　健康観察では，災害等発生時における子供のストレス症状の特徴を踏まえた上で観察を行い，子供が示す心身のサインを見過ごさないようにし，心の症状のみならず，腹痛や頭痛，不眠，食欲不振などの身体症状にも注目して行うことが肝要である。また，災害等発生時においては，日頃から抱えている心身の健康問題が表面化しやすいので，そのような子供に対しては状態の変化などに留意して健康観察を行う必要がある。また，学校での健康観察の結果と家庭での子供の様子を照らし合わせることで，心身の健康問題に気付くこともあるため，保護者の理解と協力を得て，子供の心身の状況を把握することが重要である。

＜例：子供に現れやすいストレス症状の健康観察のポイント＞

体の健康状態	心の健康状態
・食欲の異常（拒食・過食）はないか ・睡眠はとれているか ・吐き気・嘔吐が続いてないか ・下痢・便秘が続いてないか ・頭痛が持続していないか ・尿の回数が異常に増えていないか ・体がだるくないか	・心理的退行現象（幼児返り）が現れていないか ・落ち着きのなさ（多弁・多動）はないか ・イライラ，ビクビクしていないか ・攻撃的，乱暴になっていないか ・元気がなく，ぼんやりしていないか ・孤立や閉じこもりはないか ・無表情になっていないか

＜引用・参考資料＞
1）文部科学省：教職員のための子どもの健康観察の方法と問題への対応（平成21年3月）
2）文部科学省：学校における子供の心のケア－サインを見逃さないために－（平成26年3月）
3）文部科学省：養護教諭及び栄養教諭の資質能力の向上に関する調査研究協力者会議議論の取りまとめ（令和5年1月）

(松﨑　美枝)

2）健康診断

【学びの達成目標】
①健康診断の意義，目的，法令に基づいた健康診断の種類と内容，学校種や発達段階を踏まえた健康診断の方法と計画，実施，事後措置，評価について理解している。（知識・技能）
②健康診断と養護教諭の関わり，健康診断結果の活用方法などについての課題を発見・分析し，その解決を目指して科学的に思考・判断し，それらを書いたり，他者に伝えたりすることができる。（思考・判断・表現）
③健康診断の学修に主体的に取り組むことができる。

(1)健康診断の法的根拠

　児童生徒等の健康診断は，学校教育法及び学校保健安全法の規定に基づいて行われる。

学校教育法
第12条　学校においては，別に法律で定めるところにより，幼児，児童，生徒及び学生並びに職員の健康の保持増進を図るため，健康診断を行い，その他その保健に必要な措置を講じなければならない。
学校保健安全法
（目的）
第1条　この法律は，学校における児童生徒等及び職員の健康の保持増進を図るため，学校における保健管理に関し必要な事項を定めるとともに，学校における教育活動が安全な環境において実施され，児童生徒等の安全の確保が図られるよう，学校における安全管理に関し必要な事項を定め，もつて学校教育の円滑な実施とその成果の確保に資することを目的とする。
（児童生徒等の健康診断）
第13条　学校においては，毎学年定期に，児童生徒等（通信による教育を受ける学生を除く。）の健康診断を行わなければならない。

> 2　学校においては，必要があるときは，臨時に，児童生徒等の健康診断を行うものとする。
>
> **第14条**　学校においては，前条の健康診断の結果に基づき，疾病の予防措置を行い，又は治療を指示し，並びに運動及び作業を軽減する等適切な措置をとらなければならない。

(2)健康診断の目的

学校保健安全法では，学校における児童生徒等の健康の保持増進を図るため，学校における保健管理について定めており，健康診断はこの中核に位置する。また，学習指導要領解説特別活動編では〈健康安全・体育的行事〉に例示されており，教育活動として実施される一面もある。

このことから，学校における健康診断の目的は大きく分けて2つある。

1. 学校教育の円滑な実施とその成果の確保に資することを目的とし，子供の健康の保持増進を図るために実施するもの。
2. 学校生活を送るに当たり支障があるかどうかについて疾病をスクリーニングし，健康状態を把握するという役割と，学校における健康課題を明らかにして健康教育に役立てるもの。

定期健康診断の内容及び項目は，学校保健安全法施行規則第6条に次のように規定されており，検査項目は11項目である。

(3)健康診断の項目

> **学校保健安全法施行規則**
> （検査の項目）
> **第6条**　法第13条第1項の健康診断における検査の項目は，次のとおりとする。
> 　(1)　身長及び体重
> 　(2)　栄養状態
> 　(3)　脊柱及び胸郭の疾病及び異常の有無並びに四肢の状態
> 　(4)　視力及び聴力
> 　(5)　眼の疾病及び異常の有無
> 　(6)　耳鼻咽頭疾患及び皮膚疾患の有無
> 　(7)　歯及び口腔の疾病及び異常の有無
> 　(8)　結核の有無
> 　(9)　心臓の疾病及び異常の有無
> 　(10)　尿
> 　(11)　その他の疾病及び異常の有無

(4)定期の健康診断の期日と立案計画

定期の健康診断は，学校保健安全法施行規則第5条第1項に規定され，〈毎学年，6月30日まで〉である。円滑に健康診断を実施するために，次年度の児童生徒数，学校医等の人数，検査項目や実施機関等を考慮しつつ，学校教育活動全体で調整を図り，実施期日を決定する。

(5)実施上の留意点

「学校健康診断実施上の留意点」
日本医師会・文部科学省

健康診断は教育活動としても実施される。健康診断は，児童生徒等が自分の健康状態を認識するとともに，教職員がこれを把握して適切な学習指導等を行うことにより児童生徒等の健康の保持増進を図ろうとするものである。次の事項に留意して，計画の立案と実施をする必要がある。

　ア．健康診断の実施体制

健康診断は一定の時期に集中的かつ総合的に行う。また，校長の指導の下，保健主事，学級担任，養護教諭が連携して取り組むことにより，教育的効果を高めることができるように配慮することが重要である。

　イ．検査項目について

学校保健安全法施行規則第6条に基づく検査項目を実施する。学校の判断で追加実施する場合は，健康診断の趣旨や目的に沿い，設置者及び学校の責任でその実施目的等と義務付けでないことを明示し，保護者等に周知し理解と同意を得て実施する必要がある。

「児童生徒等のプライバシーや心情に配慮した健康診断実施のための環境整備について（通知）」文部科学省

ウ．プライバシーの保護及び個人情報管理

健康診断は，児童生徒等が自分の健康状態を理解するとともに，保護者や教職員が健康状態を把握し，適切な指導や事後措置を行うことで，児童生徒の健康保持と増進を図るものである。検査の実施方法や役割分担，ついたて等の物品や人の配置を工夫する。健康診断・検査等において補助や記録を児童生徒等にさせることで他の児童生徒等に結果が知られたりすることがないよう，児童生徒等のプライバシーの保護・心情に十分配慮しなければならない。また，健康診断結果の処理や活用の際に，個人が特定される情報が外部に漏れることがないよう健康診断票等の個人情報管理に十分配慮しなければならない。検査・診察の内容や方法，児童生徒等のプライバシーや心情に配慮した対応などについて学校の責任において事前に児童生徒及び保護者の理解を得ること，また正確な検査・診察の重要性についても説明を行うことが重要である。

エ．男女差への配慮

診察や心電図検査等，衣服を脱いで実施する検査はすべての校種，すべての学年で男女別に実施する等の配慮を行う。

オ．臨時の健康診断

臨時の健康診断は，次のように学校保健安全法第13条第2項，同規則第10条に規定される。また，これ以外の場合でも，必要があるときは臨時の健康診断を行うものとされている。

学校保健安全法施行規則
（臨時の健康診断）
第10条 法第13条第2項の健康診断は，次に掲げるような場合で必要があるときに，必要な検査の項目について行うものとする。
(1) 感染症又は食中毒の発生したとき。
(2) 風水害等により感染症の発生のおそれのあるとき。
(3) 夏季における休業日の直前又は直後
(4) 結核，寄生虫病その他の疾病の有無について検査を行う必要のあるとき。
(5) 卒業のとき。

学校は児童生徒等が集団で生活する場であり，感染症や食中毒が発生した場合，風水害等により感染症の発生のおそれがあるときには集団への対応が必要である。これらの事態に素早く適切に対応するため，臨時の健康診断を行う。また，事後活動に関連し，定期の健康診断において継続的な観察や指導が必要とされた者，例えば，歯及び口腔の「ＣＯ（要観察歯）」「ＧＯ（歯周疾患要観察者）」等を対象として臨時の健康診断を実施することは，児童生徒等の健康を保持増進する上で大変有効かつ重要で，積極的に実施することが望ましい。

(6)定期健康診断の実施計画と養護教諭の役割

また保健主事との協働は，健康診断の円滑な実施及び学校教育活動として教職員の理解と意識を高めることにつながる。

定期健康診断の実施計画と具体的実施項目及び養護教諭の役割と留意事項について，表2に示す。

表2　定期健康診断の実施計画と養護教諭の役割

◎中心的な役割
○協力的な役割

時期/段階		内容	具体実施項目	保健主事	養護教諭	留意事項
前年度 1月～3月	実施計画	○学校保健計画案作成	○学校評価や保健活動の評価を基に，校内保健委員会で原案を作成し検討。・学校行事としてのねらいを確認する	◎	○	健康診断実施計画案は，学校評価・学校保健活動の評価・健康診断に関する評価等から情報収集し，保健主事や養護教諭が中心となって作成する。
		○健康診断実施計画案の作成	○学校医や学校歯科医，検査機関，教育委員会との連絡・調整を図る。	○	◎	計画内容には，健康診断の法的根拠，目的，実施方法，検査会場，教職員の役割分担，留意事項，事後措置の進め方等を含む。
4月	事前活動	○学校保健計画，健康診断実施計画の決定	○職員会議における検討 年度当初の職員会議において学校保健計画と健康診断実施計画を検討し，校長が決定する。	○	○	
		○学校医，学校歯科医との打合せ ○関係者等の共通理解・確認	○共通理解の確認 教職員，学校医，学校歯科医，関係機関等と実施内容等の共通理解を図り，日程調整をする。・健康診断の判定基準と留意事項・事後措置の進め方・検査時のプライバシー保護の工夫・未検査者への対応等	○	◎	関係者との共通理解・確認事項は，検査の開始・終了予定時間（1人当たり，学級・学年当たりの目安を示す），検体の回収方法や回収時の注意事項，プライバシーが守られる環境づくり等を記載する。
	準備	○検査会場の準備	○会場設定 検査に適した会場を確保・設定する。	○	◎	
		○検査に必要な機器，用具等の点検	○会場責任者と打ち合わせの実施。○使用前後の管理・保管について確認する。（滅菌消毒や必要数の確認を含む）	○	◎	各検査共通の準備物として，消毒用具，タオル等がある。
		○健康診断票や諸用紙の確認と準備（学校医・学校歯科医に相談）	○保健調査票や結核問診票等の提出方法を工夫し，プライバシーの保護に十分配慮する。	○	◎	
	事前指導	○健康診断実施に関する資料等作成	○教師用・保護者用・児童生徒等用の指導資料を作成・配布する。	○	◎	教職員用資料には，検査方法や計測機器等の使用方法，補助時の留意事項を記載し，事前打ち合わせを実施し，共通理解を図る。
		○保護者への事前対応	○保護者に健康診断の趣旨や実施計画等を通知し，理解・協力を得る。	○	◎	保護者には，健康診断の目的，検査項目，実施学年，保健調査票等の記入方法，未検査時の対応等について保健だよりや学年通信で通知する。また，学校保健安全法で定められていない検査を実施する場合には，この検査が義務付けられていないことを保護者に周知した上で，検査趣旨を説明し同意を得て実施する必要がある。
		○児童生徒等への事前指導	○学級活動（ホームルーム活動）等で健康診断の目的や受け方を指導する。	◎	○	児童生徒等へは，健康診断の教育的側面を考慮し，健康教育の一環として健康診断の目的や検査の受け方等を含めた事前指導を行うことが大切である。
	保健調査	○保健調査やアンケート等の実施・日常の健康観察結果の活用	○回収後，担任や養護教諭が記載事項を確認し，検査の補助資料としてまとめる。	○	◎	保健調査票や日常の健康観察，アンケート等で得た情報は，検査を効率よく進めるため，学校医や学校歯科医の補助資料となるようにまとめる。
	検査等実施	○健康診断の実施・校内で行う検査・検査機関による検査・学校医・学校歯科医による検査・未検査者への指導	○教職員全体で役割分担を再確認する。・検査に必要な機器や用具等の配置・健康診断票等諸用紙の記入方法等・保健調査や日常の健康観察等の補助資料準備・未検査者が早期に検査を受けられるように本人・保護者へ連絡	○	◎	
		○学校医，学校歯科医からの指導 ○総合判定	○児童生徒等の健康状態等について指導を受け，保健管理や保健指導の進め方の検討	○	◎	
	事後活動	○健康診断結果通知	○健康診断結果を健康診断終了後21日以内に児童生徒等及びその保護者へ結果通知をする。	○	◎	健康診断の結果，心身に疾病や異常が認められず，健康と認められる児童生徒についても事後措置として通知し，健康保持の増進に役立てる。
	事後措置	○管理が必要な児童生徒等への対応	○主治医や保護者等と管理の内容を確認。・教育上配慮を要する児童生徒への対応について健康管理を行う。	○	◎	
		○地域の関係機関との連携	○管轄保健所や病院等と連携を図り，児童生徒等の健康管理を実施する。	○	◎	
		○健康課題の把握（結果の統計処理）	○結果を集計・分析し，健康課題を把握し，学校保健委員会等で事項の健康課題への対応について検討する。	○	○	
		○学校医・学校歯科医等による健康相談・保健指導の実施	○計画的に進められるように日程を調整する。	○	◎	
		○養護教諭・担任等による健康相談・保健指導の実施	○養護教諭と担任等が連携して組織的に対応する。	○	◎	
		○健康診断票等の整理と管理	○個人情報の取り扱いを周知し，適切に管理する。・健康診断票や学校生活管理指導表等の整理・要管理者一覧表の作成	○	◎	情報の管理については，プライバシーの保護及び個人情報の管理に関する留意事項方法についての周知を図る。
12月	結果の活用等	○教育計画の見直し・改善	○必要に応じて，校内運営委員会・職員会議等で教育計画の見直しを実施する。	◎	○	
		○保健教育における活用	○教育活動全体を通して，健康の保持増進を図る。	◎	○	
1月～3月	評価	○学校保健活動の評価 ○健康診断に関する評価	○学校保健計画，保健管理，保健教育，組織活動等について，全教職員で評価を行う。○実施計画，事前・事後指導，事後措置状況，自校の健康課題と対策について評価を行う。	◎ ○	○ ◎	健康診断の評価を行う。健康課題解決のための手立ての検討をする。次年度の学校保健計画案や健康診断実施計画案を作成する。

（財）日本学校保健会「児童生徒等の健康診断マニュアル平成27年度改訂」及び保健主事の手引き（三訂版）を基に作成（力丸真智子，2024）

(7)健康診断の総合評価	**学校保健安全法施行規則** （方法及び技術的基準） **第7条** 8　身体計測，視力及び聴力の検査，問診，胸部エックス線検査，尿の検査その他の予診的事項に属する検査は，学校医又は学校歯科医による診断の前に実施するものとし，学校医又は学校歯科医は，それらの検査の結果及び第11条の保健調査を活用して診断に当たるものとする。

　学校医・学校歯科医にとって，多くの検査結果・保健調査票，さらに日常の健康観察も含め，一人ひとりの児童生徒等について総合的な健康状態の把握，評価を行うことは重要な役割である。総合評価は，健康診断の一環として捉えるだけでなく，健康相談や保健指導への活用も含め重要視されなければならない。健康診断に当たっての評価は，健康診断票の所見欄に学校医・学校歯科医が記載するが所見だけでなく，それらに基づいた指導・助言の要点をプライバシー及び個人情報の保護に配慮し，記入することが望ましい。

(8)健康診断の事後措置	健康診断の事後措置については，学校保健安全法第14条，同施行規則第9条に定められている。

学校保健安全法
第14条　学校においては，前条の健康診断の結果に基づき，疾病の予防処置を行い，又は治療を指示し，並びに運動及び作業の軽減をする等適切な措置をとらなければならない。
学校保健安全法施行規則
（事後措置）
第9条　学校においては，法第13条第1項の健康診断を行ったときは，21日以内にその結果を幼児，児童又は生徒にあっては当該幼児，児童又は生徒及びその保護者（学校教育法（昭和22年法律第26号）第16条に規定する保護者をいう。）に，学生にあっては当該学生に通知するとともに，次の各号に定める基準により，法第14条の措置をとらなければならない。
(1)　疾病の予防処置を行うこと。
(2)　必要な医療を受けるよう指示すること。
(3)　必要な検査，予防接種等を受けるよう指示すること。
(4)　療養のため必要な期間学校において学習しないよう指導すること。
(5)　特別支援学級への編入について指導及び助言を行うこと。
(6)　学習又は運動・作業の軽減，停止，変更等を行うこと。
(7)　修学旅行，対外運動競技等への参加を制限すること。
(8)　机又は腰掛の調整，座席の変更及び学級の編制の適正を図ること。
(9)　その他発育，健康状態等に応じて適当な保健指導を行うこと。

(9)学校職員の健康診断	学校職員の健康診断は，学校保健安全法第15条に基づいて実施される。

学校保健安全法
（職員の健康診断）
第15条　学校の設置者は，毎学年定期に，学校の職員の健康診断を行わなければならない。
2　学校の設置者は，必要があるときは，臨時に，学校の職員の健康診断を行うものとする。

　また，職員の臨時の健康診断については，児童生徒等の臨時の健康診断に関する規則第10条の規定を準用する（規則第17条）。法による職員の臨時の健康診断は，すべて学校の設置者が必要のあるときに行う。事後措置に関しては，定期の健康診断の事後措置に準じて行うことが適当とされている。

(10)就学時の健康診断	就学時健康診断は，学校保健安全法第11条の規定に基づき実施される。

学校保健安全法
（就学時の健康診断）
第11条　市（特別区を含む。以下同じ。）町村の教育委員会は，学校教育法第17条第1項の規定により翌学年の初めから同項に規定する学校に就学させるべき者で，当該市町村の区域内に住所を有するものの就学に当たって，その健康診断を行わなければならない。

<参考文献>
1）（公財）日本学校保健会：児童生徒等の健康診断マニュアル　平成27年度改訂，2015
2）学校保健・安全実務研究会編：新訂版　学校保健実務必携≪第5次改訂版≫，2020
3）文部科学省：児童生徒等のプライバシーや心情に配慮した健康診断実施のための環境整備について（通知），2024．1．22
4）文部科学省：学校保健安全法に基づく児童生徒等の健康診断の実施に当たって留意すべき事項について（通知），2024．9．18
5）（公財）日本学校保健会：保健主事の手引き（3訂版），2017

（力丸真智子）

3）疾病・感染症の管理と予防

【学びの達成目標】
①疾病管理の意義と目的や疾病管理が必要な傷病についての情報を収集し，学校生活をよりよく過ごすために必要な管理の内容及び方法を理解している。（知識・技能）
②感染症予防及び感染症対策の意義と目的を踏まえ，感染症の予防と対策に関する内容及び方法を理解している。（知識・技能）
③疾病管理及び感染症予防や感染症対策と養護教諭の関わりについての具体や課題を発見・分析し，その解決を目指して科学的に思考・判断し，それらを書いたり，他者に伝えたりすることができる。（思考・判断・表現）
④疾病・感染症の管理と予防の学修に主体的に取り組むことができる。

(1)学校における疾病管理の目的

　学校における疾病管理の目的は，保健調査，健康診断，健康観察，健康相談等により，疾病に罹患している児童生徒等の早期受診や早期の回復，治療への支援を行うことである。また，運動や授業などへの参加の制限を最小限に止め，可能な限り教育活動に参加できるよう配慮することにより，安心して学校生活を送ることができるよう支援することである。

(2)疾病管理の方法

　心疾患，腎疾患，アレルギー疾患等の慢性疾患を抱える児童生徒への支援は，養護教諭を中心として，全教職員及び保護者，主治医，学校医，保健医療機関等と連携・協働を図りながら行う。支援のプロセスは，まず疾患があり，配慮・管理が必要な児童生徒を把握することからはじまる。そして，保護者に「学校生活管理指導表」や「学校生活管理指導表（アレルギー疾患用）」「糖尿病患児の治療・緊急連絡法等の連絡表」（後述）等を配布し，保護者を通して主治医に記入してもらい，学校に提出してもらう。教職員は，これらの表に基づき，学校における支援を検討し，必要な準備を行う。例えば，学級担任及び養護教諭は，本人・保護者と面談をし，ニーズや困っていること，自己管理能力の程度などを聞きとる。そして，支援に関する検討会を開き，全教職員と共通理解を図る。定期的及び必要時に保護者や主治医，学級担任，教科担任等と連絡をとりあい，疾患を抱える児童生徒のニーズや疾病情報，助言などを共有し，より適切な支援につなげられるようにする。なお，主治医に連絡をとる際は，保護者の了承を得ておく必要がある。さらに緊急時に備えて，定期的に対応事項の事前確認や救急処置の訓練をする等，救急体制を整備しておくことも重要である。

　疾病管理における保健指導は，児童生徒本人だけでなく，発達段階に応じて他の児童生徒等に行うことも大切である。本人には，自己の疾病や生活管理の必要性が理解できるように指導し，他の児童生徒等へは，疾病の偏見や差別をしないように指導する。その際には，本人と保護者の理解を得て，プライバシーを侵害しないように配慮しながら行うことが大切である。また，近年，アレルギー疾患を患う子供が増加しているが，アレルギー疾患の児童生徒等への取り組みを進めるにあたっては，他の児童生徒等からの理解を得ながら行うことが重要である。アレルギー疾患については様々な啓発資料があるので，それらを参考にして保健指導を行うとよい。

「アレルギーポータル　アレルギーの本棚」日本アレルギー学会・厚生労働省

(3)学校生活管理指導表

　「学校生活管理指導表」とは，児童生徒の疾患，指導区分，その区分で可能な運動などを記す表であり，幼稚園用，小学生用，中学・高校生用がある。「学校

「(令和元年度・令和2年度改訂)学校生活管理指導表」「糖尿病患児の治療・緊急連絡法等の連絡表」日本学校保健会

生活管理指導表(アレルギー疾患用)」とは，アレルギーの種類や，原因となる食物，学校生活上の留意点，緊急時の対応等を記入する表である。食物アレルギー，気管支ぜん息，アトピー性皮膚炎等のアレルギー疾患ごとに記入する。「糖尿病患児の治療・緊急連絡法等の連絡表」とは，治療内容や緊急時の連絡先，学校生活での注意事項，低血糖時の対応等を書き入れる表である。どの表も主治医が記載し，保護者を通じて学校に提出され，教職員の情報共有や支援の検討，緊急時の対応等に利用される。(財)日本学校保健会ホームページよりダウンロード可能である。

(4)学校における感染症の予防と管理

学校における感染症予防の目的は，感染症が学校内で発生することを未然に防ぎ，発生した場合には重症化を防ぐために早期発見，早期治療につなげることである。学校は，児童生徒等が集団生活を営む場であるため，感染症が発生した場合は，感染が拡大しやすく，教育活動にも大きな影響を及ぼすことから，感染症対策は発生前，流行中，流行後のどの時期においても，万全を期する必要がある。また感染症に罹患している，又はその疑いやおそれがある児童生徒等に対して，差別や偏見が生じないように配慮することも求められる。

①感染症の予防と管理に関する法的根拠

感染症予防の法的根拠は，「感染症の予防及び感染症の患者に対する医療に関する法律(以下「感染症法」)」にあり，その立法目的は「感染症の予防及び感染症の患者に対する医療に関し必要な措置を定めることにより，感染症の発生を予防し，及びそのまん延の防止を図り，もって公衆衛生の向上及び増進を図ること(同法第1条)」である。ただし感染症法は一般社会を対象としたものであり，学校の実情に沿った指針を与えるものではない。そこで学校保健安全法のもと，同施行令，同施行規則によって，出席停止期間等の指針が細かく規定されている。なお両法では扱う感染症とその分類が異なる点に気を付けたい。感染症法は様々な感染症を，一～五類及び新型インフルエンザ等感染症，指定感染症，新感染症の8つに分類している(同法第6条)。一方，学校保健安全法は学校でまん延する可能性が高いもの(学校感染症という)に焦点を絞って，疾患の特性や感染力(児童生徒等の罹患率や流行を広げる可能性の高さ等)，出席停止期間の基準等により，3種類に分類している(同法施行規則第18条)(表3)。

表3　学校において予防すべき感染症と出席停止期間(令和5年5月8日施行)

種類	特徴	感染症	出席停止の期間の基準 ※1
第一種	感染症法の一類感染症と結核を除く二類感染症	エボラ出血熱	治癒するまで。
		クリミア・コンゴ出血熱	
		痘そう	
		南米出血熱	
		ペスト	
		マールブルグ病	
		ラッサ熱	
		急性灰白髄炎(ポリオ)	
		ジフテリア	
		重症急性呼吸器症候群(病原体がベータコロナウイルス属SARSコロナウイルスであるものに限る。)	
		中東呼吸器症候群(病原体がベータコロナウイルス属MERSコロナウイルスであるものに限る。)	

種類	特徴	感染症	出席停止の期間の基準 ※1
		特定鳥インフルエンザ（感染症の予防及び感染症の患者に対する医療に関する法律（平成十年法律第百十四号）第六条第三項第六号に規定する特定鳥インフルエンザをいう。））	
第二種	空気感染又は飛沫感染するもので，児童生徒等の罹患が多く，学校において流行を広げる可能性が高い感染症	インフルエンザ（特定鳥インフルエンザ及び新型インフルエンザ等感染症を除く。）	発症した後五日を経過し，かつ，解熱した後二日（幼児にあつては，三日）を経過するまで。
		百日咳	特有の咳せきが消失するまで又は五日間の適正な抗菌性物質製剤による治療が終了するまで。
		麻しん	解熱した後三日を経過するまで。
		流行性耳下腺炎（おたふくかぜ）	耳下腺，顎下腺又は舌下腺の腫脹ちようが発現した後五日を経過し，かつ，全身状態が良好になるまで。
		風しん	発しんが消失するまで。
		水痘（みずぼうそう）	すべての発しんが痂皮化するまで。
		咽頭結膜熱（プール熱）	主要症状が消退した後二日を経過するまで。
		新型コロナウイルス感染症（病原体がベータコロナウイルス属のコロナウイルス（令和二年一月に，中華人民共和国から世界保健機関に対して，人に伝染する能力を有することが新たに報告されたものに限る。）であるものに限る。）	発症した後五日を経過し，かつ，症状が軽快した後一日を経過するまで。
		結核	病状により学校医その他の医師において感染のおそれがないと認めるまで。
		髄膜炎菌性髄膜炎	病状により学校医その他の医師において感染のおそれがないと認めるまで。
第三種	学校教育活動を通じ，学校において流行を広げる可能性がある感染症	コレラ	病状により学校医その他の医師において感染のおそれがないと認めるまで。
		細菌性赤痢	
		腸管出血性大腸菌感染症	
		腸チフス，パラチフス	
		流行性角結膜炎，急性出血性結膜炎	
		その他の感染症 ※2	

※1 出席停止の期間の基準
・第一種若しくは第二種の感染症患者のある家に居住する者又はこれらの感染症にかかつている疑いがある者については，予防処置の施行の状況その他の事情により学校医その他の医師において感染のおそれがないと認めるまで。
・第一種又は第二種の感染症が発生した地域から通学する者については，その発生状況により必要と認めたとき，学校医の意見を聞いて適当と認める期間。
・第一種又は第二種の感染症の流行地を旅行した者については，その状況により必要と認めたとき，学校医の意見を聞いて適当と認める期間。
・第二種の出席停止の期間の基準は，感染症ごとに個別に定められているが，病状により学校医その他の医師において感染のおそれがないと認めたときは，この限りではない。
※2 その他の感染症
・学校で通常見られないような重大な流行が起こった場合に，その感染拡大を防ぐために，必要があるときに限り，学校医の意見を聞き，校長が第三種の感染症として緊急的に措置をとることができる疾患。
・出席停止の指示をするかどうかは，感染症の種類や各地域，学校における感染症の発生・流行の態様等を考慮の上で判断する必要がある。
例）感染性胃腸炎（ノロウイルス感染症，ロタウイルス感染症，アデノウイルス感染症等），サルモネラ感染症（腸チフス，パラチフスを除く），カンピロバクター感染症，マイコプラズマ感染症，インフルエンザ菌感染症，肺炎球菌感染症，溶連菌感染症（主にA群溶血性レンサ球菌感染症），伝染性紅斑（りんご病），EBウイルス感染症，RSウイルス感染症，単純ヘルペスウイルス感染症，帯状疱疹，手足口病，ヘルパンギーナ，A型肝炎，B型肝炎，伝染性膿痂疹（とびひ），伝染性軟属腫（水いぼ），アタマジラミ症，疥癬，皮膚真菌症（カンジタ感染症，白癬，トンズランス感染症）

ア．出席停止と臨時休業　　児童生徒が学校感染症（学校保健安全法施行規則第18条）に罹患した場合，学校は出席停止，臨時休業等の対応を講じ，拡大防止に努めなくてはならない。出席停止の法的根拠は同法第19条である（「校長は，感染症にかかっており，かかっている疑いがあり，又はかかるおそれのある児童生徒等があるときは，政令で定めるところにより，出席を停止させることができる」）。さらに出席停止を行

うに当たっては，校長は理由や期間を明らかにして，保護者（高等学校では本人）に指示すること（同法施行令第6条第1項），学校の設置者に書面をもって報告（その理由，期間等）をすること（同法施行令第7条），消毒その他適当な処置をすること（同法施行規則第21条）と規定されている。一方，臨時休業の法的根拠は同法第20条である（「学校の設置者は，感染症の予防上必要があるときは，臨時に，学校の全部又は一部の休業を行うことができる」）。なお出席停止及び臨時休業が行われた場合は，保健所に連絡する必要がある（同法施行令第5条）。

イ．健康診断と感染症

「予防接種・ワクチン情報」厚生労働省

学校で行われる定期健康診断もまた，感染症対策の一つである。健康診断により，結核等の感染症の早期発見が図れるからである（学校保健安全法施行規則第6条）。そして学校は健康診断の結果に基づき，疾病の予防処置を行い，又は治療を指示する等，適切な事後措置をとらなければいけない。なお「感染症又は食中毒の発生したとき」「風水害等により感染症の発生のおそれがあるとき」「結核，寄生虫病その他の疾病の有無について検査を行う必要のあるとき」等は，臨時に健康診断を行う（同法第13条2項，同法施行規則第10条）。

また予防接種については，就学時に教育委員会が健康診断を行い，予防接種の状況を確認する。そして学校はその情報を把握し，感染症対策や予防接種の勧奨等に利用する。さらに進学・転学時は，学校は進学・転学先へ健康診断票を送付する必要があり（同法施行規則第8条），送付を受けた側は，定期接種の対象となっている疾患について，罹患歴や予防接種歴を確認することが望ましい。

ウ．感染症の予防に関する細目－学校保健安全法施行規則

感染症予防に関する細目については，学校保健安全法施行規則第21条に規定がある。まず第1項では「校長は，学校内において，感染症にかかっており，又はかかっている疑いがある児童生徒等を発見した場合において，必要と認めるときは，学校医に診断させ，法第19条の規定による出席停止の指示をするほか，消毒その他適当な処置をするものとする。」と，児童生徒への処置について規定している。続く同条第2項では「校長は，学校内に，感染症の病毒に汚染し，又は汚染した疑いがある物件があるときは，消毒その他適当な処置をするものとする。」，同条第3項では「学校においては，その附近において，第一種又は第二種の感染症が発生したときは，その状況により適当な清潔方法を行うものとする。」と，感染症の予防や拡大防止のために，感染源対策と感染経路対策を行うことを規定している。

②感染症予防のための3つの対策（感染源対策，感染経路対策，宿主対策）

ア．感染源対策（感染源の排除）

感染源は，感染者の隔離，排泄物の排除，消毒等の対策を講じ，速やかに除去する必要がある。ただし不顕性感染者もいるため，症状を呈している感染者だけに対処するのは不十分であり，標準予防策が求められる。標準予防策とは，感染症の有無にかかわらず，すべての人に対して，血液，体液，汗を除く分泌物（鼻汁，眼脂，喀痰，膿等），排泄物（便，嘔吐物，尿），創傷のある皮膚，粘膜（口腔・鼻腔内，肛門，陰部）は，感染の可能性があるとみなして対応し，患者及び援助者の感染の危険性を最小化することである。従来は病院内の感染予防として用いられていたが，医療機関のみに限らず，学校においても感染の可能性があるものを取り扱う場合には，徹底して実践することが大切である。

イ．感染経路対策（感染経路の遮断）

「感染経路」とは，病原体が生体内に侵入し，感受性宿主に伝播する経路をいう。感染には接触感染，飛沫感染，空気感染（飛沫核感染），媒介感染がある[1]。接触感染とは，感染者・動物との接触により病原体に直接感染したり（直接接触感染），感染者・動物が触れた物との接触により間接的に感染したりする

（間接接触感染）ことであり，予防策には手指衛生，消毒等がある。飛沫感染とは，感染者のくしゃみや咳，発声により空気中に散布された飛沫との接触により，感染すること（伝播距離は2〜3m）[2]であり，予防策には手指衛生，マスク着用，咳エチケット，換気，別室隔離等がある。空気感染とは，飛沫核（飛沫が乾燥したもの）を吸入することにより感染すること[2]であり，飛沫感染と違い，飛沫核は小さく軽いため，伝播距離も遠くなる。空気感染の予防策には手指衛生，N95マスクの着用，咳エチケット，換気，別室隔離等がある。媒介感染には，一般媒介感染とベクター（媒介生物）媒介感染がある[2]。一般媒介感染とは，汚染された食物，器具，輸液等を媒介として感染することである。広義の間接接触感染とも言えるが，媒介感染は「媒介」を中心とした概念である。一般媒介感染の予防策には，血液，浸出液等の体液の接触時は手袋を着用，食品の衛生管理等がある。ベクター（媒介生物）媒介感染とは，蚊，ダニ，ノミ等の感染性因子を保有する生物を媒介して感染することである。その予防策は，草むらなどに入る場合は虫よけを使用，長袖・長ズボンを着用する等である。

ウ．宿主対策（宿主の抵抗力の向上）

「宿主」とは，病原体が寄生し，感染を受ける人のことである。抵抗力の弱い人や基礎疾患のある人，体調不良者に対応することが多い養護教諭は罹患しやすい人（「感受性宿主」）であり，手指衛生や人混みを避ける等により感染しないよう注意を払うことが重要である。また，極度に抵抗力が弱くなると，通常は病気を起こさないような病原体に感染することがある（日和見感染症）。

宿主対策として，宿主の抵抗力を高めるために，バランスの良い食事や適度な運動・睡眠，規則正しい生活リズム，ストレスのコントロール等がある。また，予防接種を受けて免疫力を高めることも大切である。

③学校における感染症予防対策

ア．学校における日常的な感染症予防対策

- 早期発見：日々の健康観察，欠席状況，保健室利用状況から感染症の発生や流行の兆候を早期に把握する。
- 早期治療へつなげる：感染症の疑いがある症状がみられた場合は，速やかに医療機関で受診させる。また学校医の助言を受け，適切な措置を講ずる。
- 啓発活動，情報提供：かかりやすい感染症や新興感染症等について，児童生徒や保護者を啓発する。保健だよりや掲示物等を通して情報提供する。
- 学校環境衛生管理：日常検査・定期検査・臨時検査を適切に行う。
- 健康教育（保健教育）：日頃から手洗い，換気，バランスの良い食事，運動，規則正しい生活リズム等を指導する。感染症について正しく理解でき，感染者への偏見や差別が起きないよう指導する。
- 予防接種歴の確認と予防接種の推奨：予防接種を推奨する。

イ．学校における集団発生時の対応

- 地域の流行状況の把握：様々な情報源（児童生徒，保護者，学校医，関係機関〈保健所，医療施設等〉，地域ニュース等）をもとに地域の流行状況をリアルタイムで把握する。
- 「学校等欠席者・感染症情報システム[3]」の活用：感染症情報を関係機関とリアルタイムに共有し，早期探知・早期対応，集団発生予防に繋げる。
- 感染拡大の防止：全教職員で連携・協働し，迅速に学校医や保健所，学校の設置者等と連絡を取り，拡大防止に努める。
- 出席停止・臨時休業の実施：必要に応じて校長は出席停止，学校設置者は臨時休業を実施し（学校保健安全法第19，20条），保健所に連絡する（同法施行令第5条）。なお出席停止の場合は，校長は学校の設置者にも連絡が必要である（同法施行令第7条）。

第3章　養護教諭の職務と役割・養護活動　**53**

- 感染症情報，集団感染情報の提供：教職員は児童生徒と保護者に対し，感染症情報（症状，治療法，予防法等），集団感染情報（感染状況，調査・対策等）等を説明し，理解と協力を求める。
- 校内外の体制の整備：集団発生時における各教職員の役割を再確認し，校内外の取り組み体制を強化する。

④感染症対策に果たす養護教諭の役割	保健室は感染症の予防と管理を行う場でもあり，保健情報や保健組織活動のセンターとしての機能も持つ。そのため，養護教諭は日頃から感染症の発生や拡大状況を把握し，正確な情報を教職員や保護者，児童生徒へ発信し，適切な予防策へとつなげていくことが求められる。保健室は児童生徒が集まる場でもあるため，定期的に換気し，多くの人が触れるもの（ドアノブ，スイッチ等）は，必要に応じて消毒し，寝具類（シーツ，枕カバー，布団カバー等）は清潔に保つ。また，保健室内は，病原体によって汚染されている区域と，清潔な区域に明確にゾーニング（清潔ゾーン，不潔ゾーン，けが対応ゾーン，体調不良者対応ゾーン，相談者対応ゾーン等）し，感染症が疑われる者は汚染区域のみを利用させる。そして，衛生用品・消毒薬（必要数，期限切れの確認）の管理にも留意する。

<参考文献>
1) 公益財団法人日本学校保健会：4 疾病の管理と予防，学校保健の課題とその対応―養護教諭の職務等に関する調査結果から―令和2年度改訂，pp.39―46，2021
2) 公益財団法人日本学校保健会：心疾患児　学校生活管理指導のしおり（学校　学校医用）令和2年度改訂，2021
3) 公益財団法人日本学校保健会：腎疾患児　学校生活管理指導のしおり（学校　学校医用）令和2年度改訂，2021
4) 公益財団法人日本学校保健会：学校のアレルギー疾患に対する取り組みガイドライン（令和元年度改訂），2019
5) 公益財団法人日本学校保健会：学校において予防すべき感染症の解説＜令和5年度改訂＞，2024
6) 公益財団法人日本学校保健会：(3)養護教諭の職務（役割）と保健室の機能. 2保健室経営計画，保健室経営計画作成の手引き平成26年度改訂，2015，pp. 8 ―10

<引用文献>
1) 医療情報科学研究所編集：水平感染. 感染症総論，病気がみえるvol.6　免疫・膠原病・感染症　第2版，メディックメディア，2019，p.149
2) 坂本史衣：5 感染経路. B感染の成立を疫学的な視点でとらえる，I 感染の成立と予防に関する考え方，電子版　基礎から学ぶ医療関連感染対策（改訂第3版）標準予防策からサーベイランスまで，南江堂，2019，p. 3
3) 公益社団法人日本学校保健会：学校等欠席者・感染症情報システム.
https://www.gakkohoken.jp/system_information/（アクセス日2024年10月30日）

（齊藤理砂子）

4）救急処置

【学びの達成目標】
①救急処置の意義や目的，学校で起こりやすい傷病とその手当のプロセス，救急処置計画や体制整備，学校管理下における緊急度の高い傷病や対応のプロセス，情報収集や評価（アセスメント）方法，医療機関への搬送や処置対応の方法について理解している。（知識・技能）
②救急処置活動における養護教諭の役割を踏まえ，緊急時や日常的な手当て，養護教諭不在時の対応や非常災害時の対応についての課題を発見・分析し，その解決を目指して科学的に思考・判断し，それらを書いたり，他者に伝えたりすることができる。（思考・判断・表現）
③救急処置の学修に主体的に取り組むことができる。

　　学校における救急処置は，養護教諭が校内の中心的な役割を果たすべき職務[1]として示され，学校内外からもその役割が期待されている重要な職務である。したがって，養護教諭は採用直後から学校における救急処置はどのような活動かを理解し，適切に実施する知識，技能，判断，態度を身に着けることが求められる。

　　学校は教育機関であり，学校における救急処置及び救急処置活動は日本養護教諭教育学会の「養護教諭の専門領域に関する用語の解説集」により次のように示されている。学校における救急処置は，「児童生徒等の命を守り健康問題の解決をはかるための活動」[2]とされ，その対象は，「児童生徒等の突発的な発病やけ

がなど学校管理下で生じた全ての傷病」[2]である。行う処置は，「医療機関へ送るまでの緊急・応急的な処置」[2]から「医療の対象とはならない軽微な傷病に対する処置」[2]まで幅広い。さらに，救急処置活動は，「児童生徒等，保護者，教職員に対して，傷病が発生しないような環境づくり・発生予防・発生時の対処のための教育・体制づくりを行う養護教諭固有の活動」[2]とされている。」

(1) 救急処置の目的

学校における救急処置の目的には大きく分けて2つある。一つ目は，学校での突発的な傷病発生時に児童生徒の生命を守り，傷病の悪化を防止するとともに心身の安全と安心を確保し，円滑な教育活動を推進することである。二つ目は，発達段階に即した疾病やけがなどに関する保健指導を通じて，児童生徒が自ら心身の健康課題の解決に向けて自主的かつ自立的な態度を育成することである。

(2) 救急処置の法的根拠

学校保健安全法においては，救急処置活動に関連する法的根拠として，第七条（保健室），第十条（地域の医療機関等との連携），第二十七条（学校安全計画の策定等），第二十九条（危険等発生時対処要領の作成等）がある。その他，1997年の保健体育審議会答申，1999年の教育職員養成審議会第3次答申等に示されている。

(3) 平常時の救急処置活動のプロセス

学校における救急処置活動のプロセスについて以下に示す（図2）。

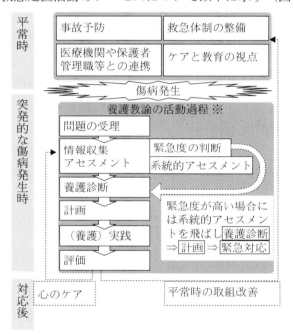

※ 突発的な傷病発生時の対応時の養護教諭の活動過程は，遠藤による養護教諭の活動過程の流れ（遠藤伸子, 池添志乃, 籠谷恵　編著：養護教諭, 看護師, 保健師のための新版学校看護, p.42, 東山書房, 2022『図表2-1-1　養護教諭の活動過程』）を参考に，著者が平常時と対応後を追記し作成

図2　学校における救急処置活動のプロセス

① 事故予防

学齢期の子供は，成長発達の過程で様々な事に興味を持ち，新たな経験を通じて学びを深める。これは子供の成長発達にとって欠かせないものである。しかし，子供特有の特性として，好奇心の旺盛さから未知の環境や物事に対して挑戦し，時に危険を伴う行動をとったり，リスク評価が未熟であるために危険な状況に対する認識が甘かったり，身体的発達の不均一性や注意力特性によって大人が予測できないような事故や怪我が生じたり，社会的な影響として仲間との活動中に無謀な行動が増えることも事故や怪我のリスクを高める要因となる。

したがって，学校においては子供の特性を理解し，事故やヒヤリハット事例の

第3章　養護教諭の職務と役割・養護活動　55

共有と活用，学校におけるマニュアルの作成と見直し，教職員の資質の向上，安全点検の実施，安全教育の充実[3]に努めることが重要である。

②救急体制の整備　学校の管理下で突発的に発生する傷病は避けられない事象である。これらの傷病は生命にかかわるものから軽微なものまで多岐にわたるが，いかなる突発的な傷病が起こっても適切に対応できる救急体制を整備することが極めて重要である。学校における救急体制には，校内で突発的な傷病が発生した際の救急体制，宿泊的行事等における救急体制，さらには地震や風水害，津波などの災害発生時の救急体制が含まれる。ここでは，校内で突発的に発生した傷病に対する救急体制について述べる。

・救急処置計画　学校では年度初めの職員会議において救急処置計画を策定し，周知を図る必要がある。この救急処置計画には，学校の実情に応じた学校における救急処置の範囲，救急処置の教育的意義，緊急時の連絡体制，保健室の救急体制，校内のＡＥＤや担架，嘔吐物処理セット等の場所，養護教諭不在時の対応，役割分担，傷病発生時の対応の基本，救急車要請方法，学校医・医療機関一覧，記録用紙，応急手当研修計画等を記載する。

・教員研修　すべての教職員が一次救命処置をはじめとする基本の応急手当を行えるようにすることが必要である。心肺蘇生法に加えて，エピペン®，ブコラム®，バクスミー®などを使用する生命にかかわる医行為については，緊急時のやむを得ない措置として教職員等が実施することは医師法違反にならないと通知されている。ただし，医師の指示書や保護者の依頼などの条件があるため，教育委員会等のガイドラインは厳守し，当該児童生徒がいた場合には，児童生徒の実情に応じたシミュレーションなど実際の流れがイメージできるような教職員研修を定期的に行い，様々な子供に対応できる体制を整えることが求められる。

・緊急時の連絡体制　緊急時の連絡体制を確立し，救急処置計画に明記することが重要である。さらに，校内で使用しやすい場所（例：保健室，職員室，体育館等）において，緊急時に迅速に確認できるよう掲示を行い周知を図る必要がある。また，校内の電話の近くには救急車要請方法を掲示し，誰でも即座に理解できるように工夫を凝らすことが求められる。

・保健室の救急体制　保健室は，養護教諭が不在の場合においても適切な対応ができるよう整備する。緊急時の連絡体制及び学校医・医療機関一覧，記録用紙，救急処置に必要な資材や緊急時の救急持ち出し袋等はだれでも容易に理解できるように整備する。また，保健室の冷蔵庫等で薬を預かる必要がある場合には迅速に使用できるよう保管場所を明記し，使用時のマニュアル等と一緒に保管する。保管場所については，確実に周知されるよう配慮する。

③医療機関や保護者，管理職等との連携　養護教諭は救急体制の整備の段階から学校医等にも学校保健の推進に携わってもらい，救急処置計画に反映する。救急体制については，管理職等と共通認識を図り，児童生徒等，保護者，教職員に対して学校における救急処置の方針を周知しておくことが重要である。対応が必要となった際には迅速に関係者と連携し，協力を得るための信頼関係を築くことに日頃から努めなければならない。迅速な報告／連絡／相談が基本となる。

④ケアと教育の視点　救急処置にあたっては，子供の安全を最優先とし，常に子供の尊厳や権利が尊重されるよう配慮することが求められる。養護教諭は救急処置を通じて子供をケアし，同時に教育的な支援を行っている。例えば，養護教諭は擦り傷を負った子供に対して「痛いね」と声をかけ，温かい対応を通じて苦痛や不安を受け止める

とともに，子供が安心できるよう配慮する。また，養護教諭は適切な処置で苦痛の軽減を図りながら，同時に擦り傷ができた部位の機能や治癒の過程，擦り傷ができた原因は何か，次からどうすれば良いかを共に考える。この経験を通じて子供は自ら心身の健康を護り育んでいく力を身につける。したがって，養護教諭が行う救急処置において，ケアと教育が一体となった支援を通じて子供の生きる力を育む視点を持つことこそが本質的な役割であると言える。

(4)突発的な傷病発生時の救急処置活動のプロセス

日本養護教諭教育学会によれば，「養護教諭の活動過程とは，養護教諭の行う活動に共通するプロセス（過程）であり，「アセスメント」や「養護診断」に基づいて，「計画」・「実施」・「評価・改善」を行う一連の流れである」[2]とある。

また，遠藤による養護教諭の活動過程では，「問題の受理」「情報収集　アセスメント」「養護診断」「計画」「（養護）実践」「評価」の流れが示されている[4]。ここでは，遠藤のプロセスを参考に救急処置の対応の基本について述べる。

・救急処置対応の基本
①問題の受理

救急処置が必要になる場合の問題の受理の方法として，多くは「①児童生徒の訴え」及び「②傷病の発生」によるものであるが，中には「③保護者や担任からの相談・情報提供」「④健康診断などの学校保健情報からの気付き」により顕在化することがある。

②情報収集アセスメント
(a)緊急度の判断（スクリーニング）

情報収集とアセスメントは非常に重要なプロセスである。救急処置を行う際にはまず第一に緊急度の判断を行う。養護教諭が行う緊急度の判断の方法は統一されているわけではないが，ここでは一般社団法人日本救急看護学会の救急初療看護に活かすフィジカルアセスメント[5]を参考に重症度の判断の基本的なプロセスの例を示す。このプロセスでは命に直結する項目から先に確認する（図３）。

ⅰ）第一印象

「第一印象」[5]では，数秒間で子供の状態の概要を把握する。学校では子供が保健室に入ってきた時の様子や，呼ばれて駆けつけ倒れている子供を見た瞬間から第一印象の評価が始まる。反応はあるか，普段通りの呼吸か，顔色はどうか，全身状態はどうかを瞬時に判断する。この段階では，普段子供を見ている担任や養護教諭が感じる「何か様子がおかしい／いつもと違う」という感覚は大事にし，緊急対応の必要性があると判断したらすぐに対応を開始する。

POINT　●子供を絶対に１人にしない。
　　　　●何らかの対応や処置が必要な場合にはすみやかに人を集める。
　　　　●子供の周囲に他の子供がいる場合には教職員で協力して配慮／対応する。

ⅱ）一次評価

「第一印象」[5]で直ちに緊急対応の必要はないと判断した場合に「一次評価」[5]を行う。できれば数分以内に素早く行う。子供に声かけしながらも，一方で「A：気道，B：呼吸，C：循環，D：中枢神経障害，E：脱衣と外表・体温」[5]を冷静に確認する。確認中に明らかな異常があれば，この段階で緊急対応や速やかな医療機関受診を検討する。今すぐ医療機関受診の必要はないことを確認できれば「二次評価」[5]に進む。

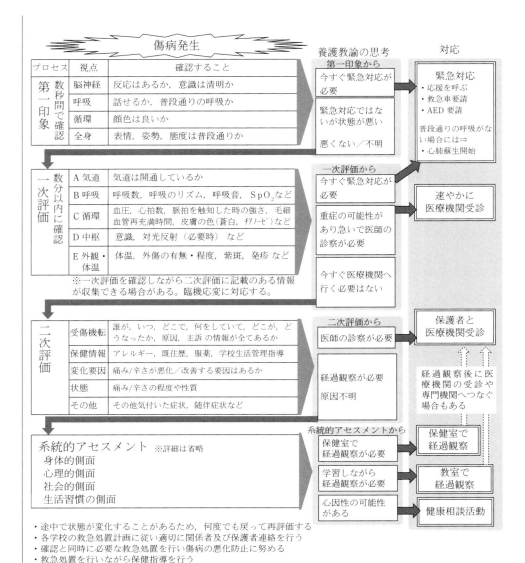

図3　学校において養護教諭が傷病発生直後に緊急度の判断を行う際のプロセス

ii）二次評価

「二次評価」[5]は，受傷機転の確認と焦点を絞った聴き取り及びヘルスアセスメントにより行われる。ただし，「一次評価」[5]の確認の際に「二次評価」[5]にある情報を収集できている場合には収集できていない情報のみ収集すれば良い。

受傷機転は，学校において極めて重要な情報である。

> 受傷機転：外傷を負うに至った経緯のこと
> POINT　●正確な情報を収集するため，客観的情報と主観的情報を整理しながら聴く。
> 　　　　●本人からの訴えに加えて事故現場を目撃した教職員や周囲の子供がいれば状況確認する。
> 　　　　●事故発生状況や対応は記録が必要である。教職員で役割分担して記録を行う。

(b)系統的アセスメント

養護教諭は，二次評価にて緊急対応の必要がないと判断した場合，系統的アセスメントにより身体的側面（外傷や疾病の可能性が残されていないか），心理的側面（自己概念，精神疾患の可能性など），社会的側面（ポジティブユースディベロップメント，ソーシャルサポートなど），及び生活習慣の側面（発達段階にふさわしいか，健康的かなど）を確認する。特に思い込みによる身体的側面の見落としがないように丁寧に確認する。

系統的アセスメントは学校における養護教諭の活動として重要なプロセスであ

る。身体症状を訴えながらもその背景に心理・社会・生活習慣の要因が関連している可能性があるときには健康相談活動のプロセスを参考にする。

学校では…外傷のみならず突発的な傷病全般について確認する。学校にて注意が必要な突発的な傷病は様々であるが，以下の場合には軽症に見えても注意を払う必要がある。
POINT
●首から上の怪我の時（例：頭部打撲，目・鼻・口周辺の打撲，耳の打撲等）
●受傷機転から緊急になり得ると判断する時（例：身長以上の高さから落下した，ぶつかった物が固かった（コンクリート，石など），ぶつかった際に勢いがあった（打球など），深い傷を負っている可能性がある（刺し傷，感電など），その他状況に応じて）。
●相手がある怪我の場合は，上記にかかわらず丁寧かつ迅速な対応が必要となる。
※学校における緊急性の判断は，オーバートリアージ（迷ったら重い判断）を意識する。

③養護診断

　養護診断は，「養護教諭が児童生徒等とその集団の心身の健康の保持増進の支援を適切に行うために，アセスメントによって情報の収集・分析を行い，児童生徒等とその集団の健康状態や生活状況を総合的に判断すること[2]」と定義される。杉浦は，養護診断の意義として「①傷病存在の判断」「②緊急性の判断」「③必要とする処理内容の判断」「④適当とする処理機関の判断」の4点を挙げ[6]，教育的措置として「学習が継続できる」「学習を制限する必要がある」「学習を一時中断する必要がある」「学習を全面休止する必要がある」の4点を挙げている[6]。これらの視点を踏まえ，養護教諭は救急処置において，今すぐ救急車を要請する必要があるのか，速やかに医療機関を受診すべきか，帰宅後に医療機関の受診が必要なのか，保健室で経過観察を行い，その結果に基づいて受診や帰宅，あるいは教室での学習の継続を判断するか，又は教室で学習を継続しながら経過観察を行うかを判断することが求められる。救急車の要請など緊急度が高い場合には，問題を受理してから速やかにこのプロセスに移行する必要がある。

④計　画
・緊急対応

　緊急度の判断で心肺蘇生の介入が必要だと判断した場合は，大声で周囲に助けを求め，直ちに救急車を要請して心肺蘇生を開始する。なお，緊急の場合には問題を受理してから最大でも30秒以内に救急車を要請することが求められる。

・救急処置

　情報収集及びアセスメントをもとに根拠に基づいた救急処置を行う。医療機関へつなぐまでの応急的な救急処置や，医療の対象とはならない軽微な傷病に対する救急処置も含まれる。

・児童生徒に対する保健指導・保健教育，保護者に対する助言

　養護教諭が行う救急処置活動において，子供が自ら心身の健康課題を解決しようとする態度を育むための保健指導は重要である。突発的な傷病に対する保健指導は，救急処置と並行して行うもの，症状が落ち着いてから行うもの，又は予防的に行うものなど多岐にわたる。突発的に発生した傷病に対してその場で行うこともあるため，適切な保健指導には知識と技術が必要である。

・連携・協働　保護者・担任・専門機関などとの連携・協働

　連携・協働の際には以下に留意する必要がある。

POINT
●保護者への連絡は，事故発生が確認された時点で可能な限り早く情報を整理し一報を伝え，緊急対応等が決定した時点で二報を行うなど迅速かつ丁寧に行う。
●受診する医療機関の選定については事前に保護者に確認を行う。保護者に連絡がつかない場合の対応については事前に体制を整えておくと良い。
●医療機関へ受診する前に受診の連絡を行っておく。
●子供に何が起こったか，何を判断してどのような救急処置及び対応を行ったかについて，担任や授業担当者，状況に応じて教職員全体で速やかに共有する。

・事後措置

　事故が発生した現場については，必ず管理職・教職員・状況に応じて子供と確認を行う。保護者への状況説明も丁寧に誠意を持って実施する。医療機関を受診した場合には学校として保護者に災害共済給付の案内を行う。事故発生後には速

第3章　養護教諭の職務と役割・養護活動　**59**

	やかに教職員に周知・分析して再発を防止する。子供の安全教育に活かして事故予防に留意する。教育委員会への報告が必要な事故の場合には管理職等と確認して速やかに行う。さらに医療機関や救急隊等の関係者への挨拶も行うと良い。
⑤（養護）実践	実践の際には，優先順位の高いものから実施し，処置や対応の際には子供へ承諾を得る。また，保護者の承諾が必要な場合もある。ただし，命の危険が迫っている場合には，子供の主観的な訴えだけではなく客観的な情報を総合的にアセスメントして適切に対応することが重要である。 　例）「エピペンを打たないで」と子供が訴えるが打つ必要がある場合
⑥評　価	救急処置の評価は重要である。評価は，自己評価及び他者評価を行い，計画の継続，改善，終了を決定する。評価は，事故予防，救急体制の整備，医療機関や保護者，管理職等との連携方法などの振り返りや計画の修正に活かされるべきである。常に改善を図る意識と姿勢が重要である。
(5)対応後の救急処置活動のプロセス ①心のケア	学校での突発的な傷病の発生は，時に本人や周囲に大きな影響を及ぼす。学校においても周囲の子供も含めて心のケアが必要になる可能性があることを認識し，傷病による影響が大きくなりそうな場合には健康相談活動の実施や，緊急支援の要請も検討する。
②平常時の取組改善	対応経験や得られた評価を平常時の備えにつなげるため，傷病がなぜ，どのように起こったか共有し，救急処置体制を見直し，安全点検の実施，子供に対する安全教育及び教職員の研修に活かす。 　上記のプロセスを常に繰り返しながら学校における救急処置活動を向上させていく。

＜参考・引用文献＞
1）文部科学省：養護教諭及び栄養教諭の資質能力の向上に関する調査研究協力者会議，養護教諭及び栄養教諭の資質能力の向上に関する調査研究協力者会議　議論の取りまとめ，2023
2）日本養護教諭教育学会：養護教諭の専門領域に関する用語の解説集＜第三版＞，2019
3）文部科学省：学校事故対応に関する指針【改訂版】，2024
4）遠藤伸子，池添志乃，籠谷恵編著：養護教諭，看護師，保健師のための新版　学校看護，東山書房，2022
5）一般社団法人日本救急看護学会監修：救急初療看護に活かすフィジカルアセスメント，p.31—37，へるす出版，2018
6）杉浦守邦：養護教諭講座・2 救急処置，東山書房，2008

（出口奈緒子）

5）学校環境衛生

【学びの達成目標】
①学校環境衛生の意義，目的，法令に基づいた学校環境衛生基準やその内容及び検査方法，定期検査と日常点検及び臨時検査について理解している。（知識・技能）
②学校環境衛生と養護教諭の関わり，学校環境衛生検査結果の活用方法などについての課題を発見・分析し，その解決を目指して科学的に思考・判断し，それらを書いたり，他者に伝えたりすることができる。（思考・判断・表現）
③学校環境衛生の学修に主体的に取り組むことができる。

(1)学校環境衛生の目的と法的枠組み	学校は，児童生徒等並びに職員が一日の生活の大半を過ごす場であり，様々な学習活動の実践の場でもある。学校環境衛生は児童生徒等及び職員の心身の健康の保持増進に寄与しており，安全で快適な環境下での学習を保障する上で重要な役割を果たしている。 　学校環境衛生は学校保健法等の法令に基づいて実施されている。学校環境衛生に関連した学校保健安全法及び学校保健安全法施行規則の内容については，以下のとおりである。

> **学校保健安全法**
> （学校保健計画の策定等）
> **第5条**　学校においては，児童生徒等及び職員の心身の健康の保持増進を図るため，児童生徒等及び職員の健康診断，環境衛生検査，児童生徒等に対する指導その他保健に関する事

項について計画を策定し，これを実施しなければならない。
（学校環境衛生基準）
第6条 文部科学大臣は，学校における換気，採光，照明，保温，清潔保持その他環境衛生に係る事項（括弧内省略＊）について，児童生徒等及び職員の健康を保護する上で維持されることが望ましい基準（以下この条において「学校環境衛生基準」という。）を定めるものとする。
2　学校の設置者は，学校環境衛生基準に照らしてその設置する学校の適切な環境の維持に努めなければならない。
3　校長は，学校環境衛生基準に照らし，学校の環境衛生に関し適正を欠く事項があると認めた場合には，遅滞なく，その改善のために必要な措置を講じ，又は当該措置を講ずることができないときは，当該学校の設置者に対し，その旨を申し出るものとする。

＊学校給食に関しては学校給食法で規定することになったため，学校給食に関する法律に規定する事項を除くとされたことが記述されている。

学校保健安全法施行規則
（環境衛生検査）
第1条　学校保健安全法（昭和33年法律第56号。以下「法」という。）第5条の環境衛生検査は，他の法令に基づくもののほか，毎学年定期に，法第6条に規定する学校環境衛生基準に基づき行わなければならない。
2　学校においては，必要があるときは，臨時に，環境衛生検査を行うものとする。
（日常における環境衛生）
第2条　学校においては，前条の環境衛生検査のほか，日常的な点検を行い，環境衛生の維持又は改善を図らなければならない。

他の法令とは「他の法令」には，「学校給食法」（昭和29年法律第160号），「建築物における衛生的環境の確保に関する法律」（昭和45年法律第20号），「水道法」（昭和32年法律第177号），「浄化槽法」（昭和58年法律第43号）等がある。

つまり学校環境衛生は学校保健計画に基づいて策定され，学校保健の枠組みの中で組織的に実施される。環境衛生検査は，毎学年定期に，学校環境衛生基準に基づき行わなければならないとされており，必要があるときは，臨時に環境衛生検査を行うものとされている。さらに事後措置においては，校長及び学校の設置者の責務も明示されている。また，学校においては，環境衛生検査のほか，日常的な点検を行い，環境維持又は改善を図らなければならないとされており，これらを「学校環境衛生活動」という。学校保健安全法施行規則第1条第1項及び第2項に定める「環境衛生検査」は，以下それぞれ「定期検査」及び「臨時検査」といい，学校保健安全法施行規則第2条に定める「日常的な点検」は，以下「日常点検」という。

(2)学校環境衛生基準

「学校環境衛生管理マニュアル（平成30年度改訂版）」文部科学省

「学校環境衛生」文部科学省

学校保健安全法の規定に基づき，学校環境衛生基準が平成21年4月1日から施行された。さらに学校保健安全法附則第2条の規定に基づいて，環境衛生に関する新たな知見や児童生徒等の学習環境等の変化を踏まえて検討が行われ，学校環境衛生基準が一部改正され，平成30年4月1日から施行された。この改正を踏まえ，学校環境衛生管理マニュアルとして『「学校環境衛生基準」の理論と実践［平成30年度改訂版］』が文部科学省により作成された。当該マニュアルには検査項目ごとの基準値の設定根拠の解説，検査方法の解説，事後措置等が示されており，学校環境衛生基準の詳細については，マニュアルを確認いただきたい。

また，マニュアル作成後にも，学校環境衛生基準の一部改正が施行された。ここではその改正の概要を示す。改正内容の詳細や最新の情報については，文部科学省のホームページを確認いただきたい。

「学校環境衛生基準」改正の概要（令和2年以降）
令和2年一部改正（令和2年文部科学省告示第138号）
(1)キシレンの基準値　キシレンの基準値を870μg／m³（0.20ppm）から200μg／m³（0.05ppm）に見直したこと。

第3章　養護教諭の職務と役割・養護活動

(2)その他　第2の2(5)のウ．を「清潔状態」から「貯水槽の清潔状態」としたこと。
令和4年一部改正（令和4年文部科学省告示第60号）
(1)温度の基準温度の基準の下限を17℃から18℃に見直したこと。
(2)一酸化炭素の基準　一酸化炭素の基準の上限を10ppmから6ppmに見直したこと。
令和6年一部改正（令和6年文部科学省告示第54号）
「第2　飲料水等の水質及び施設・設備に係る学校環境衛生基準」及び「第4　水泳プールに係る学校環境衛生基準」における検査方法は環境大臣が定めるものと変更。

なお，検査方法に関して，マニュアルにおいては，各検査項目の検査方法として，デジタル技術を活用した具体的な検査方法の記載はないが，デジタル技術の活用により作業負担や経費負担の軽減，安全性の向上などが図られる検査項目については，デジタル技術を活用した方法で検査を行うことが可能とされていることを補足しておく。

(3)学校衛生活動の内容と養護教諭の役割
①学校環境衛生活動の内容

学校環境衛生基準に示される定期検査，日常検査及び臨時検査の概略は（図4）のとおりである。

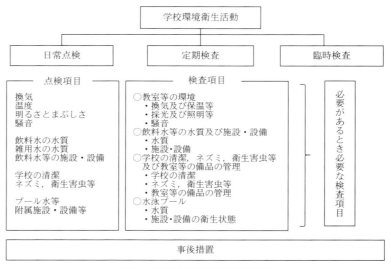

図4　学校環境衛生活動の概略

（出典）文部科学省「学校環境衛生基準」の理論と実践「平成30年度改訂版」p19

ア．定期点検

定期検査は，それぞれの検査項目についてその実態を客観的，科学的な方法で定期的に把握し，その結果に基づいて事後措置を講ずるためのものである。検査の実施に当たっては，その内容により，学校薬剤師が自ら行う，学校薬剤師の指導助言の下に教職員が行う，又は学校薬剤師と相談の上で外部の検査機関に依頼することなどが考えられるが，いずれの場合においても各学校における検査の実施については校長の責任のもと，確実かつ適切に実施しなければならない。

イ．日常点検

「児童生徒の健康に留意してＩＣＴを活用するためのガイドブック（令和4年3月改訂版）」文部科学省

日常点検は，点検すべき事項について，毎授業日の授業開始時，授業中，又は授業終了時等において，主として官能法によりその環境を点検し，その点検結果を定期検査や臨時検査に活用したり，必要に応じて事後措置を講じたりするためのものである。各教室の環境については学級担任の役割とするなど，校務分掌等に基づき教職員の役割を明確にした上で，確実に実施する必要がある。

特に近年，電子黒板やタブレット端末が教育現場に導入されているが，明るさとまぶしさの検査項目に関しては，まぶしすぎや映り込み等見えにくい場合は適切に対応する必要がある。なお，電子黒板やタブレット端末等の画面の見えにくさの原因やその改善方策については，「児童生徒の健康に留意してＩＣＴを活用するためのガイドブック」（文部科学省）が参考になる。

他にも日常点検に関しては，二酸化炭素濃度測定器をはじめ，検査・点検機器

ウ．臨時検査

を効果的に使用し，日常点検に係る事務の効率化を図ることも重要である。

　臨時検査は，下記に示すような場合，必要に応じて検査を行うものである。なお，臨時検査を行う場合，定期検査に準じた方法で行う。

・感染症又は食中毒の発生のおそれがあり，また，発生したとき。

・風水害等により環境が不潔になり又は汚染され，感染症の発生のおそれがあるとき。

・新築，改築，改修等及び机，いす，コンピュータ等新たな学校用備品の搬入等により揮発性有機化合物の発生のおそれがあるとき。

・その他，必要なとき。

②学校環境衛生活動における養護教諭の役割

　前提として，学校の環境衛生を維持するためには，学校のすべての構成員がその重要性を認識しなければならない。学校環境衛生については，養護教諭がすべての業務を実施するのではなく，保健主事を含め，他の教職員との役割分担を明確にした上で，学校全体として学校の環境衛生を維持していくことが必要である。

　定期検査及び臨時検査においては，学校薬剤師や外部の検査機関との調整については，校長等の管理職の管理・監督のもと，養護教諭又は保健主事が担うことが通常であるが，養護教諭が担う場合であっても，検査機関との契約に係る事務等については，必ずしも養護教諭が担う必要はない。また，学校薬剤師の指導のもとで教職員が検査を実施する場合においても，養護教諭のみが実施するのではなく，保健主事等と役割分担の上，実施することが適切である。

　日常点検についても同様に，他の教職員との役割分担を明確にした上で，学校全体として学校の環境衛生を維持していくことが必要である。その際には，養護教諭が，学校薬剤師の指導のもと，他の教職員が実施する点検について助言を行うとともに，その結果を集約する役割を担うことも考えられる。

　事後措置においては，養護教諭や保健主事が，校長等の管理職のもとで具体的な業務について中心的な役割を担うことが求められる。その上で，教室等の環境衛生の維持のための措置については，その実効性の観点からも，授業等を担当する他の教諭等が実施することとした方が適切であり，養護教諭は，他の教諭等が講ずべき措置に関する助言やより高い専門性が求められる措置等を担当することとすることも考えられる。

⑷学校薬剤師との連携

　学校環境衛生活動において中心的・主体的な役割を担う学校関係者として，学校薬剤師が挙げられる。学校薬剤師に関しては，学校保健安全法第23条に「児童生徒の健康や健康的な学校環境の維持のために，すべての学校に学校医を，また大学以外の学校に学校歯科医及び学校薬剤師を置く」ことが規定されている。以下に学校保健安全法施行規則第24条に定められた学校薬剤師の職務執行の準則のうち，学校環境衛生に関連した条文を示す。

学校保健安全法施行規則
（学校薬剤師の職務執行の準則）
第24条　学校薬剤師の職務執行の準則は，次の各号に掲げるとおりとする。
　一　学校保健計画及び学校安全計画の立案に参与すること。
　二　第１条の環境衛生検査に従事すること。
　三　学校の環境衛生の維持及び改善に関し，必要な指導及び助言を行うこと。
　　（四，五　略）
　六　学校において使用する医薬品，毒物，劇物並びに保健管理に必要な用具及び材料の管理に関し必要な指導及び助言を行い，及びこれらのものについて必要に応じ試験，検査又は鑑定を行うこと。
　　（以下　略）

第３章　養護教諭の職務と役割・養護活動　**63**

つまり学校薬剤師は，学校保健計画のうち学校環境衛生に関する事柄についてその適切さを判断し，検査を実施し，その後の指導・助言を行うことから，学校は学校環境衛生活動全般において学校薬剤師と連携する必要がある。

特に定期検査や臨時検査は，主として学校薬剤師が主体となって実施することとなるが，既述の通り実施方法は内容により様々である。いずれの場合も，検査の日程，時間，測定項目，測定場所等について学校薬剤師と学校の担当者との事前打合せが必要となる。また検査結果の資料作成及び評価等については，学校薬剤師等が中心となって行い，検査結果について校長等に報告し，学校環境衛生の維持及び改善に関して，必要に応じて学校医に協力して指導及び助言を行う。このように円滑な検査の実施・評価のためには，日常的に学校薬剤師との連携を図る必要がある。

日常点検における学校薬剤師との連携の一例として，ここでは換気の検査項目を取り上げる。新型コロナウイルス感染症の流行後，学校における平時からの感染症予防として換気の確保が求められている。換気に関しては，気候上可能な限り常時，困難な場合はこまめに（30分に1回以上，数分間程度，窓を全開する），2方向の窓を同時に開けて行うことが原則である。しかし，気候，天候や教室の配置などにより換気の程度が異なることから，必要に応じて換気方法について学校薬剤師等と相談することで，学校に応じた対応が可能となる。このように，各学校の実情に応じた学校環境衛生活動の実践に向け，学校薬剤師と連携を図ることは有用である。

「学校における新型コロナウイルス感染症に関する衛生管理マニュアル」文部科学省

これらの学校環境衛生に関する情報については，学校薬剤師が学校保健委員会に参加することで関係教職員等と共有し，その結果を踏まえて学校保健計画を策定することが望ましい。そうすることで，個々の学校の事情に応じた計画的な学校環境衛生活動の実践につなげることができる。

(5)執務記録簿と検査結果の記録

学校保健安全法施行規則第24条第2項に「学校薬剤師は，前項の職務に従事したときは，その状況の概要を学校薬剤師執務記録簿に記入して校長に提出するものとする」と定められており，学校が5年間保存する。

また，定期及び臨時に行う検査の結果に関する記録は，検査の日から5年間保存するものとされている。記録用紙に関しては日本薬剤師会が公表している「学校環境衛生検査票」をご参考いただきたい。

「学校環境衛生検査票」日本薬剤師会

日常点検として毎授業日に行う点検に関しては，結果を記録するよう努めるとともに，その記録を点検日から3年間保存するよう努めるとされている。日常点検表を活用することで，定期検査や臨時検査の結果に役立てることができる。なお，日常点検検査に必要な施設・設備等の図面等の書類は，必要に応じて閲覧できるように保存するものとされている。

参照資料5：日常点検表（例）

<参考文献>
1）文部科学省：学校環境衛生管理マニュアル「学校環境衛生基準」の理論と実践「平成30年度改訂版」第4版，2023
2）養護教諭及び栄養教諭の資質能力の向上に関する調査研究協力者会議：（別添1）養護教諭及び栄養教諭に求められる役割（職務の範囲）の明確化に向けて，2023
3）文部科学省：学校環境衛生基準の一部改正について（通知）（令和2年12月15日2文科初第1345号），2020
4）文部科学省：学校環境衛生基準の一部改正について（通知）（令和4年5月9日4文科初第424号），2022
5）文部科学省：学校における新型コロナウイルス感染症に関する衛生管理マニュアル，2023

（波田野希美）

6）学校保健情報管理と文書管理

【学びの達成目標】
①学校保健情報の種類，情報管理や文書管理の目的や内容，方法について理解している。（知識・技能）
②学校保健情報管理と養護教諭の関わり，学校保健情報の電子化に伴う活用方法などについての課題を発見・分析し，その解決を目指して科学的に思考・判断し，それらを書いたり，他者に伝えたりすることができる。（思考・判断・表現）
③学校保健情報管理や文書管理の学修に主体的に取り組むことができる。

(1)学校保健情報とは

　学校保健情報とは，児童生徒や教職員の健康と安全を守るために必要な情報と管理対策の総称で，子供の心身の健康状態や子供を取り巻く環境などに関する資料やデータをさす。養護教諭はこれらの保健情報を管理する中核的な役割を持ち，保健室では様々な保健情報を収集して管理している。学校保健情報には以下のような要素が含まれる。

　　保健調査：既往歴，治療歴，家族関係，家庭環境などの情報

　　健康診断結果：定期的な健康診断結果，発育発達状態や健康状態の記録

　　感染症対策：感染症の予防や発生時の対応に関する情報と指針

　　健康教育：生徒への健康に関する知識の提供と啓発活動

　　環境衛生：学校施設の清潔さや適切な環境を維持するための情報

　　事故防止：校内での安全対策や緊急時の対応計画

　　健康観察記録：出欠状況，睡眠状況，体調管理などの情報

　　保健室来室記録：病気や事故の発生状況，心の問題の記録

　　相談窓口：健康やメンタルヘルスに関する相談体制の情報

　学校保健活動を計画的かつ組織的に行うために，上記の学校保健情報を①子供がおかれた社会の情報，②子供をどのように教育するかという「教育」に関する情報，③子供の心身の健康実態として情報と考えて適切に管理し，有効に活用することが重要である。

　また，学校保健経営計画を立案する際は，上記の学校保健情報から児童生徒の健康課題を整理し，課題の優先順位を決めて，学校保健目標や具体的な活動を検討する。

(2)学校保健情報の管理方法（データ管理や機密性）

　学校保健情報の収集，蓄積，処理，伝達，利用を行う保健情報システムにおいて，情報管理は重要である。保健情報には個人情報が含まれているため，保健室で児童生徒の保健情報を管理する際には，個人情報保護法や学校におけるセキュリティポリシー，情報管理マニュアルなどを遵守し，プライバシーの保護に配慮をする必要がある。

　養護教諭は一人配置が多く，一般的には授業を担当しないため，他の教員と同じように授業や成績管理などの場面でＩＣＴを使うことは少ない。また，以前の養護教諭の業務の多くはＩＣＴを使わなくても行うことができていたが，近年，保健だよりの作成や保健室での学校保健情報の管理などにおいてＩＣＴ化が進み，紙ベースの保管からコンピュータを用いたデジタル化に移行してきている。健康診断結果，出欠状況，健康観察，保健室利用状況，学校環境衛生検査結果などをシステムに入力してコンピュータで管理することで，個人の健康情報管理や感染症の流行，ケガの年次推移などが把握しやすくなり，保健室業務が円滑にできるようになった。しかし，このような情報を保管する際にはデータにパスワードをかけたり，学外へ持ち出さないなどの細心の注意をすることが重要である。

　これらの情報には，校長，養護教諭，学級担任など，必要な職員のみがアクセ

スできるよう制限し，関係者以外が閲覧できないよう管理を徹底したり，情報の整理，削除，修正を管理する責任者を決める。また，災害時や緊急時を想定し定期的にデータのバックアップを行ったり，保管場所のセキュリティなどについても適宜検討する。

　養護教諭は学校保健情報の管理者として，情報の取り扱いに関する技術や注意事項，問題点などを学ぶことが求められる。

　また，昨今ではインターネットの普及により，インターネット上で提供される保健に関する情報は多岐にわたるが，科学的根拠が曖昧であったり，商業目的であったり，出典が不明確な情報がある。養護教諭はその職務において，児童生徒の保健情報を「得て」「理解して」「評価して」「意思決定する」役割を持つ。そのため，学校保健情報の適切な管理とともに，健康や医療に関する正しい情報を入手し，真偽を確認し，内容を理解して活用するヘルスリテラシーを身につける必要がある。

(3)学校保健情報の活用方法

　学校保健情報を活用することで，生徒の健康を守り，学習環境を改善するための基盤が整う。学校保健情報から得られる資料やデータは児童生徒の健康の保持増進における様々な場面で活用することができる。

　例えば，学校健康診断から得られる児童生徒の健康情報をベータベース化することで，発育発達の状況や疾病管理などが出来る。また，健康診断結果を生涯におけるパーソナルヘルスレコード（ＰＨＲ）として卒業後も継続して管理していくことは，本人の健康増進や医学研究に役立つ。

　学校等欠席者・感染症情報システムからは流行している感染症や自校近隣の流行状況などを知ることができるため，地域の医療機関や保健所と連携し，感染症対策や保健指導に役立てることができる。

　保健室来室記録や健康観察記録からは学校におけるケガや病気の発生状況や原因などを把握することができ，保健だよりなどを用いて児童生徒に健康情報を周知することができる。

　気温や湿度などの学校環境情報からは，適切な授業環境の改善などを検討することができる。

　また，これらの学校保健情報を長期的に蓄積していくことで，地域の健康特性や新しい指導方針，健康に関する政策や研究にも活用することができる。

　このように学校保健情報を整理し，目的に応じて検証することは児童生徒の健全育成に役立つ。

　他の教職員との学校保健情報の共有は必要不可欠である。教職員が把握している授業中，行事，課外活動などで得られる保健情報と養護教諭が保健室で管理している保健情報をお互いに共有して整理することで，児童生徒の健康管理や環境衛生整備などに役立てることができる。

(4)学校保健に関する文書の種類や保存期間

　学校保健に関する文書は，生徒の健康を守り，正しい学校運営を行うために作成され管理されている。学校には学校教育法などの法令に基づき作成し，一定期間の保存義務がある指導要録や出席簿などの公簿がある。学校保健に関する公簿には以下のようなものがある。

健康診断に関する表簿（健康診断票）：５年間

　学校医執務記録簿：５年間

　学校歯科医執務記録簿：５年間

　学校薬剤師執務記録簿：５年間

また，地方自治体の教育委員会や学校の規程により保存期間などを決めている文書には以下のようなものがあり，通常，内容に応じた保管期間を設定している。

　保健調査票：卒業時に返却

　保健日誌：5年間保存

　保健室来室記録：5年間保存

　感染症に関する記録：5年間保存

　保健関係公文書綴り：ファイルに綴じ込み1年保存

　保健室備品台帳：事務室にて保存

　学校環境衛生検査記録簿：学校薬剤師執務記録簿と一緒に5年間保存

　保健指導や教育に関する記録（保健指導計画書・健康教育に関する資料及び報告書・保護者向け保健だよりなど）：1～3年間の保存

　これらは保存期間が決まっているため期間を確認し，誰もがわかり施錠できるところに置いておく。また，保存期間終了後はシュレッダーなどで確実な破棄を行う。

(5)ファイル管理ナンバリング

　学校保健文書を管理するナンバリングは，文書の整理や検索を容易にするために重要である。原則，年度ごとのファイルを作成し，対象グループに分け，保存番号は001から始める。教職学校保健文書のナンバリングに関する一般的な方法は以下である。

項目	内容	例
年度	該当年	令和6年　2024など
分類コード	文書の種類やカテゴリーを明記	健診　感染など
対象グループ	文書の対象範囲	小1，全校
連番	同一カテゴリ内	001から始める

　分類コード例

　健康診断関連：「健診」

　保健室関連：「保健」

　感染症関連：「感染」

　学校環境衛生関連：「環境」

　情報を整理した文書を適切に保管し，保護者，管理職からの閲覧要望や緊急時などに備えて，管理することが求められている。

＜参考文献＞

1）日本養護教諭関係団体連絡会：養護教諭や保健室におけるパソコン環境やＩＣＴに関する調査報告書，2022年1月

2）東京都教育委員会：TOKYOデジタルリーディングハイスクール事業，TOKYO教育ＤＸ推進校の取組に関する報告書，令和6年8月

3）中山和弘：中学保健ニュース第1559号付録「新連載　養護教諭のためのヘルスリテラシー講座，第1回ヘルスリテラシーとは」，少年写真新聞社，2013年

4）公益財団法人日本学校保健会：学校保健の動向令和5年度版「特集：学校保健におけるＤＸ」，2023年11月

（内山　有子）

■■ 5　健康相談活動・健康相談

1）健康相談活動・健康相談とは

【学びの達成目標】
①健康相談・健康相談活動の歴史的変遷，健康相談の意義や目的，健康相談のプロセス，心身相関や精神疾患などの病態，ヘルスアセスメントの方法を理解している。（知識・技能）
②養護教諭の職務の特質や保健室の機能，健康相談のプロセスを生かした健康相談・健康相談活動についての課題を発見・分析し，その解決を目指して科学的に思考・判断し，それらを書いたり，他者に伝えたりすることができる。（思考・判断・表現）
③健康相談・健康相談活動のプロセスやヘルスアセスメントの学修に主体的に取り組むことができる。

教育職員免許法施行規則第9条には「健康相談活動」の用語が用いられている。学校保健安全法第8条には「健康相談」が規定されている。これらの解釈や捉え方について，保健体育審議会答申（平成9年）及び教育職員免許法施行規則を踏まえ以下述べる。「健康相談」及び「健康相談活動」の用語が使われた経緯は次のとおりである。

○健康相談は，学校保健法（昭和33年）第11条に位置付き，学校保健法施行規則に「健康相談」の実施者は学校医，学校歯科医が行うとされていた。

その後，同法が50年ぶりに一部改正され（平成21年）学校保健安全法第8条「学校においては，児童生徒等の心身の健康に関し，健康相談を行うものとする。」とされた。

この担当者は学校医・学校歯科医に限らず養護教諭，学校医，学校歯科医，学校薬剤師，教諭等の学校保健に関わる者である。

・健康相談活動

○「健康相談活動」は教育職員免許法施行規則第9条の規定のもと「健康相談活動の理論・健康相談活動の方法」が規定され，養護教諭養成の必修科目となっている。

この規定の背景は平成9年保健体育審議会答申において以下の提言があったからである。健康相談活動は，平成9年の保健体育審議会答申で養護教諭の新たな役割として以下のように提言された。

<新たな役割>
　近年の心の健康問題等の深刻化に伴い，学校におけるカウンセリング等の機能の充実が求められるようになってきている。この中で，養護教諭は，児童生徒の身体的不調の背景に，いじめなどの心の健康問題がかかわっていること等のサインにいち早く気付く立場にあり，養護教諭のヘルスカウンセリング（健康相談活動）が一層重要な役割を持ってきている。養護教諭の行うヘルスカウンセリングは，<u>養護教諭の職務の特質や保健室の機能を</u>十分に生かし，児童生徒の様々な訴えに対して常に心的な要因や背景を念頭において，<u>心身の観察</u>，<u>問題の背景の分析</u>，<u>解決のための支援</u>，<u>関係者との連携</u>など心や体の両面への対応を行う健康相談活動である。これらの心の健康問題への対応については，「心身の健康に問題を持つ児童生徒の個別の指導」及び「健康な児童生徒の健康増進」という観点からの対応が必要である。

・必要な資質

すなわち健康相談活動の定義は上記に強調した下線部分と言える。そのポイントを以下にあげる。

○対象は子供の心身の課題，特に身体的不調から心の問題の解決へと対処する。

○養護教諭の職務の特質を活用する。

○保健室の施設，機能等を十分に活用する。

○常に心的な要因や背景を念頭に置く。

○関係者との連携を図る。

○心と体の両面から係わる。

健康相談活動の実施に必要な資質として同答申で以下のように提言された。

このような養護教諭の資質としては，①保健室を訪れた児童生徒に接した時に必要な「心の健康問題と身体症状」に関する知識理解，これらの観察の仕方や受け止め方についての確かな判断力，対応力（カウンセリング能力），②健康に関する現代的課題の解決のために個人又は集団の児童生徒の情報を収集し，健康問題をとらえる力量や解決のための指導力が必要である。その際，これらの養護教諭の資質については，いじめなどの心の健康問題への対応の観点から，かなりの専門的な資質・技能が等しく求められることに留意すべきである―略―。

・現職教員のための研修の充実	このように養護教諭の新たな役割と健康相談活動について同審議会答申ではその資質として「心の健康問題と身体症状の知識理解」，その観察の仕方や受け止め方，判断力，対応力等を挙げ，かなりの専門的な能力が必要と提言された。 　そのためには，新たな役割を担う資質を担保する教育職員免許法施行規則の改正を行うことや，養護教諭の複数配置の促進，現職教員を対象として研修を充実し資質の確保が必要と提言された。

＜向上方策＞

　養成課程及び現職研修を含めた一貫した資質の向上方策を検討していく必要があるが，養成課程については，養護教諭の役割の拡大に伴う資質を担保するため，養護教諭の専門性を生かしたカウンセリング能力の向上を図る内容などについて質・量ともに抜本的に充実することを検討する必要がある。

　現職研修のうち，採用時の研修については，既に平成９年度に日数を大幅に拡充し，また，経験者研修についても新たに実施されたところであるが，今後は情報処理能力の育成も含め研修内容の充実に努めるとともに，とりわけ経験者研修について，担当教諭とチームを組んだ教科指導や保健指導に関する実践的な指導力の向上，企画力・カウンセリング能力の向上などに関する内容を取り入れることを含め，格段の充実を図る必要がある。同時に，養護教諭が新たな役割を担うことに伴い，従来の職務はもとより，新たな心身の健康問題にも適切に対応できるよう，養護教諭の複数配置について一層の促進を図ること等が必要である。（保健体育審議会答申（平成９年））

(下線筆者加筆)

(1)養護教諭の職の特質を活かすとは何か	健康相談活動の定義で示したとおり，この活動の推進は養護教諭の持つすべての資質能力を活用して当たる必要がある。

　養護教諭の専門性や固有性を十分に活用した対応が不可欠でありそのポイントを以下に挙げる。
○教育職員としての免許状に裏付けられた専門的な資質・能力・技能（心身医学的知識，看護学的技術），観察力，判断力，（カウンセリング能力）等の資質を有する。
○教育職員としての教育機能を生かした対応が可能である。
○全校生徒にかかわることが可能である。
○学校の時程に関係なく保健室に常時在室を基本としている。
○養護教諭の専門性に基づいた体へのかかわり（タッチング）を活用することが可能である。特に体へかかわる（タッチング）行為とその効果について以下述べる。

　「体を見る」「体を観る」「体を看る」「体を診る」「体を視る」などすべて養護教諭の持つ専門職としての救急処置能力，医学的，看護学的，解剖生理学的知識技術を生かして関わることにより，根拠のある判断や対応が可能となる。また，健康相談・健康相談活動時のタッチングに関する養護教諭対象の研修でのタッチング研究によると，タッチなどの行為により子供役となった養護教諭の感想は，①信頼関係の促進（信頼感・承認・保護），②保健室機能の効果（保健室イメージ・養護教諭の技術・養護教諭の良好なイメージ），③心と体の回復（安心感・心と体のイメージ・症状軽減），④コミュニケーションの促進（教室復帰・また来たい・自己開示）等がある。

(2)保健室の機能を活かすとは	保健室の機能を活用するとは，保健室の機能はもとより，保健室にある施設・設備・空間など教室にはない保健室固有の環境などをも含めた観点からその活用を考えることである。さらに，忘れてならないのは，保健室の機能や設備などの環境が整ったとしてもそれを運営する「養護教諭が常時そこにいる」ことが大きな特質である。すなわち教室にはない保健室という場と機能を健康相談活動の展開に生かす以下の観点が必要である。

○教育の場としての保健室　○保健室の特徴を生かす　○保健室固有の空間（養護教諭の存在）
○医学，心理，看護関係の専門書がある　○来室記録，保健調査，健康診断表などの心身の健康情報がある
○保健室固有の施設・設備を生かすことができる（ベッド・リネン等）
　これらの保健室の機能，設備や備品などは健康相談活動の実践に活用することが可能である。また，どこの保健室にもあるベットや毛布（タオルケットを含む）による包まれ体験の有効性に関する研究から得られることを以下述べる。
　①子ども安楽（安心感・心と体のイメージ・あたたかい・症状の軽減・自己開示・自己の存在価値・自己洞察），②特

別な空間（保健室）（保健室のイメージ・また来たい），③人のぬくもり（養護教諭の存在）（信頼感・養護教諭の良好なイメージ）等である。さらに，これは前述のタッチングと共に行うことによって一層の成果につながることが実践的研究から明らかになっている。

| (3)健康相談活動・健康相談に関わる人は誰か | 学校保健安全法第8条の「健康相談」は，養護教諭，学級担任，学校医等誰もができることになっている。これを踏まえ，健康相談活動の特徴とあわせ以下のような各担当者の職務の特質，資質などを踏まえた実施が必要である。 |

【健康相談活動・健康相談に関わる養護教諭，担任教諭，学校医，学校歯科医，学校薬剤師の立場等の特徴】

		養護教諭	担任教諭	学校医・学校歯科医・学校薬剤師
勤務形態		常勤	常勤	非常勤
○対象児童生徒		・毎日子供たちに関わることが可能	・日常的に子供たちに関わる	・学校の要請に専門性を活かして対象の子供に関わる
○それぞれの職務の特徴		○児童生徒の健康に関して専門的な立場から行う ○職務の特質を活かして心身の健康問題の早期発見 ○いじめや児童虐待等の早期発見・早期対応 ○保健指導の必要性の判断	○問題を早期に発見する ○健康観察（朝の健康観察，授業中や放課後など学校活動全般） ○身体的不調，不登校，虐待，子供の身近な変化に気づく ○養護教諭と情報の共有化	○専門的な立場から受診の必要の有無の判断 ○疾病予防，治療などの相談 ○学校と地域の医療機関等との連携 ○養護教諭との連携 ○学級担任との連携
○実施のための法的根拠 ○職に合った呼び方		○教育職員免許法施行規則第9条に基づく（特に養成施設） ○学校保健安全法第8条に基づく健康相談 ○すなわち養護教諭の行う健康相談	○学校保健安全法第8条「健康相談」に基づく ○すなわち，学級担任の行う健康相談	○学校保健安全法第8条「健康相談」に基づく ○すなわち学校医，学校歯科医，学校薬剤師の行う健康相談
勤務場所		・保健室・学校全体	・主として教室	・主として保健室
免許状	授与	・教育職員免許法第5条（別表第2）	・教育職員免許法第5条（別表第1）	・医師法・歯科医師法 ・薬事法
	単位規定	・教育職員免許法施行規則第9条に関する科目	・教育職員免許法施行規則幼小中高の教科・教職科目第2条～第8条	
配置の法的根拠とその職務		・学校教育法第37条 ・児童の養護をつかさどる	・学校教育法第37条 ・児童の教育をつかさどる	・学校保健安全法 ・学校保健安全法施行規則 （職務執行の準則）
役割		・S47，H9の保健体育審議会答申に主要な役割が示され，それを踏まえ，健康診断，救急処置，疾病予防等の保健管理，保健教育，健康相談活動，保健室経営，保健組織活動（H20中教審答申）	・日々の健康観察 ・授業中の様子 ・体育の授業 ・給食中の様子	第22条学校医の職務執行の準則 3 法第8条の健康相談 第23条学校歯科医の職務執行の準則2法第8条の健康相談 第24条学校薬剤師の職務執行の準則4法第8条の健康相談
専門性等		・医学的知識・看護学的知識・技術・保健指導・保健室経営	・教育指導・学級経営 ・保健指導	・医学・歯科医学・薬学

（教職員のための子どもの健康相談及び保健指導の手引（文部科学省平成23年）をもとに作成，一部改変）

<参考文献>
1）文部省：保健体育審議会答申（平成9年）
2）三木とみ子編集代表：新訂　養護教諭が行う健康相談・健康相談活動の理論と実際，2019

（三木とみ子）

| **2）健康相談活動・健康相談のプロセス** | 健康相談活動・健康相談のプロセスは，1. 対象者を認知し把握することから始まり，2. その背景や要因を分析した結果，問題の把握を行い，3. 問題を解決するための方針を立て，支援方法の検討と計画を行い，4. 実施・評価する，という流れで行う（図5）。
　なお，このプロセスを展開するには，「養護教諭の職の特質」や「保健室の機能」を活用することが重要である。また，その際には，心身相関の理論（参照資 |

料6）や108の視点（表4）を参照されたい。

参照資料6：心身相関の基礎理解を健康相談活動に生かす対応例一覧表

Ⅰ 対象者の認知・把握	1．健康相談・健康相談活動の必要性を判断する ＜主な対象者と対象を認知する事象＞ ・来室した児童生徒の訴えや対応を通して ・健康観察の結果から（▶欠席や遅刻・早退の頻度，体調不良等） ・健康診断結果から ・第三者の情報から（▶担任など教職員，保護者，児童生徒から） ・行事参加の判断から（▶運動会や体育祭，遠足，各種協議会など）	求められる資質（知識・技術） 『心身の健康問題と身体症状』についての知識理解

Ⅱ 問題背景の分析・把握	1．心身の観察・背景要因の分析（ヘルスアセスメント）の結果，問題を把握する（＝養護診断） ＜分析・把握の方法＞ ・対象者との面談 ・対象者のヘルスアセスメント ・関係職員との情報交換 ・保護者との面談 ・保健情報の確認（保健調査票・保健室来室記録・健康診断結果など）	求められる資質（知識・技術） 『観察の仕方や受け止め方・確かな判断力』 ▶ながらカウンセリングやヘルスアセスメントの知識・技術

Ⅲ 支援方針の検討・計画立案	1．養護教諭自らが行う支援について検討し，計画を立てる ・応急処置 ・保健指導 2．校内の教職員との連携・役割分担を検討し，計画を立てる ・学級担任，管理職，校医，特別支援コーディネーター ・スクールカウンセラー，スクールソーシャルワーカー ・支援検討会議・事例検討会 3．保護者・関係機関との連携 ・保護者への助言 ・主治医，医療機関との連携 ・児童相談所・福祉施設との連携	求められる資質（知識・技術） 『確かな対応力』 ▶ 医学・看護の基礎知識，コーディネーター力，マネジメント力

Ⅳ 実施・評価	1．計画に沿って実施するが，実施した結果によって，支援計画の見直しや修了について検討する ・養護教諭自身での評価　・支援会議・事例検討会等での評価 2．適宜連携相手や連携機関に報告する ・受診の継続や入退院時の支援	求められる資質（知識・技術） 評価・改善をする能力

（2024，遠藤作成）

図5　健康相談・健康相談活動のプロセス

表4　養護教諭が行う健康相談・健康相談活動のプロセスと必要な資質能力（知識・技術）108の視点

健康相談・健康相談活動のプロセスとヘルスアセスメント

養護教諭が行う健康相談・健康相談活動のプロセスとヘルスアセスメント	基本的事項	健康相談・健康相談活動の流れからの視点（保健指導含む）	ヘルスアセスメントの視点	基盤として必要な資質能力（知識・技術）			
				養護教諭の職務特質や保健室の機能の視点	カウンセリングの機能の視点	連携・連絡・協力な活動	

（三木とみ子、2012作成）

【健康相談活動実践事例】

ケース「時々遅刻をするようになってから暗い表情が多くなった中学1年生男子A君」

1．対象者の認知・把握

　クラス担任から次の情報と相談があった。入学直後はあまり目立つ生徒ではなかったが，6月に入ったころから，時々，15分から30分程度の遅刻をするようになった。理由を尋ねると，朝が苦手ですぐ起きられないこと，夜遅くまでゲームをすることがあると答えたため，遅くまでゲームをせず，朝すっきり起きられるよう指導したところ，うなずいて聞いていたという。その後も時々遅刻が続き，最近ではクラスメイトと談笑することもなく，休憩時間も暗い様子であることを心配した学級担任から養護教諭に相談があった。保健調査票を確認したが，既往歴などは無く，健康診断結果も異常は無かった。

2．問題背景の分析・把握

①A君と面談し，保健室でヘルスアセスメントを行った。問診の結果「5月頃は我慢するとなんとかなっていたが，最近はよく遅刻してしまう。朝はだるく，寝たはずなのに疲れている。食欲はあまりないが食べ始めれば普通に食べられる。頭痛はたまにあるが軽度で，学校に出てきてしまえば治る。勉強は嫌いではなく，卓球部に所属し，部活も好きなせいか午後からは調子がよくなる。仲の良いB君に心配かけて申し訳ない。C君とD君には「怠け者」と陰口をいわれて傷ついたが，自分が悪いので仕方ない。意識清明で色白だが不顔色良というほどではない，循環器疾患の既往はなく健康診断時の心電図検査も問題はない。眼瞼や下肢の浮腫なし，労作時と安静時の息切れや動悸もない，頸や頭を打った等の外傷もない。体位を変えての頭痛の変化はないが，起立直後の血圧低下と血圧回復時間の遅延が認められた。最近では，ゲームやSNSなどは1日30分と決められ11時には就寝している。髄膜刺激症状（－）神経脱落症状（－）体温35.4℃，R＝16回／分，P＝70回／分（不整・結代なし）　BP＝110／70mmHg

②易疲労感や倦怠感があるため貧血の可能性も否定できないが，午後には調子がよくなる。また，体位による頭痛の変化はないので脊髄液減少症の疑いは低い。以上から起立性調節障害を疑った。

3．支援方針の検討・計画立案

(1)養護教諭が行う支援

①ヘルスアセスメントの結果を担任とA君，A君の保護者に説明し，受診をすすめる。

②起立性調節障害と診断されたら，適切な塩分や飲水摂取，運動の勧奨，自転車走行時の注意など
　病態を理解した上で，A君には保健指導，保護者には助言を行い，不安が軽減するよう支援する。

(2)医療機関との連携

①起立調節障害の診断が可能な医療機関を紹介し医師宛にA君の状況について連絡表を作成する。

②主治医の治療方針，生活における留意事項などを確認するなど医療機関と連携し，A君が治療遵守できるように支援を行う。

(3)学校内での連携

　起立調節障害は中学生の1割以上が罹患している疾病であるが，本人や家族も認識していないことが多く怠学と誤認されがちである。原因不明の不登校の中には，一定数の起立調節障害が存在するとの指摘もある。そのため，学級担任等と連携し，A君や保護者の気持ちを配慮した上で起立調節障害について理解ができるよう全校生徒や保護者に対して保健教育を行うなどの計画を立てる。

(2024，遠藤作成)

＜参考文献＞

1) 三木とみ子編集代表：新訂　養護概説，養護教諭が行う健康相談・健康相談活動のプロセスと必要な資質能力（知識・技術）108の視点，p165，ぎょうせい，平成30年3月

2) 公益財団法人日本学校保健会：教職員のための子供の健康相談及び保健指導の手引，令和4年3月

(遠藤　伸子)

3）養護診断とヘルスアセスメント

　養護診断とは，養護教諭が健康相談活動・健康相談を展開する際に行う専門的な行為であり，ヘルスアセスメントとは，養護教諭が養護診断を決定する際に用いる専門的な技術である（図6）。

図6　健康相談活動・健康相談と養護診断・ヘルスアセスメントの関係

(1)養護診断の定義

　養護診断は，「養護教諭が児童生徒等やその集団についての心身の健康状態や発育発達及び生活の状況を総合的に判断するものであり，適切な養護実践を行うための根拠を示すものである。これは養護の対象である児童生徒等とその集団の

教育・発達上の課題を捉える養護教諭固有の活動である。（日本養護教諭教育学会）」と定義される[1]。また杉浦は，「養護診断とは，健康上の問題を持つ児童生徒で医療の対象にならないものや，まだその対象となっていないものに対して，養護教諭がその医学的専門性を発揮して，健康生活上のニーズを判断し，学校生活上の管理と指導の方針を決定する作業をいう」と定義した[2]。加えて，「養護診断は，医師や看護師とは異なった領域の医学的知識・技術を必要とし，また一般教員とは違う分野の教育・指導性が求められるものであって，養護教諭独自の体系というべきものである」と言及した。このことからもわかるように，養護教諭が行う健康相談活動・健康相談は，他の教職員より，より専門的なものである。そのため，養護教諭が健康相談活動・健康相談を行う際には，ヘルスアセスメントの知識や技術を活用することが必要となる。

(2)養護教諭が行うヘルスアセスメント

そもそも「アセスメント（assessment）」とは「評価」「査定」を意味し，物事について客観的に評価，分析することである。アセスメントという言葉は医学・看護のみでなく，人材マネジメントや環境評価など，様々な分野で使用されている。医学や看護学分野では，患者の健康状態を形態的・機能的側面から包括的に把握し，評価をすることで，医学では医学上の問題を看護では看護上の問題を把握し，治療や看護介入を決定する手段として用いられている。これに対し，養護教諭が行うヘルスアセスメントは，「児童生徒についての身体的・心理的・社会的な側面に加え，生活習慣などの情報を収集・分析した結果，心身の健康や発育発達の状態を総合的に査定することである。（日本養護教諭教育学会）」と定義されている[1]。このことからも，養護診断は，学校という教育環境における児童生徒の健康状態の把握と支援に焦点があてられていることがわかる。つまり，アセスメントの結果によっては，救急処置や医療機関への搬送などの対応を行うこともあれば，健康相談活動の一環として，学校生活への適応や学習環境の改善を目指すという対応がとられる。いずれにしろ，勘や経験のみではなく，解剖生理学や病態学の知識，発達段階などの知識や教育的視点を踏まえたうえで，根拠に基づくアセスメントをすることが求められるのが養護診断であり，そしてそれに基づき行う健康相談活動なのである。

(3)養護教諭が行うヘルスアセスメントの構成要素

養護教諭が対象とするのは，成長・発達が著しいライフステージにある幼児・児童・生徒・学生である。そのため，身体的な側面はもとより，心理的，社会的側面に加えて，生活習慣の側面についてもアセスメントをするため，発達課題をクリアできたかという視点も必要となる。主な視点は次のとおりである。

①身体的側面のアセスメント（physical assessment）　フィジカルイグザミネーション（身体審査：問診，視診，触診，打診，聴診）を使って，身体の各部位の形態や機能に異常がないか（つまり疾病や外傷の有無），成長や発達に遅れや障害などないか等の評価を行う。

②心理的側面（Mental Health Assessment）　気分や感情の状態（明るさ，落ち着きやリラックスの程度，抑うつや不安感など），意欲や活動性（活動的か，学業への意欲など），睡眠（良質な睡眠か，目覚めの状態など），興味・関心（楽しみや生きがいの有無など），ストレス状態（態度や頻度，コーピングの有無など），満足度（学校，家庭，ＱＯＬなど），自己評価（自尊心，自己効力感など），精神疾患に特有の症状（幻聴，幻視他）などの評価を行う。

③社会的側面のアセスメント（Social Functioning Assessment）　生活環境（住居・家庭の経済状況），社会的関係（家族・友人との関係），文化的背景（宗教・価値観・信条・言語），社会参加（学校やクラス内の参加・孤立状況），社会

参照資料7:「来室時ヘルスアセスメント」シート

(4)ヘルスアセスメントを活用した養護診断

的スキル(コミュニケーションスキルや問題解決能力),利用可能な(家庭や教育面含む)社会的サポートの有無,経済状況などの評価を行う。

④生活習慣の側面(Lifestyle habits Assessment) 食事(食欲,質と量,バランス),運動(量,内容),睡眠(量,質),清潔(洗顔,歯科口腔,入浴),排せつ(量,頻度),衣服の選択(季節,場などの適切性)等の評価を行う

図7に頭痛を訴える生徒を例とし養護診断のプロセスについて示す。なお,アセスメントを行う際には重要な情報が取りこぼされることの無いようヘルスアセスメントシート(参考資料7)などを活用するとよい。

図7 ヘルスアセスメントを活用した養護診断過程(例)

対象の認知	①児童生徒の訴え,②傷病の発生,③保護者や担任など第三者からの相談や情報提供,④朝の健康観察結果,⑤健康診断などの学校保健情報からの気づき等から養護診断を行う必要性を認知する。	高等学校2年生女子。6月下旬の体育の授業中「頭が痛いので休ませて欲しい」と保健室に来室。昨日も,「眼が疲れた」と来室,「先週から学期末の試験が始まるため,寝不足のせいだから少し休ませて欲しいというので,冷たいタオルで冷やしながら1時間程ベッドで休ませたところ,良くなったといって教室に戻っていった。
情報収集・アセスメント	1.緊急度の判断(スクリーニング) 【フィジカルアセスメントを中心に行う】 問診・視診・聴診・打診等のフィジカルイグザミネーションを用いながら, ①主訴,既往歴の確認,②意識レベル,③バイタルサイン,④発症時期,部位,程度,性状,持続時間,⑤緊急度の高い症状や徴候はないか,⑥外傷なら受傷機転,⑦随伴症状 ＊たとえ,頻繁にないことでも緊急度重症度の高いものから想起し,除外する。 ＊ 緊急度が高いと判断したら,頭から爪先までの系統的アセスメントを飛ばし,養護診断⇒計画⇒緊急対応へ	【緊急度のアセスメントの結果】 ①ズキズキする頭痛,今年になってから月に1～2回は頭痛が起きる。②意識清明,③体温36.0℃,脈拍70回/分,呼吸16回/分,血圧130/70mmHg,④グラウンドを走り始めたら頭痛がひどくなった。体育の前は頭部の左側が痛かったが,今は両側の拍動痛,⑤頭痛を主訴とする緊急度の高い症状や徴候(神経学的所見:瞳孔反射,運動機能,感覚機能や,髄膜刺激症状:項部硬直,ケルニッヒ徴候,ブルジンスキー徴候,頭蓋内圧亢進症状:嘔吐,視力障害,耳鳴り,複視,乳頭浮腫,意識障害,血圧上昇,徐脈,異常呼吸)等はなし,⑥近日中の頭部打撲などの外傷なし,⑦軽度の悪心,発作前に音や嗅覚が過敏になる。 以上から,緊急性の高い二次性頭痛(くも膜下出血,硬膜下血腫や髄膜炎,脳血管障害など)の可能性は低く,片頭痛などの一次性頭痛の可能性が高いと判断し,安楽な体位をとらせながら系統的アセスメントを行う。
	2.系統的アセスメント 1)見落としを防ぐため全身を系統的に行う。部位別(頭部,顔部,胸腹部,四肢・・)又は,機能別(呼吸器,循環器,脳神経系・・)など頭から爪先までの全身をアセスメントする。 2)まずは身体疾患を疑い,その疑いが低い場合は,心理・社会的な問題,生活習慣の側面を視野にアセスメントを行う。 【アセスメントの視点】 ①身体的側面,②心理的側面,③社会的側面,④生活習慣の側面	【系統的なヘルスアセスメント】 ①身体的側面 半年位前から月1～2回の頭痛がある。片側で始まりひどい時は両側がズキズキと痛む。発作前には音や臭いが気になり,物が見えずらくなったり,キラキラした光が見えたりする。4時間から8時間くらい続くこともあり,時には嘔気を伴う。動くと痛みがひどくなり,月経の前や最中に起こることが多い。②学業成績に対する父の期待が重圧で,定期試験が近くなると不安にかられたり気分が落ち込むという。③イライラして母や弟にあたってしまい,家の雰囲気も悪い。④疲れているが寝つきが悪く,寝覚めもすっきりしない。食欲もない。 緊急及び系統的アセスメントからも二次性頭痛ではなく,一次性の頭痛の可能性が高く,痛みの特徴や前兆,心理・社会,生活習慣の側面からも片頭痛の可能性が高いことがわかった。 (下線部は,＊1片頭痛の診断基準と一致)
養護診断	児童生徒の状態の見立て(診断)を行う。 ①緊急度を判断する。 ②健康課題を把握する(又は予測する)。	【養護診断】 ①危険な頭痛の症状や徴候は認められず救急要請の必要はない。 ②片頭痛の症状である拍動痛や前兆,片頭痛の要因とされるストレス,睡眠不足,月経との関連がみられることなどからも片頭痛の可能性がある。月に2回以上の頭痛が認められたうえ,発作時は痛みが強く日常生活に支障を来しているため,早期の病院受診を進める必要がある。

第3章 養護教諭の職務と役割・養護活動 75

		【計画・実施】
計画・実施	養護診断の結果，優先順位の高い課題から対応・解決策を検討する。	①頭痛時の対応：照明があたらず，静かな場所又はベッドで安静にさせ，疼痛の緩和をはかる。 ②当該生徒及び保護者に対して・・一次性頭痛（片頭痛）の可能性など，症状や徴候などを説明し，頭痛外来などの病院受診をすすめる。 ③主治医やクラス担任や部活の顧問などとの連携：医師の治療方針に基づき，ストレスの緩和，治療の遵守等ができるよう学校環境を整え，支援する。 ④受診の結果「片頭痛」と診断されたら：ストレス軽減のためのコーピングの方法，睡眠や運動，食事などの生活習慣を確認し，見直すよう本人と一緒に計画を立てる。保護者に対してはストレスも片頭痛の要因となることを説明，理解してもらい家庭でのサポートなど協力を求める。 ⑤正確な頭痛の頻度や程度，発作の周期性や前兆把握，月経周期との関連，内服治療などの遵守などがわかるよう頭痛日記をつけるよう指導する。（医師の診断や本人自身の病態の理解のために有用であることを理解できるよう支援する）
評価	計画に基づき評価する。	【評価】 ①養護診断は適確だったか ②治療が順守できているか ③発作の回数や程度が軽減しているか ④生活習慣の課題は解決に向かっているか 結果を確認し，計画の継続・改善・終了を決定する。

(2024, 遠藤作成)

<引用・参考文献>
1）日本養護教諭教育学会：養護教諭の専門領域に関する用語の解説集＜第3版＞（2018年発行）
2）杉浦守邦：養護診断学，東山書房，1980
3）大沼久美子：ヘルスアセスメント記録用紙，新訂　養護教諭が行う健康相談・健康相談活動の理論と実践，214―215，ぎょうせい，2019

(遠藤　伸子)

4）健康相談活動・健康相談の方法

【学びの達成目標】
①健康相談の対象，機会，方法，健康相談・健康相談活動と個別の保健指導の関連及び法的根拠，関係機関との連携，記録と評価について理解している。（知識・技能）
②健康相談・健康相談活動の具体的な関わり及びその記録と評価についての課題を発見・分析し，その解決を目指して科学的に思考・判断し，それらを書いたり，他者に伝えたりすることができる。（思考・判断・表現）
③健康相談・健康相談活動の方法や個別保健指導，記録や評価の学修に主体的に取り組むことができる。

　　　　　　　平成9年保健体育審議会答申において健康相談活動は，「養護教諭の職務の特質や保健室の機能を十分に生かし，児童生徒の様々な訴えに対して，常に心的な要因や背景を念頭に置いて，心身の観察，問題の背景の分析，解決のための支援，関係者との連携など，心と体の両面への対応を行う」と定義された。また，学校保健安全法第8条に規定された健康相談は，児童生徒等の多様な心身の健康課題に組織的に対応する観点から，関係職員の積極的な参画が求められている。各関係職員の役割や職務の特質を生かしつつ，相互に連携を図りながら行ってこそ，真の効果を得ることができる。すなわち，養護教諭が行う健康相談・健康相談活動は，学校内で唯一，医学的・看護学的知識と素養を有する養護教諭が，他の教職員には見られない専門性や固有性を十分に生かしてこそ，成果を生むことができるものである。さらに，健康相談活動は養護教諭の実践的な活動であることから，方法論としての知識の習得はもとより，演習等を通して知識と技法を融

<table>
<tr><td></td><td>合させながら方法を習得していくことが必要不可欠である。健康相談活動・健康相談の実践力向上のためには，「為すことによって学ぶ」ことが重要である。</td></tr>
<tr><td>(1)健康相談活動・健康相談に養護教諭の職務の特質を生かす</td><td>　平成20年の中央教育審議会答申[1]において「養護教諭の職務は，学校教育法で『児童の養護をつかさどる』と定められており，昭和47年及び平成９年の保健体育審議会答申において主要な役割が示されている。それらを踏まえて，現在，救急処置・健康診断・疾病予防などの保健管理，保健教育，健康相談活動，保健室経営，保健組織活動などを行っている。」と示された。加えて，学校保健活動の「中核的役割」や，学校内外の関係者等との「コーディネーターの役割」を担うことが必要と示された。健康相談活動・健康相談を行うに当たっては，養護教諭の職務や具体的に示された役割のポイントをおさえながら行っていくことが重要である。</td></tr>
<tr><td>①養護教諭の職の特質を生かす</td><td>　養護教諭は，教育職員として免許状に裏付けられた専門的（心身医学的・看護学的・心理学的等）な知識及び技能を有するとともに，学校に常勤しているという勤務形態，全校児童生徒に関わることができる等，多くの特徴を有している。</td></tr>
</table>

養護教諭の「職」の特質

○学校全体の児童生徒を対象としている　○学校の時程に大きくとらわれない　○成績評価をしない　○学校医・学校歯科医・学校薬剤師，他学校保健に関する専門家との連携　○保護者との連携　○幼小中高の養護教諭との連携　○保健室を経営している　○健康相談活動・健康相談を軸に個別の保健指導・教育相談との連携が可能
○体を通して心を診る　○タッチングなど体へのかかわりが可能

<table>
<tr><td>②タッチング理論</td><td>　特に体へのかかわり「タッチング」については「体を見る」「体を観る」「体を看る」「体を診る」「体を視る」など養護教諭の持つ専門職としての救急処置能力，医学的，看護学的，解剖生理学的知識技能を生かして関わることにより，根拠のある判断や対応が可能となる。
　タッチングの種類は「身体的関わりタッチング」「心理的効果期待タッチング」「日常的コミュニケーションタッチング」等がある。中でも，身体的関わりタッチングは「養護教諭にとって職務上非常に重要なタッチング」であり，「養護教諭にとって基本的な対応であるバイタルサインの把握は，児童生徒の心への支援に繋がるタッチングと成りうること」が示唆されるとともに，「養護教諭が行うタッチングを『身体を通した心への支援』の一つの手段として捉え，アセスメントや処置対応をする際に，意図的なタッチングを取り入れていくこと」[2]の重要性が示されている。また，タッチングを行う際は，「目線を合わせながら」「傾聴・受容・応答の技法など『カウンセリング的言葉かけをしながら』行うことが重要」である[3]。これらの方法を用いて行った養護教諭のタッチングは，養護教諭に対する調査において「『心と身体の回復や信頼関係促進の効果』『養護教諭・保健室効果』『承認・保護・存在価値効果』」[2]や，「児童生徒に安心感を与え，信頼関係を高めるとともに，体を通した心への支援にも繋がる効果が認められた」[4]こと，生徒に対する調査でも「『心と体の安心・安楽効果』と『心と体の回復促進効果』の２因子が認められた」[5]ことが報告されている。</td></tr>
<tr><td>(2)健康相談活動・健康相談に保健室の機能を生かす</td><td>　健康相談活動の定義に示された「保健室の機能を生かす」は「養護教諭の職務の特質を生かす」とともに，養護教諭固有の役割としての考え方である。「保健室の機能を生かす」とは，保健室の持つ機能はもとより，保健室にある施設・設備・空間など教室にはない保健室固有の環境等も含めた観点からその活用を考えるべきである。さらに「保健室に養護教諭がいること（保健室経営）」が，非常に重要な要素であることを忘れてはならない。</td></tr>
</table>

第３章　養護教諭の職務と役割・養護活動　**77**

保健室の場と機能を生かす特徴

○教育の場としての保健室　○保健室の特徴を生かす　○いつでも・誰でも・どのような理由でも来室できる（職員・保護者含む）　○保健室固有の空間（養護教諭の存在）　○医学・心理学・看護学関係の専門書がある　○来室記録・保健調査・健康診断票などの心身の健康情報がある　○保健室固有の施設・設備を生かすことができる（ベッド・毛布等）

①ブランケット理論[6]	ブランケットケアは，全国どこの保健室でも常備している保健室の毛布やタオルケット等を使用し，養護教諭が子供にカウンセリング的言葉かけをしながら，子供の足元から首元や頭まですっぽり毛布で包むケアである。養護教諭が，心や体に何らかの痛みや悩み・不安を抱えた子供に対してブランケットケアを施したところ，小学生・高校生は「痛み」や「ストレス反応」が軽減し，中学生は「体温」が安定したり，「痛み」や「ストレス反応（中でも身体的反応・抑うつ／不安・無気力）」が軽減したりするなど，痛みやストレス反応が高い子供に有効な支援方法であることが示された。「ケアを行う養護教諭が子供をブランケットで包むという行為を通じて，子供の心身の苦痛や不安を「つらかったね」などの言葉とともに受容する，養護教諭は「あなたのことを心配している」という想いを伝える，ケアするひと（carer）とケアされるひと（cared-for）との間をつなげる出会い（encounter）の架け橋のようなものである。ブランケット自体の風合いや肌触りに寝具としての保温効果や身体境界を認識させる効果もあることから心と体にアプローチできる手法である。」[3]
(3)健康相談活動・健康相談にカウンセリング理論を生かす	健康相談活動・健康相談におけるカウンセリング技法は，スクールカウンセラー等が行うカウンセリングとは異なり，「主としてカウンセリングの基本的な応答の技法を駆使して，救急処置やフィジカルアセスメントなどと併用して行う。具体的には，救急処置場面ではけがの状況を確認しながら，「痛かったね」と共感的な言葉かけをしながら処置をするなど」[3]があげられる。そのために，カウンセリングの知識，技能を身につけておく必要がある。

健康相談活動・健康相談にカウンセリング理論を生かすポイント

1．健康相談活動・健康相談にカウンセリングの知識・技能は絶対に欠かせない資質能力である。
2．しかし，健康相談活動＝カウンセリングではない。
3．健康相談活動におけるカウンセリングは，養護教諭のかかわりと同時に進む。
4．カウンセリングを行うカウンセラーとしてのパーソナリティ「人が好き，自己受容，共感的な心構え」等が必要である。さらに，健康相談活動を行う養護教諭のパーソナリティとして人間観，健康観，教育観，養護教諭としてのアイデンティティが求められる。
5．養護教諭が健康相談活動を行うにあたり，特に必要となるカウンセリングの知識・技法としては，①基礎理論，②リレーションの意義，③傾聴の基本と応答の技法，④ロールプレイングの基本と方法，⑤その他対象によっては心理テストや遊戯療法（専門家の指導の下）等，があげられる。

①ながらカウンセリング技法	「健康相談活動は養護教諭の職務の特質である心身の観察やヘルスアセスメントを行いながら子供の問題を特定するため言葉かけを行う。（中略）これを『ながらカウンセリング技法』とよぶ。子供は養護教諭に処置をされて苦痛を軽減されることで，安心し信頼関係が構築され，養護教諭に心を開きやすい。」[3]

表5　カウンセリングの技法を健康相談活動に生かすポイント

カウンセリングの技法		健康相談活動場面での活用例
〈受容〉 「うむうむ，なるほど」 ＊頷きながら，子供とのアイコンタクトをしながらあるがままを受け止める（許容的態度・非判販的態度）。自分の価値観で判断しない。 「治そうとするな，わかろうとせよ」の基本姿勢 ＊とがめることで相手は防御的又は攻撃的になる。相手の今の気持ちを共感し受け止める（共感的理解）。	自己理解 自己分析 自己受容 他者受容 共感的理解 自己一致	子供：「とても痛い」「すごくつらい」 養護教諭：「そう痛い，痛いよね。ベッドで休んで様子を見ようか」 ＊バイタルサインを取りながら「今まで我慢していたのつらかったでしょ。よく我慢したね。」 ◎当面の身体的苦痛や訴えを，ありのまま受け止める
〈支持〉 「それはそうだ」「それは大変だったでしょう」 同調したい気持ち・承認（You are OK） 「そうでしょうね」 「何かいい方法はないかな。一緒に考えてみましょう」		養護教諭：「何か心配事でもあったのかな。そういう時は誰でも体が痛くなることがあるよ」 ＊手をさすりながら語りかける
〈繰り返し〉 「あなたの話をこういう風に理解しましたが間違いないでしょうか」 　相手の話したポイントを捕まえてそれを相手に投げ返す 　自分の話したことが音声になって戻ってくる→自分から離れて眺める・俯瞰する→自問自答を促進する作用がある 　言葉のオウム返しではなく，要点を繰り返す 「おっしゃりたいことをまとめるとどうなるでしょうか」 　自己と問答する際のカウンセラーは鏡の役割となる 　言葉を繰り返すのではなく心を繰り返す 　あたかも自分自身と出会ったかのごとく感ずる	クライアントの自己理解を促進 洞察力 観察力 感受性 分析力 知識	子供：「先生，頭が痛い」 養護教諭：「そうなんだ。頭のどこが痛いのかな？」「そうか，ここが痛いんだね。どんなふうに痛いかな？」 子供：「ズキズキする」 養護教諭：「そうなんだね。ズキズキするんだね」 ＊体温を測りながら 　緊張性頭痛は，攻撃欲求の抑圧，交感神経の緊張などに関連
〈明確化〉 「あと何回面接に来ればいいのでしょうか」＝「面接に来るのが億劫な感じですか？」 　クライアントが気付いているけれどもまだはっきりとは意識化していない所を先取りしてカウンセラーが言語化（意識化）すること 　意識の面積を拡大する作業	自己分析問題の焦点化	子供：「とにかく痛い。どこが痛いのかわからない」 養護教諭：「要するに全身どこもかしこも痛いんだね」 子供：「がんて治るの？」 養護教諭：「何か病気のことで心配なことがあるのかな？」
〈質問〉 ■「いつからつらいのですか」「今どのような気持ちですか」 ・相手を支援するために必要な情報を収集するための「開かれた質問」の工夫 ・閉ざされた質問の工夫（返事は首を縦に振る又は横に振るだけでも意思確認可能） ・つまみ食いの質問はしない ・今まで気付かなかったことに気付くような聴き方 ■「何かきっかけでもあったかな」 ・会話そのものが援助になるような聴き方 ・リレーションの状況で質問を変えていくことができる ・核心に触れる質問は，まず閉ざされた質問（Yes，Noで答えられる質問）から行う ・「よくぞ聞いてくれた」という気持ちにさせる質問 沈黙の意味 　①答えるエネルギーがないとき 　②拒否したいとき 　③質問の意味や理解が不明なとき　観察が必要 　④答え方がわからないとき 　⑤考え中のとき	リレーションの構築次第で質問の内容や質が異なるため，カウンセリングの技法に頼らず，救急処置やタッチング等での苦痛の緩和を併用しながらリレーションの構築に努め質問する	養護教諭：「何か悲しいことや寂しいことでもあったのかな？」 （依存欲求の抑圧・副交感神経の緊張） 養護教諭：「お腹のどの辺りが痛いのかな？」「ここをさすった時と痛みはどうかな？」「この前は違うところが痛かったね。この前の痛みと比べてどうかな？」「ここを押さえると気分はどうかな？」 開かれた質問 ⇕　繰り返す いつ，どこで，だれが，なにを，どのように，どうした 閉ざされた質問

<三木とみ子・2012，改変大沼2023>

＜参考文献＞
1）文部科学省：中央教育審議会，「子どもの心身の健康を守り，安全・安心を確保するために学校全体としての取組を進めるための方策について」（答申），2008
2）澤村文香他：養護教諭によるタッチングの実態と実感している効果の検討―質問紙調査の結果から―，学校保健研究，55(1)，3―12，2013
3）（一社）日本健康相談活動学会編著：健康相談活動学―実践から理論　そして学問へ―，92―93，2023
4）平田桃花他：保健室における養護教諭の効果的なタッチングに関する研究，茨城大学教育実践研究，37，233―241，2018
5）佐藤美幸他：養護教諭が行うフィジカルアセスメントにおけるタッチングの効果―高校生を対象に行った質問紙調査の結果から―，日本健康相談活動学会誌，11(1)，59―67，2016
6）大沼久美子他：健康相談活動における毛布活用の有効性の検討，学校保健研究，53(4)，2011

（澤村　文香）

5）学校保健安全法第9条の保健指導とは

養護教諭の職務は学校教育法で「児童の養護をつかさどる」と定められている。平成20年の中央教育審議会答申では養護教諭の主要な役割として①救急処置，健康診断，疾病予防などの保健管理，②保健教育，③健康相談活動，④保健室経営，⑤保健組織活動などが示された。この中央教育審議会の答申を受けて，平成21年4月に施行された学校保健安全法に健康観察，健康相談，保健指導，学校と医療機関との連携等が新たに位置づけられた。

多様化・複雑化している現代的課題は，子供たちの心身の健康に影響を及ぼしている。課題解決のためには，養護教諭，その他の職員が相互に連携して実施していかなければならない（図8）。

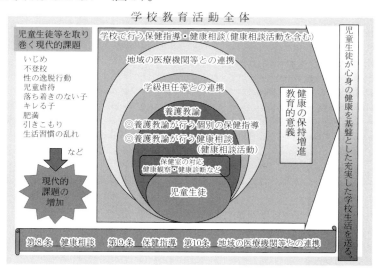

図8　学校で行う保健指導・健康相談（健康相談活動を含む）

特に第9条保健指導では，「養護教諭その他の職員は，相互に連携して，健康相談又は児童生徒等の健康状態の日常的な観察により，児童生徒等の心身の状態を把握し，健康上の問題があると認めるときは，遅滞なく，当該児童生徒等に対して必要な指導を行うとともに，必要に応じ，その保護者に対して必要な助言を行うものとする。」と規定された。

養護教諭の中心となり行う保健指導が法律に規定されたことから，その果たす役割がますます重要であるといえる。

(1) 学校保健安全法第9条保健指導の位置づけ

学校保健安全法第9条に基づく保健指導は，健康観察，健康相談，健康相談活動などの他の活動と密接に関係している（表6）。

表6　学校保健安全法第9条保健指導と関連法規等

法令等	条文内容
学校保健安全法第7条（保健室）	学校には，健康診断，健康相談，保健指導，救急処置その他の保健に関する措置を行うため，保健室を設けるものとする。
学校保健安全法第8条（健康相談）	学校においては，児童生徒等の心身の健康に関し，健康相談を行うものとする。
学校保健安全法第9条（保健指導）	養護教諭その他の職員は，相互に連携して，健康相談又は児童生徒等の健康状態の日常的な観察により，児童生徒等の心身の状況を把握し，健康上の問題があると認めるときは，遅滞なく，当該児童生徒等に対して必要な指導を行うとともに，必要に応じ，その保護者（学校教育法第16条に規定する保護者をいう。第24条及び第30条において同じ。）に対して必要な助言を行うものとする。
学校保健安全法第10条	学校においては，救急処置，健康相談又は保健指導を行

（地域の医療機関等との連携）	うに当たっては，必要に応じ，当該学校の所在する地域の医療機関その他の関係機関との連携を図るよう努めるものとする。
〈関連〉教職員のための子供の健康相談及び保健指導の手引（学校における健康相談と保健指導の捉え方）	従来，健康相談は学校医や学校歯科医が行うものとして扱われてきたが，今回の改正により新たに養護教諭その他の職員が行う健康相談が位置づけられたとともに，保健指導の明確化が図られた。 健康相談と保健指導は，明確に切り分けられるものではなく，相互に関連して展開されているものである。

なお，養護教諭の実践の中で保健指導は，健康観察，健康相談（健康相談活動）などの他の活動と関係しており（図9），様々な展開の形をとりながら，学校教育活動に位置づいている。養護教諭はそれぞれの目的や役割を理解して，次に何が必要なのかを見通し，関係者をコーディネートしていく力が求められている。

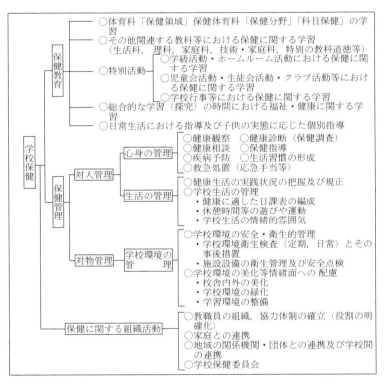

図9　学校で行う保健指導・健康相談の位置づけ

(2) 養護教諭が行う保健指導の特徴

養護教諭が行う保健指導は子供たちの心身の健康の保持増進に大きな役割を果たしていると考える。保健指導を効果的に実施するためには，養護教諭が果たす役割が大きい。その理由としては以下の7点が考えられる。

①養護教諭は常に全校の児童生徒等の健康の保持増進に関わっている。
②養護教諭は保健室におり，個々の生徒が必要に応じて来室することができ，児童生徒の健康状態を把握しやすい。
③学校保健活動の中核的役割を担っており，学校教育活動全体を見通した保健指導ができる。
④養護教諭は学校において唯一医学的・看護学的知識を持つ教職員である。
⑤児童生徒の健康課題解決のために，学級担任・その他の教職員と連携をとり，多角的な視点で保健指導を実施することができる。
⑥学校内の組織だけではなく，家庭や地域の医療機関等と連携ができる。また，連携するために必要な保健指導に関わる専門的な知識・技術・情報を把握している。
⑦保健室は学校保健活動のセンター的役割機能を持ち，全校生徒の健康や発育・発達に関する情報を把握し，児童生徒の心身の変化や生活状況の変化を把握しやすい。

(3)第9条保健指導実施，記録，評価	子供の健康行動に関する保健指導は，個々の背景要因に配慮した対応が効果的である。また，対象となる個人や事象によって『ねらい』を設定することで達成する喜びや自己効力感を向上させることができる。 　効果的な保健指導を実施し，次につなぐためには記録を残すことが重要である。保健指導実施の記録や評価は『相互に連携』『日常的な観察により』『遅滞なく』『児童生徒に対して必要な指導』『保護者に対して助言』の観点で行い，その評価を次の保健指導や健康相談につなぐ。

＜参考文献＞
1 ）文部科学省：中央教育審議会，「子どもの健康を守り，安心・安全を確保するために学校全体としての取組を進めるための方策について」（答申），2008
2 ）公益財団法人日本学校保健会：「生きる力」を育む学校での歯・口の健康づくり　令和元年度改訂，2020
3 ）三木とみ子編集代表：養護概説　四訂版，ぎょうせい，2009

（芦川　恵美）

6） 健康相談実践事例記録と評価 （1）健康相談の記録 　①記録の目的と意義	養護教諭が行う健康相談の記録は，養護教諭の職務の特質と保健室の機能を活かした児童生徒の心身の健康課題の把握と，その解決に向けた支援プロセスに関する情報を保管することが目的である。また，記録により，児童生徒等に関する様々な情報が収集できる，養護教諭が行った養護診断や，養護診断による対応を証明することができる，関係者との情報共有による連携した支援ができる，児童生徒の課題やその支援について分析や評価ができる，今後の健康相談に利活用することができるなどの意義がある。
②記録の種類	養護教諭が行う健康相談は，救急処置や健康診断，健康観察等を契機に，児童生徒の心身の健康課題を把握して実施するため，「児童生徒健康診断票」や「保健調査票」「学校生活管理指導表」「健康観察表」「児童生徒理解・支援シート」等の記録を活用する。 　特に，児童生徒は，身体症状を主訴として保健室に来室することが多いため，日常的な記録用紙は，「保健室来室記録用紙」を用いる。「保健室来室記録用紙」には，一覧表や個人カード，問診票，チェックリスト等の様式があり，健康相談の対象者の把握や健康課題の背景の把握等において活用することができる。また，不登校児童生徒の状況については「保健室登校記録用紙」を用いる。「保健日誌」には，その日の保健行事や養護教諭の活動を記録するとともに，継続的な支援を行っている児童生徒の状況を記録し，管理職等に報告をする。 　日常的な記録用紙以外では，学校医・学校歯科医・学校薬剤師による健康相談の記録を記入する「学校医執務記録簿」「学校歯科医執務記録簿」「学校薬剤師執務記録簿」や事例検討会で用いる「実践事例記録用紙」がある。 　事例検討会は，児童生徒の状況を見極め，これまでの支援方針・方法について分析検討し，より効果的な支援を行うことを目的に開催する。事例検討会には，現在解決すべき事例や継続中の事例について関係者が課題を共有し，支援方法を検討するための会議と，終結した事例を検討することを通して問題解決の方法を学び，今後の支援に活用するための会議がある。 　「実践事例記録用紙」には，会議の目的や学校の実情に応じた様々な様式があり，内容例として以下の項目が挙げられる。

「実践事例記録用紙」の項目例

0 ．事例のタイトル（事例の特徴）　1 ．事例の概要（対象者の属性／事例の要旨）　2 ．本人の状態（既往歴／成育歴／ヘルスアセスメント／人間関係／家族の状況等）　3 ．この状況に対する本人や関係者の認識（本人／養護教諭／担任・管理職／保護者／学校医・主治医・ＳＣ・ＳＳＷ等）　4 ．背景要因の分析　5 ．対応にあたっての課題（解決すべき困難

や課題） 6．対応の状況（養護教諭の対応／担任・管理職・専門家等との連携・分担）
7．対応の結果 8．取り組みの振り返りなどの反省や課題（養護教諭の専門性／専門家を
活かすチームとしての対応に関わる調整役／専門家との連携・分担／保護者への対応等）
9．今後の対応（見通し／アフターフォロー）

（三木とみ子・德山美智子：新訂 養護教諭が行う健康相談・健康相談活動の理論と実践，ぎょうせい，2019，
P192に筆者加筆）

近年，学校において，保健室のＩＣＴ環境の整備や健康管理機能を有する統合型校務支援システムの導入が進んでいる。従来の紙媒体といったアナログ情報がデータ化され，児童生徒の状況が一元化されて共有されるなど記録の方法に変化が生じている。また，オンライン健康相談においては，児童生徒や保護者等の了解を得た上で，録音・録画・チャット画面のスクリーンショット等を記録として保管する場合もある。

③記録における留意点

養護教諭が行う健康相談の記録は，児童生徒に対応した後に振り返って記録する場合がほとんどである。そのため，記憶の新しいうちに記録することが大切である。日常的な記録用紙の他に備忘録等を携帯し，その都度，箇条書きでポイントを書き留めておくようにする。相談の内容や場面によっては，児童生徒に了解を得た上で，その場で記録をする場合もあるが，記録は最小限にとどめ，健康相談がおろそかにならないように留意する。

記録の書き方については，ＳＯＡＰ形式のように，主観的情報，客観的情報，アセスメント，計画（指導や支援）に分類して書く方法や，児童生徒の会話や行動，態度，表情などの観察情報と，養護教諭の児童生徒への関わりなどの事実を文章で書く方法等がある。どの方法も第三者に分かるように整理して書くことが重要である。

事例検討における記録については，事例の問題理解のための事実関係が明らかにできる情報や課題を解決するための方策，経過に基づく支援方針・方法の修正とその理由，児童生徒の変容と成長の要因，教職員や校内組織，保護者，関係機関，学校医等との連携等の視点で書く。健康相談の基本的なプロセスである「対象者の把握」「健康課題の背景の把握」「支援方針・支援方法の検討」「支援の実施と評価」が，用紙1枚で可視化できるように工夫をすることが望ましいが，記録をすることが負担にならないようにすることも大切である。

また，健康相談に関する記録用紙には，児童生徒の個人情報が記載されていることから，個人情報保護と守秘義務の遵守を踏まえて情報を活用する。事例検討会で使用する記録用紙にはその取扱いについて明記し，会議後に記録用紙を回収する場合もある。記録用紙の保管方法，保管場所，保管期間，保管責任者，守秘義務の範囲や情報の共有者の範囲などについては，学校であらかじめ協議し共通理解を図っておく必要がある。

(2)健康相談の評価
　①評価の目的と意義

健康相談は，マネジメントサイクル（ＰＤＣＡ）により計画的，組織的に実施される。そのため，健康相談の評価は，児童生徒の心身の健康課題について，目指すべき目標を設定し，学校や家庭，関係機関等による連携した取組が適切に実施できたかを点検し，取組の改善を行うことが目的である。

また，評価をすることにより，健康相談の技術や支援方法等が改善され，健康相談の取組が充実する，児童生徒の健康状態の改善や向上が期待できる，評価結果を共有することで，学校・家庭・関係機関等の連携協力による健康相談を推進することができる，健康相談に必要な環境整備等の改善措置を講じることができるなどの意義がある。

第3章　養護教諭の職務と役割・養護活動 **83**

②評価の種類

　養護教諭が行う健康相談の評価は，評価者によって自己評価と他者評価に分類することができる。自己評価は養護教諭自身が支援計画で設定した長期的，短期的な支援目標の達成状況や支援方法について振り返り，改善し，今後の支援に活かすために行う評価である。

　他者評価は，養護教諭以外の教職員や保護者，児童生徒，学校医，学校歯科医，学校薬剤師，スクールカウンセラー，スクールソーシャルワーカー，医療的ケア看護職員等による評価である。養護教諭が行う健康相談に対して，他者に意見を聞いたり，アンケートで回答してもらったりして，客観的に評価するもので，自己評価を行う上での指標となる。

　また，評価の時期によって，経過評価と成果評価に分類することもできる。経過評価は，支援の途中の段階で現状を点検し，目標や支援方針を確認したり，見直したりする評価である。成果評価は，支援の終結時や年度末に最終的，総括的に行う評価である。そして，児童生徒の健康問題が解決できたかという目標達成状況に着目するだけでなく，目標達成に向けた取組のプロセスが適切であったかを評価することも大切である。

　さらに，健康相談は学校保健活動の一つであるため，学校評価の保健管理の状況等の項目の中で包括的に評価をする。学校評価には，教職員による自己評価と，保護者などの学校関係者による学校関係者評価，外部の専門家による第三者評価がある。

③評価の方法

　評価方法として，評価者，評価の時期，評価の視点や項目・指標等をあらかじめ設定しておく。養護教諭の職務の特質や保健室の機能を活かした健康相談を行うことができたかを念頭に項目を作成するとよい。健康相談の評価の視点を以下に例示する。

健康相談の評価の視点例

- 児童生徒の心身の健康状態の変化やサインを発見することができたか。
- 児童生徒の心身の健康状態の変化やサインを関係教職員等で情報共有することができたか。
- 学校，家庭，関係機関等と連携し，情報を収集することができたか。
- 学校全体による継続的な支援の必要性について適切に判断できたか。
- 収集した情報を基に，課題の背景について分析することができたか。
- 事例検討会等で，長期目標，短期目標を設定することができたか。
- 事例検討会等で，支援方針・支援方法を検討できたか。
- 支援方針・支援方法を適切に実施することができたか。
- 教職員や保護者，専門スタッフ，関係機関等が連携して取り組み，それぞれの役割を果たすことができたか。
- 事例検討会等で原因を分析し，支援方針・支援方法を再検討することができたか。
- 児童生徒や保護者等に寄り添った支援ができたか。
- 個人情報の保護，守秘義務の遵守が適切であったか。
- 健康相談に関する記録は適切に作成され，保管できたか。
- 児童生徒の心身の健康問題が解決できたか。

（文部科学省：現代的健康課題を抱える子供たちへの支援～養護教諭の役割を中心として～，2017より筆者作成）

＜参考文献＞
1）教職員のための子どもの健康相談及び保健指導の手引作成委員会：教職員のための子供の健康相談及び保健指導の手引―令和3年度改訂―，公益財団法人日本学校保健会，2022
2）三木とみ子・徳山美智子：新訂　養護教諭が行う健康相談・健康相談活動の理論と実践，ぎょうせい，2019
3）学校保健の課題とその対応改訂委員会：学校保健の課題とその対応―養護教諭の職務等に関する調査結果から―令和2年度改訂，公益財団法人日本学校保健会，2021
4）公益財団法人日本学校保健会：保健室経営計画作成の手引　平成26年度改訂，2015
5）文部科学省：学校評価ガイドライン〔平成28年改訂〕，2016
6）文部科学省：現代的健康課題を抱える子供たちへの支援～養護教諭の役割を中心として～，2017

（髙田恵美子）

■■ 6 保健教育

1）養護教諭が行う保健教育・保健指導の歴史的変遷

【学びの達成目標】
①学習指導要領に示されている「保健」に関する目標や内容を踏まえ，保健教育の意義や目的，方法，養護教諭に求められる事項を理解している。（知識・技能）
②教育課程で保健教育がどのような場面で行われているか（保健科，特別活動等）について思考・判断し，それらを書いたり，他者に伝えたりすることができる。（思考・判断・表現）
③保健教育の学修に主体的に取り組むことができる。

教育職員である養護教諭にとって，保健教育は，保健管理と双璧をなす重要な職務である。成長過程にある児童生徒が生涯にわたって健康で安全な生活を送るために必要な力を育み，健康で安心・安全な社会づくりに貢献できるようになるための保健教育において，養護教諭の果たす役割は大きい。

養護教諭は，学級（ホームルーム）活動や学校行事等の特別活動で行われる保健の指導にもかかわる機会が比較的多い。各教科等の特質や，校種に応じた目標，単元や活動のねらい等をよく理解したうえで，学級担任等の教職員と連携し，児童生徒の実態を踏まえた指導をすることが大切である。

ここではまず，保健教育の位置づけや，養護教諭の保健教育への関わり方を理解する前提として，保健教育の歴史的な変遷を概観する。

(1)保健教育のはじまり

健康に関する教育は，1872（明治5）年に学制の制度が始まったときから行われていた。小学校の教則に教科「養生法」があり，西洋の衛生学を参考に，飲食や人体生理等に関して教師が口授を行った。しかしその後の改正により，健康に関する内容は，特定の教科でなく「修身」「理科」，女学校の「家事」等の教科で扱われるようになった。当時は「保健」でなく「衛生」という言葉が用いられていた。

1920年代（大正〜昭和時代初期）以降，アメリカの"Health Education"を参考に衛生教育を進めようとする動きが起こり，衛生習慣の訓練（実践の指導）を行う学校が増加した。後年の保健指導は，この延長上にあると考えられる。

1929（昭和4）年，養護教諭の前身である学校看護婦に関する文部省訓令「学校看護婦に関する件」には，執務事項のひとつとして「身体，衣服の清潔その他の衛生訓練に関すること」が挙げられていた。この時代既に保健教育に相当する職務があったことがわかる。当時の文部省学校衛生官岩原拓氏は著書で「衛生訓練は学校看護婦の領域である」と記しており，これは「学校看護婦が教育職員として位置づけられるにいたる前提としての意味をもつ」と小倉は述べている。

養護訓導が制度化された国民学校では，戦時下の時代背景から，強健な身体を作るための「体錬科」が設定され，その内容のひとつに，身体の清潔，皮膚の鍛錬，救急看護の内容を含む「衛生」が位置づけられた。それは知識よりも実践的訓練が重視された内容であった。

保健教育が現在のような形になったのは第二次世界大戦後である。1947（昭和22）年，保健体育の学習指導要領の原型ともいえる『学校体育指導要綱』が公表された。体育には「運動」と「衛生」の2つの分野が示され，「衛生」の内容には衛生訓練だけでなく，知識教授の内容が加えられた。その後，中学校と高等学校の「体育科」の名称は「保健体育科」と改められ，保健は体育と合わせた一つの教科として確立された（小学校では1958年学習指導要領改訂から）。また，1949

（昭和24）年に作成された「中等学校保健計画実施要領（試案）」では，「健康教育」の名称でその重要性が示された。これらはいずれも米国教育視察団報告書等の指摘を受け，望ましい保健教育を目指したものであった。

(2)保健教育の用語の変遷

学習指導要領で教科（保健体育等）における保健教育が位置づけられて以降，教科での保健教育を「保健学習（当初は「保健教授」と呼称）」，それ以外の実践的な保健教育を「保健指導」と称するようになった。

1971（昭和46）年の学習指導要領改訂では，特別活動に保健指導の内容が位置づけられた。それにより，「保健指導」は学級活動や学校行事等の特別活動を中心として，その他の集団指導や個別指導とともに教育活動全体を通じて行うものと捉えられるようになった。1973（昭和48）年には文部省が「小学校保健指導の手引き」を作成し，その普及を図った。そして「保健学習」と「保健指導」それぞれの特性に基づく指導により，保健教育の効果を高めることが期待された。

その一方で，引き続き「健康教育」という用語も用いられていた。「保健教育」と「健康教育」は，いずれもhealth educationの訳語である。「中等学校保健計画実施要領（試案）」を踏まえ，学習指導要領の内容に捉われず自主的に健康教育を推進しようとする動きもみられ，意識的に「健康教育」と称するものもあった。結果的に，複数の用語が長期間併用して使われてきたといえる。

1988（昭和63）年，文部省機構改革の一環として，学校保健課と学校給食課が統合され，文部省体育局学校健康教育課が設置された。保健安全教育と学校給食の総合的推進を図るためであった。その際の体育局長通知において「健康教育とは，心身の健康の保持増進を図るために必要な知識及び態度の習得に関する教育をいう」と示され，健康教育は，学校保健，学校安全，学校給食・食育を含む幅広い概念と捉えられるようになった。

2016（平成28）年12月，中央教育審議会の答申「幼稚園，小学校，中学校，高等学校及び特別支援学校の学習指導要領等の改善及び必要な方策等について」において，次のような指摘がなされた。

―従来，教科等を中心とした「安全学習」「保健学習」と特別活動等による「安全指導」「保健指導」に分類されている構造については，資質・能力の育成と，教育課程全体における教科等の役割を踏まえた再整理が求められる。―

この答申を踏まえ，平成29・30年度改訂の学習指導要領及び解説では，「保健学習」「保健指導」を使用せず，教科等の名称を用いることになった。従来の保健指導は，「特別活動における保健の指導」「日常生活における指導及び子どもの実態に応じた個別指導」と表すことになった。そして教科等での集団指導と日常生活における指導，子供の実態に応じた個別指導を関連させながら進めていく必要があることが示されている。

(3)保健教育における個別指導

保健教育における個別指導とは，児童生徒一人ひとりの健康に関する興味や関心，発育・発達や保健の学習課題等を踏まえた個別の指導と言える。一人ひとりの資質・能力を高めていくことを念頭に，児童生徒が自身の課題を解決できるようにするための指導を指す。個別指導の実施に当たっては，児童生徒の状況に応じて，適宜，健康相談や保健指導につなげることも想定される。

一方，これとは別に，学校保健安全法第9条では，健康相談や日常的な健康観察により健康上の問題があると認められる児童生徒等に対する指導や保護者に対する助言を「保健指導」とし，養護教諭を中心として，関係教職員の協力の下で実施するものと位置づけられている。

	学校保健安全法の定めによる「保健指導」は，保健管理の一環として行われるものであり，保健教育における個別の指導と同一のものではない。
(4)養護教諭のかかわり	深刻化する子供の現代的な健康課題の解決に向けて，養護教諭の有する知識及び技能等の専門性を保健教育に生かすことが期待されている。前述のとおり，「教科における保健教育」「学級活動等における保健の指導」と「保健教育における個別指導」，保健管理としての「保健指導」とはそれぞれ異なる位置づけのものである。しかし養護教諭はそのいずれにもかかわる。保健教育の授業に専門的立場を生かしてティーム・ティーチングの一員として参画する，保健室で収集した情報や専門知識を生かした教材や資料を提供する，随時個別の指導に関わる，など様々な場面が考えられる。いずれの場合も学級担任や教科担任をはじめとする教職員と連携をはかり，協力体制を確立することが大切である。
(5)兼職発令制度	1998（平成10）年，教育職員免許法の一部改正にあたり，附則に養護教諭の兼職発令に関する項目が新設された（当時附則第18項，現在第14項）。養護教諭が保健の教科の教員免許状を有するか否かに関わらず，養護教諭の免許状を有し，養護教諭（又は養護をつかさどる主幹教諭）として3年以上の勤務経験がある場合に，その勤務校で保健の教科の授業を担当する教諭又は講師を兼ねることを可能とする規定である。 これは，当時の中央教育審議会や保健体育審議会において，様々な健康の現代的課題が指摘されるなか，養護教諭の有する知識及び技能の専門性を教科指導に活用する観点から，制度的措置を講じたものである。

教育職員免許法

附則14 養護教諭の免許状を有する者（三年以上養護をつかさどる主幹教諭又は養護教諭として勤務したことがある者に限る。）で養護をつかさどる主幹教諭又は養護教諭として勤務しているものは，当分の間，第三条の規定にかかわらず，その勤務する学校（幼稚園及び幼保連携型認定こども園を除く。）において，保健の教科の領域に係る事項（小学校，義務教育学校の前期課程又は特別支援学校の小学部にあつては，体育の教科の領域の一部に係る事項で文部科学省令で定めるもの）の教授を担任する教諭又は講師となることができる。

公布にあたり，次のような留意事項も発出されている（平成10年6月25日文教教第234号の通知の一部抜粋）。

①養護教諭が教諭又は講師を兼ねるか否かについては，各学校の状況を踏まえ，任命権者又は雇用者において，教員の配置や生徒指導の実情等に応じ，教育指導上の観点から個別に判断されるべき事柄であり，本来の保健室の機能がおろそかになるような事態を招くことのないよう，留意する必要がある。

②養護教諭が年間の教育計画に基づき，組織的・継続的に，保健の領域に係る事項のうち一定のまとまった単元の教授を担任する場合にあっては，当該養護教諭を教諭又は講師として兼ねさせる発令が必要となること。

兼職発令を受けるに当たっては，校長はじめ全教職員の理解を得て校内の協力体制を確立する，保健室不在時の体制を学校の実態に応じて工夫するなどの事前の調整が大切である。

＜参考文献＞
1）文部省監修・日本学校保健会編集：学校保健百年史，第一法規，1973
2）公益財団法人日本学校保健会：日本学校保健会百年史，2021
3）岩原拓：学校看護法大意，右文館，1928
4）小倉学：養護教諭―その専門性と機能―，東山書房，1970
5）面澤和子：中学・高校教諭免許（保健）と養護教諭―健康に関する教育の専門性と専門職養成―，学校保健研究51，2010
6）七木田文彦：健康教育教科「保健科」成立の政策形成―均質的健康空間の生成―，学事出版会，2010
7）公益財団法人日本学校保健会：保健教育における個別指導の考え方，進め方，2024

（鈴木　裕子）

2）保健教育とは

学校における保健教育とは，「小学校体育科保健領域，中学校保健体育科保健分野，高等学校保健体育科科目保健ならびに生活科，理科，家庭科，技術・家庭科，社会科，道徳などの関連教科，総合的な学習の時間，特別活動，保健室における個別指導や日常の学校生活での指導において行われる健康・安全に関する教育[1]」のことをいう。

また，保健教育は，学校保健を構成する2つの領域のうちの一つである。子供たちの健康の保持増進を図る上で，保健教育と保健管理は車の両輪のような役割をしており，それらを円滑に進めるための原動力になっているのは保健組織活動である。保健教育と保健管理はそれぞれに独立して実施していくものではなく，相互に関連し合いながら有機的に展開していくことによってより大きな成果が期待できる。したがって，保健教育は，学校保健安全法第9条に定められる保健管理としての保健指導とも密接に関連される必要がある。

さらに，保健教育と近接しているものとして健康教育がある。「学校における健康教育は，保健教育，安全教育，学校給食・食育，体力づくり，保健管理を通じて行われる保健指導などを含むもの[1]」であり，健康教育は保健教育を含めた広い概念として捉えられたものである。

(1)保健教育の学習指導要領の位置づけ

学習指導要領には，全国のどの地域で教育を受けても，一定の水準の教育を受けられるようにするため，学校教育法等に基づき各学校で教育課程（カリキュラム）を編成する際の基準が定められている。また，小学校，中学校，高等学校等ごとに，それぞれの教科等の目標や大まかな教育内容も示されている。これとは別で，学校教育法施行規則には，小・中学校の教科等の年間の標準授業時数等が定められている。各学校では，学習指導要領や年間の標準授業時数等を踏まえ，地域や学校の実態に応じて，教育課程を編成していく。

小学校学習指導要領第1章総則第1小学校教育の基本と教育課程の役割2（3）には，学校における体育・健康に関する指導について以下のように記載されている。

小学校学習指導要領第1章総則第1　小学校教育の基本と教育課程の役割2（3）

学校における体育・健康に関する指導を児童の発達の段階を考慮して学校の教育活動全体を通じて適切に行うことにより，健康で安全な生活と豊かなスポーツライフの実現を目指した教育の充実に努めること。特に，学校における食育の推進並びに体力の向上に関する指導，安全に関する指導及び心身の健康の保持増進に関する指導については，体育科，家庭科及び特別活動の時間はもとより，各教科，道徳科，外国語活動及び総合的な学習の時間などにおいてもそれぞれの特質に応じて適切に行うよう努めること。また，それらの指導を通して，家庭や地域社会との連携を図りながら，日常生活において適切な体育・健康に関する活動の実践を促し，生涯を通じて健康・安全で活力ある生活を送るための基礎が培われるよう配慮すること。

学校における体育・健康に関する指導は，子供たちの発達の段階を考慮して，学校の教育活動全体を通じて行われる必要がある。小学校体育科保健領域，中学校保健体育科保健分野，高等学校保健体育科科目保健を中心としてこれらは保健科教育とも呼ばれ，扱う内容は学習指導要領に示されている[1]。そのほか，家庭科，技術・家庭科，特別活動，社会科，道徳，総合的な学習（探究）の時間などといった関連教科等，そして，保健室における個別指導や日常の学校生活での指導も保健教育に含まれる。このように学校教育活動の様々な場で保健教育は展開されるが，それぞれの特質に応じて適切に行うことが重要となる。

また，小学校学習指導要領第1章総則第1　4には，「各学校においては，児童や，学校，地域の実態を適切に把握し，教育の目的や目標の実現に必要な教育

の内容等を教科等横断的な視点で組み立てていくこと，教育課程の実施状況を評価してその改善を図っていくこと，教育課程の実施に必要な人的又は物的な体制を確保するとともにその改善を図っていくことなどを通して，教育課程に基づき組織的かつ計画的に各学校の教育活動の質の向上を図っていくこと（以下「カリキュラム・マネジメント」という。）に努めるものとする[2]」と示されている。保健教育の実施においても，教科等のそれぞれの特質を捉えた上で，相互を関連させて実施していく必要がある。また，個々の児童が抱える課題の解決に向けた個別指導と関連させて支援することも重要である。保健教育の体系図を以下に示す。

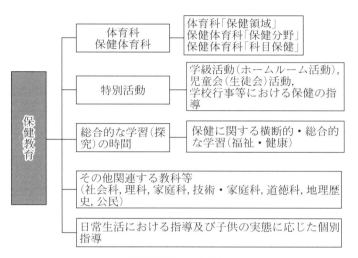

「保健教育の体系図」

文部科学省：小学校保健教育参考資料　改訂　「生きる力」を育む小学校保健教育の手引（2019年），中学校保健教育参考資料　改訂　「生きる力」を育む小学校保健教育の手引（2020年），高等学校保健教育参考資料　改訂　「生きる力」を育む小学校保健教育の手引（2021年）を基に作成

(2)保健教育のねらい

保健教育のねらいは，小学校学習指導要領第1章総則第1小学校教育の基本と教育課程の役割2（3）に，「学校における体育・健康に関する指導を，児童（中・高等学校：生徒）の発達の段階を考慮して，学校の教育活動全体を通じて適切に行うことにより，健康で安全な生活と豊かなスポーツライフの実現を目指した教育の充実に努めること」と示されている。この趣旨に基づき，保健教育の目標は，小学校，中学校，高等学校を通じて，「生活環境の変化に伴う新たな健康課題を踏まえつつ，児童生徒が積極的に心身の健康の保持増進を図っていく資質・能力を身に付け，生涯を通じて健康・安全で活力ある生活を送るための基礎を培うこと[3)4)5]」とされている。

また，「幼稚園，小学校，中学校，高等学校及び特別支援学校の学習指導要領等の改善及び必要な方策等について（答申）」（中央教育審議会，平成28年12月21日）では，変化の激しいこれからの社会を生きていくために必要な資質・能力の総称である「生きる力」を育むという目標は変わらず，「何ができるようになるか」という視点で身に付けたい資質・能力を3つの柱として整理した。

① 「何を理解しているか，何ができるか（生きて働く「知識・技能」の習得）」
② 「理解していること・できることをどう使うか（未知の状況にも対応できる「思考力・判断力・表現力等」の育成）」
③ 「どのように社会・世界と関わり，よりよい人生を送るか（学びを人生や社会に生かそうとする「学びに向かう力・人間性等」の涵養）」

第3章　養護教諭の職務と役割・養護活動　89

これら３つの力を育成するには，知識の量を削減せず，質の高い理解を図る学習過程の質的改善を図ることが必要であり，その実現のために，保健教育においても児童生徒の主体的・対話的で深い学び（アクティブ・ラーニング）の実現に向けた授業改善を行っていく必要がある。中教審答申で示された〔身に付けたい健康・安全・食に関する資質・能力〕を以下に示す。

【身に付けたい健康・安全・食に関する資質・能力】

（知識・技能）
　様々な健康課題，自然災害や事件・事故等の危険性，健康・安全で安心な社会づくりの意義を理解し，健康で安全な生活や健全な食生活を実現するために必要な知識や技能を身に付けていること。
（思考力・判断力・表現力等）
　自らの健康や食，安全の状況を適切に評価するとともに，必要な情報を収集し，健康で安全な生活や健全な食生活を実現するために何が必要かを考え，適切に意思決定し，行動するために必要な力を身に付けていること。
（学びに向かう力・人間性等）
　健康や食，安全に関する様々な課題に関心を持ち，主体的に，自他の健康で安全な生活や健全な食生活を実現しようとしたり，健康・安全で安心な社会づくりに貢献しようとしたりする態度を身に付けていること。

【中学校　指導案（例）】

○教育課程上の位置付け
　特別活動　学級活動として教育課程上位置付け，朝の活動の時間に10分間で実施することを想定した指導案である。
○実践のポイント
　部活動や定期試験など，これまでに経験したことがない事柄が一気に押し寄せる中学校１年生の１学期は，口には出さないものの，様々な不安や悩み，ストレスを抱えている。それらを円滑に乗り越えていくためには，手軽に実践でき，かつ，自分に合った適切な対処の方法を実践していくことが重要となる。
　授業内では，ストレスへの対処の方法の一つである，信頼できる人や専門家への相談先として，保健室や相談室があることを紹介し，必要な際に活用するよう促す。また，手軽にできる対処の方法の一つとして10秒呼吸法を紹介し，皆で体験する。実施の際は，呼吸法の効用となぜその効用が得られるのかについてメカニズムを説明することで，養護教諭の専門性を生かした指導を展開できるようにする。

学級活動(2)指導案

令和○年　○月○日（○）　第○時限
教室

第１学年○組
指導者　　　○○　　○○

1　題材名　「ストレスへの対処」
　　　　学級活動(2)日常の生活や学習への適応と自己の成長及び健康安全
　　　　エ　心身ともに健康で安全な生活態度の形成や習慣の形成

2　本時の活動
○ねらい
　ストレスへの対処の方法として，10秒呼吸法を身に付けることができるようにする。
【知識及び技能】

(2)展開

時間	学習活動・内容	指導上の留意点（○）及び評価を生かした支援（→）
導入 3分	1　ストレスへの対処の方法について，クラス全体で共有する。	○対処の方法を発表する際は，意見を否定せず，称賛するように伝えることで，あたたかな雰囲気の下でワークを展開できるようにする。 ○部活動や定期試験など，小学校にはなかった新たな活動がスタートして，様々な不安や悩み，ストレスを抱えているが，それに適切に対処していくことが重要であることを感じることで，ストレスマネジメントに対する意欲を高めることができるようにする。
	ストレスへの対処の方法には，どのようなものがあるだろうか。	

展開 6分	2　ストレスへの対処の方法には，①原因への対処，②原因のとらえ方を変える，③気分転換やリラクゼーション，④信頼できる人や専門家への相談という方法があることを知る。	○主なストレスへの対処方法を知ることで，多角的な方法でストレスに対処することができるようにする。 ○④の一つに，養護教諭や相談員への相談があることを伝え，必要な際には活用するよう促す。
	3　10秒呼吸法を体験する。 (1)姿勢を整える（椅子の背もたれに軽くもたれ，ひざは鈍角にし，両手は脚の上にのせ，首は軽くうなだれる。）。 (2)目を閉じられる人は静かに閉じる。 (3)全部息を吐く。 (4)1・2・3と鼻から息を吸って，4で止めて，5・6・7・8・9・10　で口から吐き出す。	○リラクゼーションの一つである10秒呼吸法を紹介し，腹式呼吸は，副交感神経系の活動を優位にさせる効果があることを伝える。 ○はじめは上手にできないかもしれないが，繰り返し行っていくことで熟達してその効用を感じることができるようになることを説明する。 ○実施の際は，音楽を流したり，肯定的な言葉がけをしたりして，リラックスできるような雰囲気づくりを工夫する。
		ストレスへの対処の方法として，10秒呼吸法を身に付けている。【知識・技能】
		＜努力を要すると判断する状況（ c ）の生徒への手立て＞ →呼吸法を行うことができていない生徒は，上手に息を吐きだすことができないことが考えられるため，背中をさすったり，隣でリズムをとったりするようにする。
	4　終了覚醒動作を行う ①腕を前に突き出して手を開いたり閉じたりする。 ②腕を肘から曲げたり伸ばしたりする。 ③両手を組んで，思いきり背伸びを2～3回する。	○次の活動を円滑に行うために，終了覚醒動作を十分に行うように指示する。
まとめ 1分	5　本時のまとめをする。	○呼吸法など，手軽にできて，かつ，自分に合った方法を日々の生活に取り入れていくことが上手にストレスをコントロールしていくことにつながることを確認し，本時のまとめとする。

（久保田美穂）

＜参考文献＞
1）日本養護教諭教育学会：養護教諭の専門領域に関する用語の解説集＜第三版＞，2019
2）文部科学省：小学校学習指導要領，2017
3）文部科学省：小学校保健教育参考資料　改訂　「生きる力」を育む小学校保健教育の手引，2019
4）文部科学省：中学校保健教育参考資料　改訂　「生きる力」を育む中学校保健教育の手引，2020
5）文部科学省：高等学校保健教育参考資料　改訂　「生きる力」を育む高等学校保健教育の手引，2021
6）文部科学省：中央教育審議会，「幼稚園，小学校，中学校，高等学校及び特別支援学校の学習指導要領等の改善及び必要な方策等について」（答申），2018年年12月21日

（久保田美穂）

3）教育課程・カリキュラム・マネジメント

【学びの達成目標】
①教育課程やカリキュラム・マネジメントを理解している。（知識・技能）
②教育課程における養護教諭の役割を通じて養護教諭の企画力・実行力・調整力についての課題を発見・分析し，その解決を目指して科学的に思考・判断し，それらを書いたり，他者に伝えたりすることができる。（思考・判断・表現）
③教育課程やカリキュラム・マネジメントの学修に主体的に取り組むことができる。

- 総則とカリキュラム
- マネジメント

「校内研修シリーズ No.10」文部科学省

①教育課程とは，学校教育の目的や目標を達成するために，教育の内容を子供の心身の発達に応じ，授業時数との関連において総合的に組織した学校の教育計画であり，その編成主体は各学校である。各学校には，学習指導要領等を受け止めつつ，子供たちの姿や地域の実情等を踏まえて，各学校が設定する教育目標を実現するために，学習指導要領等に基づきどのような教育課程を編成し，どのようにそれを実施・評価し改善していくのかという「カリキュラム・マネジメント」の確立が求められる[1]。教育課程編成の責任者は学校長であるが，養護教諭は教育課程編成の際には，健康面からの助言等の役割を果たすことが求められる。また，学校保健活動の中核的役割を担う養護教諭が専門性を活かし協働して，保健教育の系統的な指導計画を各校の教育課程に位置付け組織的に取り組む必要がある。

②「カリキュラム・マネジメント」とは，学習指導要領総則の中で，各学校においては，子供たちや学校，地域の実態を適切に把握し，教育の目的や目標の実現に必要な教育の内容等を教科等横断的な視点で組み立てていくこと，教育課程の実施状況を評価してその改善を図っていくこと，教育課程の実施に必要な人的又は物的な体制を確保するとともにその改善を図っていくことなどを通して，教育課程に基づき組織的かつ計画的に各学校の教育活動の質の向上を図っていくこととされている[2]。

ⅰ）「カリキュラム・マネジメント」の重要性

「カリキュラム・マネジメント」については，「社会に開かれた教育課程」の実現を通じて子供たちに必要な資質・能力を育成するという学習指導要領等の理念を踏まえ，以下の三つの側面から捉えられる[1]。

- 各教科等の教育内容を相互の関係で捉え，学校の教育目標を踏まえた教科横断的な視点で，その目標の達成に必要な教育の内容を組織的に配列していくこと。
- 教育内容の質の向上に向けて，子供たちの姿や地域の現状等に関する調査や各種データ等に基づき，教育課程を編成し，実施し，評価して改善を図る一連のＰＤＣＡサイクルを確立すること。
- 教育内容と，教育活動に必要な人的・物的資源等を，地域等の外部の資源も含めて活用しながら効果的に組み合わせること。

ⅱ）教育課程全体を通しての取組

これからの時代に求められる資質・能力を育むためには，各教科等の学習とともに，教科横断的な視点で学習を成り立たせていくことが課題となる。そのため，各教科等における学習の充実はもとより，教科等間のつながりを捉えた学習を進める観点から，教科等間の内容事項について，相互の関連付けや横断を図る手立てや体制を整える必要がある[1]。

このため，「カリキュラム・マネジメント」を通じて，各教科等の教育内容を相互の関係で捉え，必要な教育内容を組織的に配列し，更に必要な資源を投入す

る営みが重要となる。個々の教育活動を教育課程に位置付け，教育活動相互の関係を捉え，教育課程全体と各教科等の内容を往還させる営みが，「カリキュラム・マネジメント」を支えることになる。

　特に，特別活動や総合的な学習の時間の実施に当たっては，カリキュラム・マネジメントを通じて，子供たちにどのような資質・能力を育むかを明確にすることが不可欠である。

　養護教諭は専門性を活かして，各教科だけではなく，特別活動，道徳，総合的な学習の時間等で保健教育を実施しており，教育課程全体で取り組む課題として，福祉教育，環境教育，防災・安全教育，食育等にも携わっているため，その必要性を理解し，日々の実践等についても，教育課程全体の中での位置付けを意識しながら取り組む必要がある。

③教育課程における養護教諭の役割（各教科，特別活動，道徳，総合的な学習の時間）

　学習指導要領において，教科等横断的な視点に立って育成されるべきものとして，現代的な諸課題に対応して求められる資質・能力が示された。その第一に挙げられているのが健康・安全・食に関する力である[2]。

　この資質・能力をはぐくむために，教科等間相互の連携を図ることが重要となることから，体育科や保健体育科と他教科との横断的学習が展開されることが期待されている。

　また，現在の子供には肥満・痩身，生活習慣の乱れ，メンタルヘルスの問題，アレルギー疾患の増加等，多様な課題が生じている。また，身体的な不調の背景には，いじめ，児童虐待，貧困等の問題が関わっていることもあり，子供は，多様化・複雑化した現代的な健康課題を抱えている。このような中，養護教諭にはすべての子供が生涯にわたって健康な生活を送るために必要な力を育成する取り組みを，他の教職員や家庭・地域と連携しつつ日常的に行うことが求められている[3]。

　学習指導要領には，指導体制の工夫に当たっては，教師一人ひとりにも得意の分野など様々な子供の発達の支援特性があるので，それを生かしたり，学習形態によっては，教師が協力して指導したりすることにより，指導の効果を高めるようにすることが大切である。その具体例としては，ティーム・ティーチング，合同授業などの実際の指導場面におけるもののほか，指導案の作成，教材・教具の開発，共同研究や研修，他の学校との連携，協力などが考えられ，各学校の実態に応じて工夫することが望ましいとされている[4]。

　文部科学省は，養護教諭及び栄養教諭の標準的な職務の明確化に係る学校管理規則の参考例として，各教科等における指導に関することとして，各教科等における指導への参画の中で，ティーム・ティーチング，教材作成等をあげ[5]，食育その他の心身の健康の保持増進に関する指導において，専門性を有する養護教諭や栄養教諭の積極的な参画・協力を得たりすること，学校内にとどまらず，学校外の様々な分野の専門家の参加・協力を得たりすることなど様々な工夫を行い，指導の効果を高めることが大切であると説明している[4]。

　このように，子供の現代的な健康課題の解決に向けて，学級担任や教科担任等と連携し，養護教諭の有する知識や技能などの専門性を保健教育に活用することがより求められていることから，養護教諭はティーム・ティーチングや兼職発令を受け，積極的に保健教育に参画していただきたい。

第3章　養護教諭の職務と役割・養護活動　**93**

④養護教諭の企画力・実行力・調整力，マネジメント力

　中央教育審議会は，「子どもの健康づくりを効果的に推進するためには，学校保健活動のセンター的役割を果たしている保健室の経営の充実を図ることが求められ，養護教諭はコーディネーターの役割を担う必要がある」[6]と述べている。

　養護教諭のコーディネーターの役割とは，校長のリーダーシップの下，教職員がチームとして力を発揮する中の一員として，個々の子供たちの心身の健康問題への対応における連絡調整や学校保健活動に関する役割，学校内，地域医療機関等との連携を推進するための役割，保健室経営の充実を図る役割，子供の現代的な健康課題への適切な対応などの早期発見，早期対応に果たす役割などが挙げられる[7]。

　保健室経営においては，多様化した児童生徒の心身の健康課題を解決し，健康づくりを推進するためには，学校経営に学校保健を明確に位置づけ，計画的・組織的に学校保健活動を推進できるようにすることが重要である。保健室は，保健管理，保健指導，組織活動等，学校保健のセンター的役割がいっそう求められる。

　子供の健康づくりを効果的に推進するためには，学校保健活動のセンター的役割を果たしている保健室の経営の充実を図ることが求められる。そのためには，養護教諭は保健室経営計画を立て，教職員に周知を図り連携していくことが望まれる[6]。

　養護教諭が学校保健活動の推進を行うためには，企画力，実行力，調整能力が必要であり，保健室経営の視点に立ったマネジメント力や，教職員や保護者のみならず，地域の関係機関等の多職種の方々と連携する力であるコーディネート力が求められている。

⑤ＩＣＴを活用した実践例

　「ＩＣＴを活用した保健組織活動　全校オンライン『げんき会議』～メディアバランスを整えるために，自分ができることを考えよう～」の実践[8]を紹介する。

　この実践は，「全教職員で全児童を見る」ことを意識し，学校での出来事のほかに家庭の状況なども共通理解するよう努め，ＩＣＴを活用した教育を特色の1つとした特認校の実践である。ＩＣＴ活用の一方で，子供たちのネットトラブルやＩＣＴ機器の使い過ぎなどについて，養護教諭としてできることを考え，保健室経営計画で「ネット依存に関する取組を継続的に行う」と掲げて実践されたものである。

　「デジタル・シティズンシップ教育の中の『メディアバランス』について学校全体で考える」という取組を，校内研究推進委員会と連携して，教科等横断的な視点で組み立て，保健組織活動として全校オンライン会議「げんき会議」が取り組まれた。「げんき会議」に向けて校内研修をし，研究・情報担当教諭からは「デジタル・シティズンシップ」や「メディアバランス」について理解を深める内容を，養護教諭の立場から，①本校の視力の実態，②「メディアバランス」に関する指導の必要性，③「げんき会議」で子供に見せるスライドの詳細説明（具体的な根拠やデータ），④今後課題となるであろう「ゲーム障害」について子供たちの視力の実態などを共有された。子供たちが「げんき会議」で宣言したことを自律的に実行できるようにするために，保護者の協力も必要なため，「子供たちのメディア生活バランスを整える」を配布し，家庭で保護者と一緒に読むよう

に工夫している。実践を通して，教職員がそれぞれの専門性を発揮して「組織」として活動することが，子供の保健教育を効果的に進める上で重要であると再認識することができたと報告している。

<参考文献>
1）文部科学省：学習指導要領等の理念を実現するために必要な方策，2015.11
2）文部科学省：小学校学習指導要領（平成29年告示）総則，2017.3
3）文部科学省：現代的健康課題を抱える子供たちへの支援〜養護教諭の役割を中心として〜，2017.3
4）文部科学省：小学校学習指導要領（平成29年告示）解説　体育編，2017.3
5）文部科学省：養護教諭及び栄養教諭の標準的な職務の明確化に係る学校管理規則の参考例等の送付について（通知），2023.7
6）文部科学省：中央教育審議会，「子どもの心身の健康を守り，安全・安心を確保するために学校全体として取組を進めるための方策について」（答申），2009.1
7）中村美智恵，大崎千夏，佐藤由紀子他：学校保健活動における養護教諭のマネジメント力（企画力・連携力）の変化，日本健康相談活動学会誌15（1），2020
8）大川尚子，岩﨑保之，塚原加寿子他：養護教諭のためのICT活用術，健学社，2024.3

（大川　尚子）

4）養護教諭が行う保健教育と実際

【学びの達成目標】
①カリキュラム・マネジメントの視点に立った保健教育や養護教諭の専門性を生かした集団への保健教育を理解している。（知識・技能）
②養護教諭の専門性を生かした保健教育について，その場面を想定して課題を発見・分析し，その解決を目指して科学的に思考・判断し，それらを書いたり，他者に伝えたりすることができる。（思考・判断・表現）
③養護教諭が行う保健教育の実際の学修に主体的に取り組むことができる。（主体的に学習に取り組む態度）

(1)学習指導要領上の教科保健，特別活動，総合的な学習（探究）の時間，特別の教科　道徳等における保健教育の位置づけ

　学校における保健教育は，教科の体育科，保健体育科，特別活動，総合的な学習（探究）の時間，その他関連する教科等，及び日常生活における指導及び子供の実態に応じた個別指導において実施される。体育科，保健体育科などの教科においては，健康・安全についての科学的認識の発達を目指し，基礎的・基本的事項を理解させ，思考力，判断力を高め，適切な意思決定や行動選択ができることを目的としている。特別活動においては，当面する健康課題を中心に取り上げ，具体的な課題解決ができる資質や能力，さらには望ましい習慣の形成を目指している。総合的な学習（探究）の時間では変化の激しい社会に対応して，健康課題に対して探究的な見方・考え方を働かせ，横断的・総合的な学習を行うことを通して，よりよく課題を解決し，自己の生き方を考えていくための資質・能力を育成することを目標にしている。特別の教科　道徳では，自他の健康や安全，生命の尊さなどの課題を多面的に考えさせ，よりよく生きるための道徳性を養っている。さらに，日常生活における指導及び子供の実態に応じた個別指導では，個々の児童生徒の心身の健康問題の解決に向けて，自ら積極的に解決していこうとする自主的・実践的な態度の育成を図っている。学校における保健教育は，カリキュラム・マネジメントの視点から，適切に学校保健計画に位置付けられ，地域，家庭との連携を図り全教職員で行うことが求められている。

(2)養護教諭の専門性を生かした実践の在り方と関わり方

　養護教諭は教職員の中で唯一，医学，看護，心理などの知識を備えた存在であり，また常に子供の発育・発達の視点を持ち，心身の健康状態やその変化を観察し，チーム学校の一員として子供たちの健康課題の解決に貢献している。

　保健教育への関わり方には，主に以下の4点がある．1点目は保健に関わる教科の授業にティーム・ティーチング，あるいは兼職発令を受け参画すること。2点目は特別活動領域での学級活動，ホームルーム活動，学校行事，児童生徒保健委員会を通して集団への保健指導を行うこと。3点目は健康診断，健康相談，健康観察等で課題があると思われる児童生徒への個別の保健指導を行うこと。4点目は保健だより，掲示物，ホームページなどを用いて保健に関する啓発活動を行うことである。

第3章　養護教諭の職務と役割・養護活動　　**95**

| ①教科保健における保健教育の実践 | 　教科における保健教育に参画する際には，学習指導要領を読み込み，単元を学ぶ目的やねらいを明確にすることや，児童生徒の実態を踏まえて，子供にこのような姿になってもらいたいとの願いを持って授業を作ることが重要である。また授業のねらいを達成するために，どのような教材を用いるのか，どのような学習活動を取り入れるのかなどの指導方法を工夫することも大切である。 |

第２学年○組　保健体育科（保健分野）学習指導案

指導日時
指導学級
指導者名

1　単元名　　　　　　　　　　傷害の防止
2　単元の目標
(1)傷害の発生要因，交通事故や自然災害による傷害の防止，応急手当の意義と実際について理解することができるようにするとともに，心肺蘇生法などの技能を身につけることができるようにする。（知識・技能）
(2)傷害の防止に関わる事象や情報から自他の課題を発見し，危険の予測を基に危険を回避したり，傷害の悪化を防止したりする方法を考え，適切な方法を選択し，それらを伝えたり，表したりすることができるようにする。（思考・判断・表現）
(3)傷害の防止について関心をもち，主体的に学習の進め方を工夫・調整し，粘り強く学習に取り組もうとすることができるようにする。（主体的に学習に取り組む態度）
3　単元について
(1)生徒観　部活動や体育の授業などのケガが多く，また，学校外においても自転車の事故にあった生徒がおり傷害を防ぐための意識や安全な行動が身についていない。
(2)単元観　傷害の防止には人的要因，環境要因が関わりあって発生すること，危険を予測し回避する方法を身につけること，適切な対策によって防止することを理解させるものである。
(3)指導観　中学生の身近な生活における危険を予測し回避できる力をつけさせるために，事例を用いたケーススタディや心肺蘇生法や応急手当の実習を取り入れ生徒自身が実践できるようにする。
4　単元の評価規準

知識・技能	思考・判断・表現	主体的に学習に取り組む態度
①傷害は，その発生要因が相互に関わり合って起こることを言ったり書いたりしている。 ②傷害の危険を予測し，自他の安全を確保するために必要な行動や備えについて言ったり書いたりしている。 ③応急手当の意義と正しい方法について言ったり書いたりしている。 ④心肺停止に陥った人に対する胸骨圧迫とＡＥＤを使用した心肺蘇生法を行うことができる。 ⑤応急手当として，包帯法や固定法，直接圧迫止血法を行うことができる。	①傷害の防止について，習得した知識を活用して危険を予測したり回避したりする方法を選択している。 ②傷害に応じた適切な応急手当を行い，傷害の悪化を防止する方法を見いだしている。 ③他者と話し合ったり，ノートに記述したりして，筋道を立てて伝え合っている。	①傷害の防止について課題の解決に向けて自主的に学習に取り組もうとしている。

5　指導と評価の計画（8時間扱い）

		学習内容	知	思	態	評価方法
1	傷害の発生要因と防止	中学生の傷害の特徴と，多くの障害は人的要因と環境要因，及びそれらの相互の関わりによって発生していることを理解する。	①		①	観察 ワークシート
2	交通事故の要因と傷害の防止	交通事故による傷害を防止するためには安全な行動と危険予測，交通環境の整備が必要であることを理解する。	②		①	観察 ワークシート
3	犯罪被害の防止	犯罪被害による傷害を防止するためには，危険を予測し回避するための方法と環境整備のための方策を考えることができる。		①	①	観察 ワークシート
4	自然災害による傷害の防止	自然災害による傷害について理解し，自然災害への備えや災害発生時の行動について考えることができる。		③	①	観察 ワークシート
5	応急手当の基本（本時）	応急手当の意義と目的について考えられ，応急手当の手順がわかり，心肺蘇生法，胸骨圧迫，人工呼吸，ＡＥＤ使用の必要性を理解する。	③	③	①	観察 ワークシート

6	心肺蘇生法	意識がない場合の応急手当の方法を理解し，心肺蘇生法ができるようにする。	④		①	観察 ワークシート
7	出血がある時の応急手当	出血がある時の応急手当や出血が多い時の止血法について理解し，行うことができる。	⑤	②	①	観察 ワークシート
8	外傷の応急手当	打撲傷，脱臼，捻挫，骨折などの外傷の応急手当について理解し，行うことができる。	⑤	②	①	観察 ワークシート

6　本時の学習（5／8時間）

応急手当の基本

(1)本時の目標

　傷害の悪化を防止するためには応急手当てを迅速かつ適切に行うことが重要であることを言ったり，書いたりする。（知識・技能）

　傷病者を発見した時の対応について，他者と話し合ったりノートに記述したりして，筋道立てて伝え合ったりしている。（思考・判断・表現）

　傷害の防止について課題の解決に向けて自主的に学習に取り組もうとしている。（主体的に学習に取り組む態度）

(2)展開

	学習内容と活動	指導の要点	評価の観点と方法
導入	集会中に気分がすぐれず座り込んでしまった友達に，どのように対応しますか。 ●集会中に座り込んでしまった友達の様子から予測できる体調と対応を発表する。 （生徒の反応例）・声をかけて意識を確かめる　・床に寝かせる　・先生を呼ぶ ●緊急時における時間経過と死亡率との関係のグラフを見て，時間経過と命が助かる可能性について気づいたことを話し合う。	・予測することができる体調と対応を考えるように促す。 ・救命の可能性は時間とともに低下するが救急車到着までの短時間であっても救命処置をすることで命が助かる可能性が高くなることに気づくよう助言する。	主体的に学習に取り組む態度 【観察】
展開1	応急手当てはどのような時に行えば良いのでしょうか。 （生徒の反応例）・意識がない時　・息をしていない時　・大出血をしている時　・苦しそうな時　・けがをしている時 ●応急手当ての意義と目的を理解する。	・応急手当の意義と目的について「医師の診断を受けるまでの一時的な手当で，治療ではない」「目的は生命の救助，けがや病気の悪化防止，傷病者の苦痛を和らげ，励ますことである」ということに気づけるよう助言する。	思考・判断・表現 【観察・ワークシート】
展開2	傷病者を発見した時の行動，救急車の呼び方の図を参考に，素早く適切な対応を行うためにはどのように行動すれば良いのか話し合ってみましょう。 ●応急手当の手順について実習を通して理解する。 ・帰宅途中に友達が道にうずくまっていた　・部活中に事故にあった　・プールで意識を失った　・体育で校庭を走っているときに倒れた　などの事例をもとに緊急時の対応をグループで話し合う。 ・AEDについて知る。	・生徒が実感できるような事例をもとにどのように行動すれば良いのかグループごとに想定させ体験することで対応が実感できるようにする。 ・生命に関わることもあることを知らせ，冷静で迅速な判断と行動が大切であることに気づくよう助言する。 ・心肺蘇生法の必要性，AEDの使用目的を説明し確認する。	知識・技能 【観察・ワークシート】 主体的に学習に取り組む態度 【観察】
まとめ	応急手当の意義と目的について振り返り，手順をもう一度確認してみましょう。 ・応急手当の意義や目的について書き出す。 ・応急手当の手順をまとめ，書き出す。	・応急手当の意義や目的を正しく理解させるとともに，手順について確認することで行動ができるようにする。	知識・技能 【観察・ワークシート】

（出典：中学校保健体育教師用指導書（大日本図書）P204—205を一部改変）

第3章　養護教諭の職務と役割・養護活動　　**97**

養護教諭の専門性を発揮しやすい分野として，応急手当などの実習を含む小学校体育科保健領域「けがの防止」，中学校保健体育科保健分野「傷害の防止」，高等学校保健体育科「科目保健」「安全な社会生活」などがある（本稿では中学2年生の保健分野「傷害の防止」の授業を示している。）。それ以外にも生活習慣と健康，病気の予防，心の健康，喫煙・飲酒・薬物乱用，性に関する内容などがあり，養護教諭の持つ専門的知識を授業に活かすことができると思われる。

学習指導案の書き方については，地域や学校種によっても異なっているが，詳細な様式や内容はp.96〜97を参照してもらいたい。養護教諭が直接授業を行うことができない場合でも，養護教諭が授業計画の作成や教材作成に参画することは，学校における保健教育の実施において重要な役割であると言える。

②特別活動での集団への保健教育

特別活動領域での保健教育は学級活動，ホームルーム活動，児童生徒集会等の時間を用いる。児童生徒が主体的に健康課題を解決しようとする態度を育てるためには，自分ごととして捉える指導内容にする必要がある（小学校学級活動，中学校学級活動は「資料編」に示すので参考にされたい。）。高等学校ホームルーム活動で行った指導例を示す。

【高等学校の実践例】

○○高等学校　第1学年1組　　　ホームルーム活動（保健）指導案

1．題材名　熱中症を予防する
2．題材の目標　熱中症になる原因，症状を知り，予防の必要性と応急処置の方法を理解する
3．本時の展開

時間	学習内容・学習活動	指導上の留意点・配慮事項	評価規準・方法
導入 2分	熱中症と聞いたら皆さんはどのようなことを思い浮かべますか？ （生徒の反応例）・暑い時に起こる ・気持ちが悪くなる ・頭痛 ・水分が大事 ●熱中症について興味を持つ。	・熱中症件数のグラフを示し，熱中症は誰でも起こる可能性があり，最悪の場合死に至る場合もあることを説明する。	主体的に学習に取り組む態度【観察】
展開 10分	熱中症はなぜ起こるのだろうか？ スライドを見ながら説明を聞く。 ●熱中症になる体のメカニズムを知る。	・熱中症になると，体温が上がり体内の水分 ・塩分のバランスが崩れ，体温調節が働かなくなる。 ・熱失神，熱けいれん，熱疲労，熱射病と症状が重くなり死に至る場合がある。	知識・技能【観察】
	熱中症になってしまった時の応急処置を挙げてみよう （生徒の反応例）・体を冷やす ・水分を補給する ・病院に行く ・救急車を呼ぶ ●熱中症応急処置のフローチャートを見ながら対応方法を確認する。	・ワークシートのフローチャートを確認しながら応急処置を説明する。意識がない場合はすぐに救急車を呼ぶことが大切であることを伝える。 ・水分補給は水だけではなく，塩分を取る必要もあることを説明し，経口補水液を見せる。	思考・判断・表現【観察・ワークシート】
	熱中症を予防するために必要なことを考えてみよう ●予防が大切であることを理解する。 ・水分補給 ・規則正しい生活 ・朝食をとる ・暑さにならす ・涼しい服装 ・周囲の環境に気をつける	・周囲の人と意見を交流させ発表させる。 ・暑さ指数（ＷＢＧＴ）に応じた行動指針について確認する。	
まとめ 3分	●まとめを聞き，感想をワークシートに記入する。	・熱中症は予防することが大切である，学んだことをこれからの生活に活かしてほしいことを伝える。	知識・技能【ワークシート】

体育的行事の際には熱中症で倒れる生徒が多く見られていた。そこで朝のホームルーム活動の時間（15分）で熱中症予防指導を行った。まずパワーポイントを用いて熱中症になる体のメカニズムについて説明した。次に熱中症が疑われる際の症状や対応を挙げさせ，フローチャートを用いて確認した。最後に熱中症予防には，規則正しい生活，定期的な水分補給，ＷＢＧＴで周囲の環境を確認することが大切であることをまとめとし，詳細は保健だよりに載せ指導後に配布した。

(3)個別指導としての保健教育

個別の保健教育は健康相談の過程において実施される。具体的には日常の健康観察や保健室来室の状況，健康診断の結果，学級担任等から得られた情報，又は本人からの申し出などにより健康相談が行われ，個別の保健指導が必要だと思われる児童生徒に対して実施する。実施の際には，対象となった児童生徒の心身の健康問題を明確にし，指導目標，指導方針，具体的な指導計画を立案し，他の教職員や専門機関と役割を分担し，内容を検討していく。また，進捗状況や結果についての評価を行い，必要があれば指導計画を修正するなど改善しながら進めていく。保健指導を実施するにあたっては，児童生徒の発達段階やケースによる個別性を理解し，全教職員が協働して行うことが重要である。

(4)保健だより，掲示物，ホームページなどの啓発活動を用いた保健教育

学校における健康・安全の取り組みは家庭や地域との連携を図ることが重要であり，その連絡ツールとして保健だよりが活用されている。学校の行事や保健室での日々の業務で感じた児童生徒の様子，健康トピックスなどを入れた保健だよりも保健教育に役立つものである。発行する際には，学校保健計画などと関連させながら計画的に行う必要がある。近年ではホームページなどに保健だよりを掲載することも多く，広く地域においても学校の保健教育の取り組みを示す機会となっている。さらに学校における保健の掲示物は児童生徒にとって健康を身近に感じられるツールの一つであり，児童生徒が興味関心を持つ内容にすることが望ましい。

以上，児童生徒の健康の保持増進に携わる養護教諭にとって保健教育を行うことは職務として必要なことであり，今後はＩＣＴを活用した集団及び個別の保健教育を行うことが重要になってくる。児童生徒が自他の健康を大切に思い，生涯にわたって健康な生活を送れるようにするためには，養護教諭自身が保健教育に携わることのできる学びを続けていく必要がある。

＜参考文献＞
1 ）文部科学省：改訂「生きる力」を育む小学校保健教育の手引，2019
2 ）文部科学省：改訂「生きる力」を育む中学校保健教育の手引，2020
3 ）文部科学省：改訂「生きる力」を育む高等学校保健教育の手引，2021
4 ）池田延行，大津一義，佐久間浩美他：中学校保健体育　教師用指導書　指導編［2 年］，大日本図書，2021.3

(佐久間浩美)

7　保健室経営

【学びの達成目標】
①保健室の目的や役割とその法的根拠，保健室の施設設備の法的根拠を踏まえ，保健室の機能について理解している。（知識・技能）
②保健室の機能を最大限に発揮するためのレイアウトや保健室の在り方についての課題を発見・分析し，その解決を目指して科学的に思考・判断し，それらを書いたり，他者に伝えたりすることができる。（思考・判断・表現）
③保健室の機能の学修に主体的に取り組むことができる。

1）保健室とは

保健室は，すべての子供たちが生涯にわたって自らの心身の健康の保持増進を図るための基礎を培う，「心と身体の健康づくり」の拠点である。

保健室は，いつでもだれでもどんな理由でも子供たちが来室し，自分らしく，ありのままに過ごすことができる場であり，心身の不調の背景にあるいじめや不登校，貧困などの問題のサインやＳＯＳが発せられることも少なくない。養護教諭は，子供たちの心と身体にかかわる様々な訴えを受け止め，そのニーズに応じて保健室の機能と養護教諭の専門性を生かした支援を行っている。近年，子供たちの心身の健康課題が複雑化・多様化していることから，保健室において養護教諭が果たす役割はより一層重要とされている。

令和４年度の保健室利用状況調査によると，一日平均の保健室利用者数は小学校15.8人，中学校12.6人，高等学校14.2人であり，新型コロナウイルス感染症対策の時期と重なることもあり，前回調査（平成28年度）に比べて減少した[1)2)]。しかし，「養護教諭が心身の健康問題のために健康相談等を継続支援した児童生徒の事例があった学校の割合」及び「来室した児童生徒への１回平均の対応時間」は，小・中・高等学校のいずれの学校種でも増加したことから，子供たちが心身の健康問題の解決のために保健室での支援を求めている現状が推察される（図10）[1)2)]。

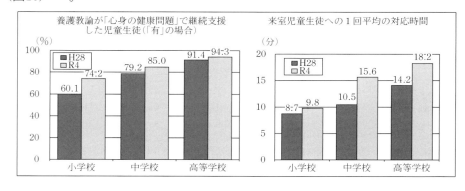

図10　保健室利用状況に関する調査報告書による

(1)保健室の目的

保健室は，「健康診断，健康相談，保健指導，救急処置その他の保健に関する措置」（学校保健安全法第７条）を行う目的として設置され，「心身ともに健康な国民」を育てるための教育施設である。すなわち保健室は，健康診断や保健指導等を通して成長や健康を学ぶ場であり，健康課題解決のための健康相談の場であり，かつ救急処置や休養・安心の場であり，保護者や校内外の関係機関とのコーディネートの場であるなど多様な役割を果たす，校内で唯一の場といえる。

平成20年１月の中央教育審議会答申「子供の心身の健康を守り，安全・安心を確保するために学校全体としての取組を進めるための方策について」には，「子供の健康づくりを効果的に推進するために，学校保健活動のセンター的役割を果

たす保健室経営の充実を図ること，そのために養護教諭は保健室経営計画を立てて教職員に周知を図り連携していくこと，そして健康相談活動や救急処置などを行うための保健室の施設設備を充実することが求められている[3]。養護教諭は保健室の役割と機能を果たすために必要な環境を整備し，専門性を生かした経営をすることが重要である。

(2)保健室の法的根拠

学校施設である保健室は，学校教育法施行規則第1条に「学校には，その学校の目的を実現するために必要な校地，校舎，校具，運動場，図書館又は図書室，保健室その他の設備を設けなければならない。」として設置が義務づけられており，学校教育法第3条の規定に基づき，学校の設置基準が定められている。小学校設置基準第9条，中学校設置基準第9条，高等学校設置基準第15条，特別支援学校設置基準第15条において，保健室は，教室，図書室，職員室とともに，校舎に備えるべき施設の一つとして定められている。なお，幼稚園設置基準第9条では，「特別な事情があるときは，保育室と遊戯室及び職員室と保健室とは，それぞれ兼用することができる。」とされている。以下に小学校設置基準の例を示す。

学校教育法施行規則〔学校の施設設備と位置〕
第1条 学校には，その学校の目的を実現するために必要な校地，校舎，校具，運動場，図書館又は図書室，<u>保健室</u>その他の設備を設けなければならない。
② 学校の位置は，教育上適切な環境に，これを定めなければならない。
小学校設置基準（校舎に備えるべき施設）
第9条 校舎には，少なくとも次に掲げる施設を備えるものとする。
　一　教室（普通教室，特別教室等とする。）　　二　図書室，<u>保健室</u>　　三　職員室
　2　校舎には，前項に掲げる施設のほか，必要に応じて，特別支援学級のための教室を備えるものとする。
（下線は筆者による）

保健室の法的根拠は，学校保健安全法第7条において「学校には，健康診断，健康相談，保健指導，救急処置その他の保健に関する措置を行うため，保健室を設けるものとする。」として設置と目的が規定されている。学校保健安全法として改正された際，「保健指導」と「その他保健に関する措置」が新たに加えられた。多様化，深刻化する子供たちの心身の健康課題に対応するため，保健室の役割が一層重視され，教育や支援の機能が拡充されたといえる。

学校保健安全法
（保健室）
第7条 学校には，健康診断，健康相談，保健指導，救急処置その他の保健に関する措置を行うため，保健室を設けるものとする。

(3)保健室の施設設備の基準

「学校施設整備指針の改訂」文部科学省

「学校保健法等の一部を改正する法律の公布について（通知）」の「第二　留意事項　第1　学校保健安全法関連　二　学校保健に関する留意事項」において，「施設及び設備並びに管理運営体制の整備充実」の例として，保健室の相談スペースの拡充や備品の充実，換気設備や照明の整備，自動体外式除細動器（AED）の設置などの物的条件の整備があげられている[4]。

学校施設整備指針は，令和4年3月「新しい時代の学びを実現する学校施設の在り方について（最終報告）」の提言を基に「学び」「生活」「共創」「安全」「環境」のコンセプトを踏まえて大幅に改訂された[5]。子供たちの学習・生活の場，教職員の働く場として，「健康的かつ安全で豊かな施設環境の確保」が基本的方針の一つとされている。また，学校施設全体を学習に利用するという発想に立ち，保健室は健康教育の中心としての役割を担うとともに，児童生徒の出欠状況等の保健情報の活用に係る統合型校務支援システム等を利用できる環境の計画が

重要とされている。さらに，児童生徒が相談しやすくプライバシーに配慮した空間の確保や，保健室に近接した位置に便所やシャワー等を整備すること等，新しい時代の保健室の環境整備を計画していく際の指針となるものである。今回，小学校，中学校，高等学校，特別支援学校，幼稚園においてほぼ同様に改訂された。小学校施設設備指針における保健室の平面計画と各室計画の内容を例として示す[6]。

小学校施設整備指針（令和4年6月）　文部科学省大臣官房文教施設企画・防災部

第3章　平面計画　第10　管理関係室

3　保健室

(1)　静かで，日照，採光，通風，換気，室温，音の影響等に配慮した良好な環境を確保することができる位置に計画することが重要である。

(2)　特に，屋内外の運動施設との連絡がよく，児童の出入りに便利な位置に計画することが重要である。

(3)　救急車，レントゲン車などが容易に近接できる位置に計画することが重要である。

(4)　職員室との連絡及び便所等との関連に十分留意して位置を計画することが望ましい。

(5)　健康に関する情報を伝える掲示板を設定するなど，健康教育の中心となるとともに，児童のカウンセリングの場として，児童の日常の移動の中で目にふれやすく，立ち寄りやすい位置に計画することが望ましい。

第4章　各室計画　第10　管理関係室

4　保健室

(1)　児童の休養や様々な健康課題への対応など各種業務に柔軟に対応し，ベッドを配置する空間を適切に区画することができる面積，形状等とすることが重要である。

(2)　児童等が屋外から直接出入りできる専用の出入口を設け，その近傍に手洗い，足洗い等の設備を設置する空間を確保することも有効である。

(3)　児童が養護教諭に相談しやすいよう，保健室に隣接した位置又は保健室内に間仕切りを設置する等して，プライバシーに配慮した落ち着いた空間を確保することも有効である。

(4)　保健室が健康教育の中心となるよう，健康教育に関する掲示・展示のためのスペースや委員会活動のためのスペースを，室内又は隣接した位置に確保することが望ましい。

(5)　保健室に近接した位置に便所やシャワー等の設備を計画することが望ましい。

(6)　児童の出欠状況や健康観察，健康診断，保健室来室管理等の保健系機能を実装した統合型校務支援システム等を利用できるよう，情報機器や情報ネットワークを活用できる環境を計画することが重要である。

下線は，今回の改訂で新たに追加されたり表記が変更されたりした箇所（下線は筆者による）

保健室の備品については，令和3年2月「保健室の備品等について（通知）」が示された[7]。「学校における保健室の役割は，健康診断や健康相談，保健指導，救急措置など学校保健の中核を担っており，求められる機能や備えるべき備品についても，社会の状況や学校の環境，児童生徒の健康問題等を踏まえ，その内容や品目を適宜見直す必要がある」として，35年ぶりに昭和61年文部省体育局長通知が改められた。備品等は常に適切に点検・整備することが必要である。

保健室の備品（令和3年2月3日　2文科初第1633号「保健室の備品等について（通知）」文部科学省初等中等教育局）

一般備品	健康診断・健康相談用	救急処置・疾病の予防処置用	環境衛生用
机（救急処置用，事務用）	身長計	体温計	温湿度計（0.5度目盛又は同等以上のもの）
いす（救急処置用，事務用）	体重計	ピンセット	風速計
ベッド	巻尺	ピンセット立て	WBGT（暑さ指数）計
寝具類及び寝具入れ	国際標準式試視力表及び照明装置	剪刀	照度計
救急処置用寝台及びまくら		膿盆	ガス採取器セット
脱衣かご	遮眼器	ガーゼ缶	塵埃計
長いす（待合用）	視力検査用指示棒	消毒盤	騒音計
器械戸棚	色覚異常検査表	毛抜き	黒板検査用色票
器械卓子	オージオメータ	副木，副子	水質検査用器具
万能つぼ	額帯鏡	携帯用救急器具	プール用水温計
洗面器及び洗面器スタンド	捲綿子	担架	プール水質検査用器具
薬品戸棚	消息子	マウス・トゥ・マウス用マスク	ダニ検査キット
書類戸棚	耳鏡	松葉杖	
健康関係書類格納庫	耳鼻科用ピンセット	救急処置用踏み台	
ついたて	鼻鏡		

湯沸器具 ストップウォッチ 黒板（ホワイトボードを含む） 懐中電灯 温湿度計 冷凍冷蔵庫 各種保健教育資料	咽頭捲綿子 舌圧子 歯鏡 歯科用探針 歯科用ピンセット 聴診器 打診器 血圧計 照明灯 ペンライト	洗眼瓶 洗眼受水器 滅菌器（オートクレーブを含む） 汚物投入器 氷のう，氷まくら 電気あんか	

下線は，今回の改定で新たに追加されたり表記が変更されたりした箇所（下線は筆者による）

(4)複数配置の保健室経営の効果と機能

公立学校の養護教諭の複数配置は，「公立義務教育諸学校の学級編制及び教職員定数の標準に関する法律」及び「公立高等学校の適正配置及び教職員定数の標準等に関する法律」に規定されている。養護教諭の複数配置は，平成5年度の第6次公立義務教育諸学校教職員定数改善計画（高等学校は第5次改善計画）により開始された。平成13年度には第7次公立義務教育諸学校定数改善計画により，養護教諭の複数配置の基準が，小学校児童数851人以上，中学校・高等学校生徒数801人以上，特別支援学校児童生徒数61人以上の学校に拡大され，さらに，児童生徒の心身の健康への対応を行う必要がある学校に加配措置が適用された[8]。その後，小学校児童数801人以上，中学校生徒数751人以上とする第8次公立義務教育諸学校教員定数改善計画が作成されたが実現には至っていない。

令和6年8月の中央教育審議会答申「『令和の日本型学校教育』を担う質の高い教師の確保のための環境整備に関する総合的な方策について」において，「不登校児童生徒をはじめ，児童生徒の心身の健康課題が多様化・複雑化する中，教師や学校医等とも連携しながら，きめ細かく支援する養護教諭の重要性は年々増加しており，こうした養護教諭についても配置充実が必要である。その配置充実の状況等を踏まえつつ，複数配置基準の引き下げを検討することが必要である」と提言された[9]。養護教諭の複数配置は，平成28年度と令和4年度の保健室利用状況調査を比べると，小・中学校の複数配置校は増加したが高等学校はほぼ横ばいという実態であった（図11）[1)2)]。一方，中日新聞社が令和4年12月に全国の教育委員会を対象とした調査で，9割以上が養護教諭の増員を「必要」と回答しており，子供たちの多様な問題への対応や保健教育，感染症対策などの理由から，養護教諭の負担の増大とともにその役割への期待が高まっている[10]。高田は，養護教諭の複数配置における養護実践の効果について，職務の分担によって日常の職務の困難さが軽減されること，保健室に養護教諭が不在となる事態を回避できること，個別の配慮や対応ができることで子供への支援がより充実すること等を挙げている[11]。

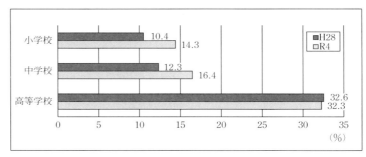

図11　養護教諭の複数配置の状況

今後，さらに養護教諭の複数配置が促進されるためには，養護教諭一人ひとり

が専門性を発揮し，互いに視野を広げ合うことでより一層，資質能力が向上される利点や，子供たちへのきめ細かな対応とともに充実した健康教育が実現できる意義など，複数配置による実践のエビデンスを集積することが求められる。

＜参考文献＞
1）（公財）日本学校保健会：保健室利用状況に関する調査報告書（令和4年度調査結果），2024
2）（公財）日本学校保健会：保健室利用状況に関する調査報告書（平成28年度調査結果），2018
3）文部科学省：中央教育審議会，「子どもの心身の健康を守り，安全・安心を確保するために学校全体としての取組を進めるための方策について」（答申），2008
4）文部科学省：学校保健法等の一部を改正する法律の公布について（通知），2008
5）文部科学省：「学校施設の在り方に関する調査研究協力者会議：新しい時代の学びを実現する学校施設の在り方について」（最終報告），2022
6）文部科学省大臣官房文教施設企画・防災部：小学校施設整備指針　令和4年6月，2022
7）文部科学省：保健室の備品等について（通知），2021
8）文部科学省：新・公立義務教育諸学校定数改善計画（案）について　関係資料1　これまでの教職員定数等の改善経緯，https://www.mext.go.jp/component/a_menu/education/micro_detail/_icsFiles/afieldfile/2010/09/02/1297156_03.pdf(アクセス2024.10.9)
9）文部科学省：中央教育審議会，「令和の日本型学校教育」を担う質の高い教師の確保のための環境整備に関する総合的な方策について（答申），2024
10）中日新聞：2023年1月1日朝刊　「養護教諭増　9割超『必要』」，2023
11）高田恵美子：新しい時代に向けた養護教諭の複数配置における実践の効果，日本養護教諭教育学会誌27(1)，2023

（浅田　知恵）

2）保健室の機能

(1)学校保健のセンター的役割を果たす保健室

保健室は単に休養する場所・けがの処置をする場所に留まらず，子供の健康課題に即した対応が求められている。令和3年度に実施された保健室利用状況調査によれば，小学校における保健室登校児童が1名以上いる学校は，全体の44.8％で，1校当たりの保健室登校児童の平均は2.6名であった。さらに同調査では，養護教諭が把握した心身の健康課題として，アレルギー疾患（ぜん息，アトピー性皮膚炎，アレルギー性鼻炎など）や肥満傾向に加え，発達障害や友人との人間関係やいじめなど心の問題も多いと報告している[1]。

このように子供の健康課題は多様化・深刻化しており，これらの課題に対応するために，養護教諭は保健室経営の充実が求められている。平成20年1月に示された中央教育審議会答申の中でも，「学校保健活動のセンター的役割を果たしている保健室」と記されており，子供の健康づくりを効果的に推進できる学校保健活動を行うために保健室の施設・設備も含めた充実を図ることが求められている。

中央教育審議会答申（平成20年1月17日）
養護教諭
「⑧子どもの健康づくりを効果的に推進するためには，学校保健活動のセンター的役割を果たしている保健室の経営の充実を図ることが求められる。そのためには，養護教諭は保健室経営計画を立て，教職員に周知を図ることが望まれる。また，養護教諭が充実した健康相談活動や救急処置などを行うための保健室の施設設備の充実が求められる。」

「学校保健」は，文部科学省設置法第4条第12号において「学校保健（学校における保健教育及び保健管理をいう。）（以下省略）」と示されている。子供たちが生涯にわたって健康生活を営むことができるような知識を学ぶ「保健教育」と病気やけがをしないように健康を守るための様々な取組を行う「保健管理」の両方を合わせ持つものが「学校保健」である。

一方，保健室の設置に関する法的根拠は学校教育法施行規則第1条に，その役割は学校保健安全法第7条に示されている。保健室は「健康診断，健康相談，救急処置」を含む保健管理の役割と「保健指導」などの保健教育の役割を合わせ持つことから，まさに学校保健の中核となる場所である。保健室の機能を最大限発揮するには，限られたスペースを効果的に配置し，保健室にある施設・設備・備品などを含めて有効活用していくことが重要である。

> **学校教育法施行規則**
> **第1条** 学校には，その学校の目的を実現するために必要な校地，校舎，校具，運動場，図書館又は図書室，保健室その他の設備を設けなければならない。
> **学校保健安全法**
> **第7条** 学校には，健康診断，健康相談，保健指導，救急処置その他の保健に関する措置を行うため，保健室を設けるものとする。

(2)保健室に求められる機能

　子供の健康課題の変化に伴い，保健室に求められる機能も徐々に変化してきている。（公）日本学校保健会が平成27年に報告した「保健室経営計画の手引　平成26年度改訂」[2]によれば，「保健室の機能（学校保健活動のセンター的機能）」として，①健康診断，②健康相談，③保健指導，④救急処置（休養を含む），⑤発育測定，⑥保健情報センター，⑦保健組織活動のセンターの7項目が示されている。これらを養護教諭の職務である5項目（保健管理・保健教育・健康相談・保健室経営・保健組織活動）と関連させながら保健室経営を展開させることが重要である。

(3)具体的な機能と配慮事項

①健康診断

　毎学年定期に実施される定期健康診断のほか，教職員を対象とした健康診断は保健室で行われることが多い。保健室はカーテンや衝立などでプライベート空間を作ることができるため，個人的な情報を扱う内科検診や静かな環境を必要とする聴力検査，多くの検査器具を必要とする歯科検診や眼科検診，耳鼻科検診などが行われる。検診・検査を正しく確実に実施できるような環境整備を行う必要がある。

②健康相談

　健康相談は，児童生徒の心身の健康に関する課題について，児童生徒自身や保護者等に対して，関係者が連携し，相談等を通して課題の解決を図り，学校生活によりよく適応できるよう支援していくものである[3]。子供に生じている健康課題の背景にある要因を捉えるには，安心して話せる空間が必要である。保健室の内外に健康相談コーナー（室）のように，プライバシーが守られ，安心して話せる場所があると良い。ソファーやクッション，膝掛け等を活用することで，子供の不安感や緊張を軽減させ，話しやすい雰囲気を作ることができる。

③保健指導

　保健室は，健康や身体について学ぶことができる場所でもある。保健室の掲示板だけでなく，廊下にも「保健コーナー」として，時期に応じた健康情報を提供している。常に最新の情報や子供に必要な情報を取捨選択して伝えることが望ましい。また，書籍やパンフレットなども重要な保健指導の教材になる。多くの健康情報を整理整頓して，必要な資料をすばやく取り出せるように保管しておくことも大切である。

④救急処置（休養を含む）

　学校の中で急な体調不良や突発的なけがが生じた際，保健室では救急処置や一時的な休養をさせている。養護教諭は状況を確認したうえで，痛みの軽減と悪化防止の措置をとっている。手当てをする救急処置コーナーは出入り口に近い場所が望ましく，傷口の洗浄ができる水道水と近い位置にすることも望ましい。一方，休養コーナーは静寂な環境が望ましく，出入り口からは離れているほうが良い。

　救急処置は養護教諭以外の教職員が行うことも多いので，衛生材料等の保管場所や使い方，緊急連絡先などを保健室内に明記しておく。また，休養する場合の手続きやベッドの使い方，片付け方，処置後の記録方法など，誰が利用してもわかるようにして明示しておくことも大切である。

⑤発育測定

　子供たちは身長や体重測定のために，保健室を利用している。発育途中の子供たちにとっては，「背が伸びた」「体重が増えた」ことは成長を感じられる重要な

第3章　養護教諭の職務と役割・養護活動

関心事である。これらの発育測定は，子供たちに自らの健康に関心を持たせるために非常に大切な役割を果たしている。身長計や体重計などは，出入り口近くに設置し，「測定コーナー」として，子供同士で測定できるようにすると良い。自らの成長を喜び，さらに健やかに成長していこうとする態度を養うことができる。

⑥保健情報センター

保健室では，子供たちの健康観察や健康診断，保健室での利用状況など，様々な個人情報を扱う場所である。学年・学級ごとに集約して，施錠できる保管庫で厳重に管理する必要がある。特に保管期限のある諸帳簿は，期限がきたら速やかに廃棄手続きを行う。

子供の個人情報は，キャビネットなどに保管し，子供の目にふれないようにする。最近は健康診断結果なども，データで保管し作業もパソコン上で行うことが多いが，保健室を利用する子供の目に触れないように，休み時間になったら画面を閉じるなどの配慮が必要である。

一方，保健室では日々，健康情報や最新情報が寄せられる。項目ごとに整理することで，保健指導で活かせる教材として活用することも大切である。

⑦保健組織活動のセンター

保健室は，学校保健の組織活動の拠点である。学校保健に関わる組織には，児童（生徒）会活動の一環として行われる「児童（生徒）保健委員会」や教職員の校務分掌である「保健部」「保健厚生部」，ＰＴＡが主体となる「ＰＴＡ保健委員会」がある。これらのミーティング場所として，保健室を使用することも多い。組織のメンバーが集まるスペースを確保しておく。活動内容を記録する日誌や活動に用いる文房具などは，「委員会コーナー」の中に整理して保管する。

(4)「保健室の機能」を生かすレイアウト

学校保健のセンター的役割を果たす保健室にするためには，それぞれの機能が確実に果たせるような工夫と配慮が求められる。学校ごとに保健室の広さや位置，ドアの位置や数が異なるため，限られたスペースを有効に活用してレイアウトすべきである。レイアウトの一例を図12に示す。考慮すべき点を以下に解説する。

①コーナーごとの配置

保健室の利用目的には「体調不良のため休養したい」「話をきいてもらいたい」という「心身の不調を訴える子供が利用する場合」と，けがの処置や身長・体重測定などの発育測定，保健委員会での活動など「健康な子供が利用する場合」がある。不調を抱える子供に静寂な環境を整えるためにも，休養コーナーや相談コーナーは，出入り口から離れたところにすると良い。

一方，元気な子供が利用する身長計や体重計などの測定器具は，出入り口近くにすると良い。救急処置の処置台も，運動場側の出入り口に近いところにあると容易に処置することができる。また，感染防止のための嘔吐処理セットや手洗い用洗剤なども，出入り口付近に置いておくことが望ましい。

②養護教諭の視線は出入り口とベッド

養護教諭の執務机と椅子は，保健室の出入り口と休養しているベッドの方向が見渡せる位置に配置する。「廊下から執務中の様子を見られると落ちつかない」として，意図的に衝立やパーティションなどで廊下から遮ってしまうケースもある。しかし，保健室を利用しようとする子供にとっては，養護教諭が廊下から見えることで，安心して入ることができる。また，養護教諭自身も，入室しようとする子供が，どのような姿勢・表情・行動で入室するかは，子供からの訴えを正確に把握するために重要な役割を果たす。

また，休養中の子供は常時観察しなくてはならない。事務作業をしている時にも視線の先には休養中の子供を確認すべきである。このことから，養護教諭は出

③セキュリティーにも留意	入り口や休養コーナーを見渡せる位置に座ることが望ましい。 　保健室においてある書類戸棚に「健康診断結果一覧表」「災害給付金申請書類綴」などのファイルを並べていないだろうか。こうしたファイルがあると，保健室を利用している子供にとっては，つい興味をそそられて，中身をのぞいてみたくなるものである。子供の個人情報を扱う文書などは，子供の目につく場所におくことは避けるべきである。子供に見せたくないものは，机の引き出しやキャビネットなど見えない場所に保管するようにする。

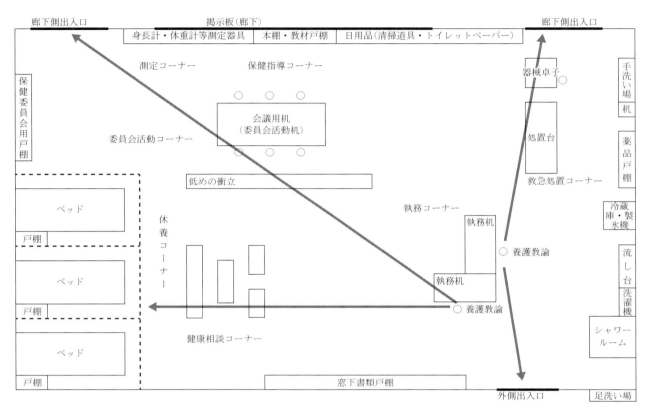

図12　保健室のレイアウト例

林典子，田嶋八千代，下村淳子，鎌塚優子他：スキルアップ養護教諭の実践力養護教諭・保健室の5S＋S，pp.99，東山書房，2016をもとに一部改変して作成した。

＜引用文献＞
1）公益財団法人日本学校保健会：保健室利用状況に関する調査報告書（令和4年度調査結果），pp.10—14，2024年3月22日
2）公益財団法人日本学校保健会：保健室経営計画作成の手引　平成26年度改訂，pp.6，平成27年3月23日
3）公益財団法人日本学校保健会：教職員のための子供の健康相談及び保健指導の手引‐令和3年度改訂‐，pp.1—2，令和4年3月25日
4）林典子，田嶋八千代，下村淳子，鎌塚優子他：スキルアップ養護教諭の実践力養護教諭・保健室の5S＋S，pp.99，東山書房，2016年3月24日

（下村　淳子）

3）保健室経営計画

【学びの達成目標】
①保健室経営の意義と目的，保健室経営計画の作成や評価に関する内容及び方法を理解している。（知識・技能）
②学校保健目標を具現化し，学校の健康課題の解決を図るための保健室経営計画を思考・判断し，それらを書いたり，他者に伝えたりすることができる。（思考・判断・表現）
③保健室経営計画の学修に主体的に取り組むことができる。

(1)保健室経営とは

養護教諭の職務は平成20年１月の中央教育審議会答申「子どもの心身の健康を守り，安全・安心を確保するために学校全体としての取組を進めるための方策について」にて保健管理，保健教育，健康相談活動，保健室経営，保健組織活動等と整理され保健室経営はその１つとして示されている重要な職務の１つである。

保健室経営とは，各種法令，当該学校の教育目標等を踏まえ，児童生徒等の健康の保持増進を図ることを目的に，養護教諭の専門性と保健室の機能を最大限生かしつつ，教育活動の一環として計画的・組織的に運営すること[1]である。養護教諭の専門性と保健室の機能を最大限に生かすためには，まずは「保健室の機能の特質」「養護教諭の専門性」を理解することが大切である。養護教諭には保健室という空間があるからこそ，保健室にいるのが養護教諭であるからこそ，相乗効果となり，子供たちの健康の保持増進に最大限の効果をあげられる。

天笠[2]は学校経営と学校運営の違いについて述べる際，経営とは，決められた方針等に即して学校を動かしていくのではなく，自主性・自律性をもって，主体的に目標を策定し，計画をつくって教育活動を行っていく姿としている。つまり，保健室を経営するとは，養護教諭が自身の専門性及び保健室の機能をよく理解した上でそれらを最大限に発揮させながら，自主的・自律性をもって主体的に目標を策定し計画を作って教育活動，養護実践を展開していくことと言える。

また，保健室経営については前述の平成20年答申の学校保健に関する学校内の体制の充実についてでは，次のように記されている。

> 子どもの健康づくりを効果的に推進するためには，学校保健活動のセンター的役割を果たしている保健室の経営の充実を図ることが求められる。そのためには，養護教諭は保健室経営計画を立て教職員に周知を図り連携していくことが望まれる。また，養護教諭が充実した健康相談活動や救急処置などを行うための保健室の施設設備の充実が求められる。

つまり，学校保健活動のセンター的役割を果たしている保健室の経営の充実を図るためには保健室経営計画を立て，保健室の経営計画を明確にする。そして立てた計画は教職員に周知を図り，連携していくことが求められている。

(2)保健室経営計画とは

平成20年の答申では「保健室経営計画とは，当該学校の教育目標及び学校保健の目標などを受け，その具現化を図るために，保健室の経営において達成されるべき目標を立て，計画的・組織的に運営するために作成される計画」としている。

保健室経営計画は養護教諭が中心となって作成する単年度の計画であり保健室経営目標に対する評価を実施する等の特徴がある[3]。自校の子供たちの実態から健康課題を明確にし，今年度はどのような課題に対し重点的に取り組むのか，保健室の機能を生かした健康課題解決の方策及びその取組の成果をどのように評価するのか等を計画する。保健室経営計画は作成するたけでなく関係者に発信し，理解，共有されることが重要である。根拠に基づいた保健室経営計画を発信することで教職員等の保健室への理解が得られやすくなったり，連携の取りやすさにもつながったりする。また，保健室経営計画という養護教諭の子供たちの健康課

題解決に向けた取組の全体像を計画として示すことは，教職員等に子供たちの健康課題の実態や養護教諭の専門性の理解を深めてもらう貴重な機会にもなる。

(3)法的根拠

保健室経営を展開するにあたり，押さえておくべき法的根拠は，学校保健安全法第7条である。

> **学校保健安全法　第7条**（保健室）
> 学校には，健康診断，健康相談，保健指導，救急処置その他の保健に関する措置を行うため，保健室を設けるものとする。

保健室の規定は旧法（学校保健法）では雑則であったが，学校保健安全法では本章に位置づけられた。そして内容については旧法では「学校には，健康診断，健康相談，救急処置等を行うため，保健室を設けるものとする」とされていたが，平成21年の学校保健安全法では，旧法の内容に加え「保健指導」「その他の保健に関する措置」が規定された。

(4)保健室経営計画の目的とその作成方法

保健室経営計画は，学校の教育目標及び学校保健目標などを受け，その具現化を図るために立てた保健室経営目標を達成するための計画的・組織的に運営するための計画である。自校の子供たちの心身の健康課題の解決に向け，ＰＤＣＡサイクルにのせて保健室経営計画を作成する。また，養護教諭の専門性や保健室の機能を生かすという視点も念頭に入れて作成することが重要である。

保健室経営計画の主な内容例は①学校教育目標，②学校経営方針（健康・安全に関わるもの），③児童生徒の心身の健康課題，④学校保健目標・今年度の重点目標，⑤保健室経営目標，⑥目標を達成するための具体的な方策（保健管理・保健教育・健康相談・保健室経営・保健組織活動），⑦評価計画（自己評価・他者評価）である[3]。なお評価に関しては評価用に別立てで評価シートを作成するなどして実施することが望ましい[3]とされている。各種様式例[3][4]を参考に学校や養護教諭の実態等に応じて検討，作成すると良い。

＜引用・参考文献＞

1）財団法人日本学校保健会：養護教諭の専門性と保健室の機能を生かした保健室経営の進め方，2004
2）天笠茂：これって常識？学校のあれこれ
　　https://shop.gyosei.jp/library/archives/cat 01/0000006671（アクセス2024年10月）
3）公益財団法人日本学校保健会：保健室経営計画作成の手引　平成26年度改訂，2015
4）三木とみ子編集代表：新訂　養護概説，ぎょうせい，2018

（酒井都仁子）

4）保健室登校

【学びの達成目標】
①保健室登校の意義について理解している。（知識・技能）
②保健室登校を例に学校保健活動のセンター的役割を発揮した保健室経営についての課題を発見・分析し，その解決を目指して科学的に思考・判断し，それらを書いたり，他者に伝えたりすることができる。（思考・判断・表現）
③保健室登校の学修に主体的に取り組むことができる。

(1)保健室登校とは

　近年，不登校児童生徒数は増加傾向にあり，令和2年度での養護教諭の職務等に関する調査では，保健室登校の割合は，小学校28％，中学校29％，高等学校23％，特別支援学校4％，全体では26％であり，小学校の割合が増加している[1]。

　そのような現状の中で，養護教諭は保健室登校として，心身の健康問題を抱える児童生徒への健康相談・健康相談活動による支援を行っている。保健室登校は，不登校状態から再登校を目指すステップとして，あるいは，教室に入りづらい児童生徒が不登校にならずに学校生活を送る手段として，不登校問題の解決の一助となっていることが示されている[2]。

　保健室登校[3]とは，「学校には登校するものの，常時保健室にいるか，特定の授業には出席できても，学校にいる間は主として保健室にいる状態であり，当該児童生徒が教室に復帰するための教育活動の一環として捉えられる」。保健室登校支援とは，「養護教諭が保健室登校の子の自立（問題を解決し，教室に行けない状態を自らの力で乗り越えること）を直接的あるいは間接的に支え助けることを意味する」と，数見ら[4]は定義している。

(2)保健室登校の教育的な意義

　保健室登校をする児童生徒は，心身の健康問題，家庭環境，それまでの成育環境等，その背景にある様々な心的要因，環境要因によって，集団に馴染めない，人とのかかわりが苦手で教室に行きにくい，何らかの問題や発達課題を抱えていることがみられる。保健室登校支援は，そのような児童生徒にとって，心的要因・発達課題への支援となるような成長・発達を促す働きかけである。

　まずは，養護教諭が，保健室の機能や職務の特質を生かしながら児童生徒にあわせて働きかけ，児童生徒が保健室に「安心していられる」と感じること，それが保健室登校支援の第一歩となる。そして，児童生徒が保健室で話すことを養護教諭が受容・共感しながら真摯に聴き取り，信頼関係を築くように働きかける。児童生徒は，養護教諭の働きかけにより心地良さや安心感を得て，自分の感情や言語等，自己表現ができるようになる。有村[5]は，養護教諭の「無条件の受け入れ」により，児童生徒の心に安心と自信が生まれ自己肯定感が高まる。養護教諭の対話姿勢により自己への気づきや自己と向き合うことができるようになり，徐々に自分を語り自分が見えてくるという。市来ら[6]は，教室復帰のみを最終目的とするのではなく，その過程の中で内省を深め，自己理解や自己指導力を育成する視点が重要であると示している。

　保健室登校支援において，児童生徒が保健室での養護教諭のかかわりによって気づき自己を振り返り，自己理解，他者理解していく。そして，保健室での他の児童生徒の様子を見聞きし，担任や他の児童生徒と交流する中で人間関係を築いていくようになる。さらに，児童生徒は，担任をはじめ教職員等の肯定的な働きかけやクラスメートによるピア支援を得ながら人間関係を広げて，人への信頼感，自己肯定感を少しずつ高めていく。このような保健室登校支援による児童生徒の変化は，児童生徒が成長・発達していく過程であると捉えることができる。

　保健室での安心感と信頼関係を基盤にする保健室登校支援により，児童生徒は

人間関係を築くコミュニケーションスキルを培い，人との関係を深めて，保健室から職員室や教室へと安心して行動範囲を広げ，主体的に行動を選択していくという成長を遂げていくと考える。

　このように，保健室登校支援は，児童生徒の成長・発達を促すものであり，次のような教育的な意義があると捉える。

保健室登校の教育的意義

〇保健室は「安心していることができる」場であり，児童生徒の心身の安定を図る。

〇養護教諭に受容・共感されながら聴き取られることで，児童生徒は自己肯定感を高め自己表現ができるようになる。

〇養護教諭との会話ややりとり，保健室に来室する他の児童生徒の様子を見聞きすることによって，児童生徒が自己を理解し，他者を理解する。

〇担任をはじめ教職員等の肯定的な働きかけやクラスメート等によるピア支援を得ながら，児童生徒は人への信頼感，自己肯定感を少しずつ高めていく。

〇保健室での安心感と信頼関係を基盤にした保健室登校支援のプロセスは，児童生徒のコミュニケーションや対人関係スキルを培い，社会性を養う。

〇保健室での安心感を基に，児童生徒は職員室や教室へと行動範囲や人との関係を徐々に広げていくことに向かい，主体的に行動を選択していく。

（（4）-9）を参考に筆者作成）

(3)保健室登校のプロセス

　保健室登校は，初期の段階として，養護教諭との信頼関係の構築により，児童生徒が心身の安定を得る。中期の段階では，他の教職員や児童生徒との人間関係の中で，コミュニケーション・対人関係スキルを徐々に習得していく。後期の段階では，人と協力して成し遂げる喜びを体験することができる集団へと適応していく，児童生徒が成長していくためのプロセスである。

(4)保健室登校支援の実際

　保健室登校支援を行う場合，養護教諭が，一人で保健室登校を受け入れるのではなく，管理職・学年主任・学級担任・学年教員・生徒指導主事や保健主事・教育相談担当者，保護者等の学校関係者が協議した上で，校内の協力体制を整備し，教育活動として進めていくことが必要である。

①保健室登校支援におけるかかわりのポイント

　初期では，児童生徒が安心して保健室にいることができるようになり，自己表現ができるようになることが目標となるが，次のステップとして，児童生徒が，養護教諭や学級担任との関係だけではなく，他の教職員や児童生徒との関係へと広げていけるように，養護教諭は，意図的に児童生徒の心理的・社会的側面における成長・発達を促すような働きかけを行い，児童生徒の自立に向けて教職員や保護者と連携・協働してかかわる学校組織としての支援としていく。

【初期の段階：安心できる信頼関係の構築から自己表現を促す】

・保健室にいることで安心感が得られるよう受容・共感に努め，児童生徒との信頼関係を構築する。

・児童生徒とのかかわりの中で，心身の健康問題の背景にある心的要因，発達課題を把握する。

・心身の健康問題，発達課題の解決に向けて支援計画を立て，日常的に意図的なかかわりを行う。ｅｘ）話を聴く，対話する，作業やゲームを一緒に行う等

・学級担任は毎日保健室に来て声をかけ，肯定的なかかわりに努める。教科担当はワーク等の課題を出し教科指導にあたる等，養護教諭は関係教職員がそれぞれの役割を担って児童生徒に対応するように働きかける。

・長期化する場合には，その要因や課題を把握し直し，指導方法の再検討が必要となることを，保護者や関係教職員が十分認識しておく必要がある。必要に応じて専門家等の助言を受ける。

【中期・後期の段階：集団への適応（教室復帰等）に向けて成長・発達を促す】

・児童生徒の様子（表情・態度・会話等）を見ながら，児童生徒自身ができそうなこと，興味のあることを促してみる。児童生徒の得意なこと等，強みを日々のかかわりの中で見出し活かせるように働きかける。児童生徒が，保健室から少しずつ外に出て，他の教職員と

第3章　養護教諭の職務と役割・養護活動　**111**

の関係をつくるようにきっかけをみつけて促す。ｅｘ）職員室まで学級担任に連絡に行く，好きな教科の授業に出る，図書室等で過ごす等
・保健室での養護教諭と児童生徒たちの会話や対応等を毎日見ていることは，社会性を養う一助となっていることを認識して対応する。
・児童生徒の情緒が安定し，保健室に来室する児童生徒たちと会話等ができるようであれば，クラスメート等のピア支援による働きかけを徐々に行っていくようにする。ｅｘ）授業や行事（遠足等）に一緒に行くよう誘ってもらう。休み時間を一緒に過ごす等
・児童生徒が，徐々に授業に行くことができるようになったときには，学級担任等と相談して，学級へ戻すタイミングを見計らい教室に戻るように働きかける。その場合，「不安なときは，保健室に来ていいよ」等，安心して教室に行くことができるような声かけをする。
＊児童生徒によっては，学校（教室に戻る）以外の選択を検討することが必要な場合もある。

（ 9 ）を一部改変）

(5)保健室登校支援を行う際に共通理解を得ておく事項

学校関係者で，下記のような事項を確認しておくことが必要である。
① 児童生徒が保健室になら登校ができる状態であること。
② 保護者と十分に話し合い，保健室登校の理解を得て，協力しながら行うよう努めること。保護者の心情にも寄り添いながら継続して支援する。
③ 全教職員が教育の一環として行うことを理解していること。
④ 保健室登校支援を行うことができる校内体制の整備が必要であること。全教職員が保健室登校支援は養護教諭と学級担任だけに任せるものではなく，学校体制の中で取り組んでいく支援であるという共通認識を持つこと。

(6)児童生徒の自立に向けた成長・発達を促す連携した保健室登校支援
①養護教諭の連携への活動
②連携した支援の基盤となる学校体制

保健室登校（小学校で）がよい方向に向かったと考えられる連携は，養護教諭が，初期の段階から教職員に報告・提案，支援者間の関係や調整を意識的に行い，それらは児童とかかわりのある小人数の教員あるいは組織の活発な活動と結びつきながら展開されていた[10]という。養護教諭は，初期の段階から教職員，特に児童生徒を取り巻く身近な存在である担任やクラブ顧問，学年主任等へ意識的に働きかけ，組織的な活動となるよう努めていくことが求められる。

保健室登校支援は，児童生徒が，主体的に社会的自立や教室復帰できるといった，よりよい方向へと向かうよう児童生徒を見守りつつ，背景となる心的要因や発達課題，継続理由に応じて，学校内で連携した適切な支援となることが重要である。そのためには，教職員が日常的に児童生徒のことを話題にして，話し合える雰囲気のある学校であること，常に教職員同士で情報が共有されている環境にあることが重要である。養護教諭は，日頃から教職員と話し合うことができる関係性を築いて，児童生徒に連携した適切な支援となるように環境にも働きかけていくことが求められる。

藤田[11]は，「養護教諭の保健室での子どものとらえ方は，他の教師と異なる側面をとらえることがよくある。そうした養護教諭の独自の見方を教職員集団のなかに積極的に出していくことによって，教職員集団の子どもの見方をより豊かに，そしてより確かにすることに役立つ」，また「養護教諭独自のアプローチによって，子ども自身が発達的変化をみせ，その事実を通して学級担任や他の教師たちがかかわり方を変えていく」という。保健室登校支援は，養護教諭の専門的な理論に基づく実践やその経験により，児童生徒が主体的に課題解決へと向かえるよう，児童生徒の状況にあわせながら直接的な個別支援とともに間接的な環境にも積極的に働きかけて，児童生徒の成長・発達を促していく支援である。養護教諭は，その支援の基盤を築くためにも，普段から教職員同士が話し合える環境

づくりに努めて，学校体制を整えていくことが必要である。

さらに，児童生徒の保護者，専門的な観点からスクールカウンセラー・スクールソーシャルワーカー等とともに情報を共有し，必要ならば学校外の地域の相談機関等とも連携・協働しながら，保健室登校支援を行っていくことが求められる。

<引用・参考文献>
1）日本学校保健会：学校保健の課題とその対応―養護教諭の職務等に関する調査結果から―令和２年度改訂―，120，2021
2）日本学校保健会：教職員のための子供の健康相談及び保健指導の手引―令和３年度改訂―，23，2022
3）日本養護教諭教育学会：養護教諭の専門領域に関する用語の解説集＜第三版＞，22，2019
4）数見隆生，藤田和也：保健室登校で育つ子どもたち―その発達支援のあり方を探る，農山漁村文化協会，240-272，2005
5）有村信子：保健室登校の教育的意義―保健室登校を経験した人への面接調査の分析―，鹿児島純心女子短期大学研究紀要，36，19―34，2006
6）市来百合子，生田周二，上田光枝：保健室におけるアートセラピー的手法の導入に関する開発的研究（第2報）―保健室登校支援のためのアートブック導入の意義と内容の検討―，奈良教育大学教育実践総合センター研究紀要，19，19―26，2010
7）日本学校保健会：養護教諭が行う　健康相談活動の進め方―保健室登校を中心に―，13―26，2001
8）山本浩子：養護教諭の保健室登校援助実践の構造，学校保健研究，48(6)，497―507，2007
9）菊池美奈子：第2章第2節　4　保健室登校支援論，日本健康相談活動学会：健康相談活動学―実践から理論そして学問へ―，108―110，2023
10）長谷川久江，竹鼻ゆかり，山城綾子：小学校における保健室登校の連携を成立させる要因と構造，日本健康相談活動学会誌，6(1)，55―70，2011
11）藤田和也：養護教諭の教育実践の地平，東山書房，266，1999

（菊池美奈子）

5）これからの保健室の機能

【学びの達成目標】
①これからの保健室の機能に必要な学校保健情報の電子化やデジタル化，非常災害時に対応した保健室経営の意義について理解している。（知識・技能）
②学校保健活動のセンター的役割を発揮するための保健室経営についての課題を発見・分析し，その解決を目指して科学的に思考・判断し，それらを書いたり，他者に伝えたりすることができる。（思考・判断・表現）
③これからの保健室経営の学修に主体的に取り組むことができる。

(1)グローバル化

平成31年4月に出入国管理及び難民認定法及び法務省設置法の一部を改正する法律により，国として外国人の受入れと共生が進められている。令和5年に行われた日本語指導が必要な児童生徒の受入状況等に関する調査では日本語指導が必要な児童生徒は6万9,123人であり平成24年と比較すると2倍以上の増加を示している。平成29年に改訂された新学習指導要領では総則において日本語の習得に困難のある児童生徒への指導が明記され，令和3年の中央教育審議会答申「「令和の日本型学校教育」の構築を目指して」では増加する外国人児童生徒等への教育の在り方について「子供たちのアイデンティティの確立を支え自己肯定感を育むとともに（中略）これまで以上に母語，母文化の学びに対する支援に取り組むことの必要性」や「日本人の子供を含め多様な価値観や文化的背景に触れる機会を生かし，多様性は社会を豊かにするという価値観の醸成やグローバル人材の育成等，異文化理解・多文化共生の考え方に基づく教育に更に取り組むべきである」こと等が示されている。

養護教諭としてまずは保健に関するＩＣＴ等を活用しながら環境整備を行うことが必要である。保健に関する文書を多言語で用意するほか，例えば子供たちが怪我や体調不良等で来室した際に，養護教諭が子供の状態をアセスメントできるよう，そして子供が自身の状態を伝えられるよう手立てを準備しておくことが必要である。翻訳機器，症状や痛みの程度等の掲示物や問診票を多言語で準備をすることにより外国人児童生徒たちが自分の体の状態について伝えられるようにする。ただし母国にいた期間等により，母語は話せるが読めないといったこともあるため，言葉だけではなく，フェイススケールやイラスト等を併せて用いるとよ

第3章　養護教諭の職務と役割・養護活動　**113**

い。そのようなイラスト付きの他言語の掲示物等は日本の子供たちも興味関心をもち外国人児童生徒と積極的にコミュニケーションをはかるツールにもなる。このほか，宗教の関係でお祈りの時間と場所が必要であったり，雨がふると登校しなくてよいと考えたりする家族等，文化的背景による多様性があり，価値観も実に多様である。まずは教職員がその多様性を受け止めながら子供たちと対話し理解しあうことが大切である。人は一人ひとり多様な存在である。国籍等に関わらず，人権を大切にする組織風土がすべての子供たちの健やかな成長につながる。また，日本語によるコミュニケーションが簡単ではない子供たちにとって学校生活は大変ストレスのたまるものであることは想像にかたくない。そのような子供たちが楽しく過ごせたり，活躍できたりする機会を創出する等，対象の立場に立って考えることの大切さも養護教諭として忘れてはならない。

　岡田[1]は国家，地域などのタテ割りを超えて地球全体として捉える時代において養護教諭も"目の前の子ども達を見つめながらグローバルな視点で，日本の，世界の，未来の子ども達のことを考える"ことを提案している。そして単に国家・地域などのタテ割りを超えるという意味だけではなく"既存の線引き"や"今までの，若しくは現在の多様な価値観"を越えて幅広い視座で捉えるという大切さについても述べている。勤務先に外国人児童生徒がいない場合も，目の前にいる子供たちの健康課題は世界の子供たちにも通じ，それに対する実践の取組や研究は未来の子供たちにつながるというグローバルな視点をもって実践に取り組まれたい。

＜参考文献＞
1 ）岡田加奈子：学会長講演　養護の本質から養護実践の未来へ日本養護教諭教育学会誌，Vol.18，No.2, 2015

（2）多様化

　今日，学校現場では多様化という言葉は様々な場面で用いられている。生活習慣の乱れやメンタルヘルスの問題，アレルギー疾患の増加，インターネット依存等，子供たちの健康課題は実に多様化，複雑化している。また，心身の不調の背景にいじめや児童虐待，貧困等の多様な問題がある。令和3年の中央教育審議会答申では，社会の変化の中で子供たちの多様性の顕在化が記されている。例えば，特別な支援を要する児童生徒や外国人児童生徒が増加しているほか，令和5年度の不登校の小中学生は34万人に及んでいる。子供たちの学習の進度や学び方の特性，その興味・関心も一人ひとりの様子が大きく異なる状況にあることや，これからの学校には，こうした多様な子供たちを受け止める柔軟で包摂的な教育課程を編成していく事が求められている[1]。社会においては法律に触れなければ問題がないかのような言動をする人たちを見聞きする機会も増えた。子供たちは社会の鏡である。様々な価値観がある中で，触法行為でないからよいというのではなく他者と互いに気持ちよく過ごしていくためにも道徳観や倫理観を育むことは公教育として大切な観点である。法律も倫理も良いか悪いかの判断基準であるという点では共通しているが，法律は人間の外面的な行為を規律することを使命とし他律的（違反すると罰せられる）なのに対し，倫理は人間の良心に対し内面的な平和を達成することを使命とし自律的である[2]。養護教諭は自身の人権感覚や倫理的感性を高めつつ，学校の組織風土としてその感性の醸成の一翼を担うことが望まれる。時代の変遷や多様な価値観の中で対応や判断に迷うことも想定されるが，最適解，納得解を導くための基本となるものは，人権の尊重や公平・公正，善行，正義，自律の尊重といった倫理観である。相手の立場に立って理解し

｜ようとする気持ち，子供にとっての最善を考えていく視点が大切である。

＜参考文献＞
1）文部科学省：子供たちが主体的に学べる多様な学びの実現に向けた検討タスクフォース論点整理（令和5年）
　https://www.mext.go.jp/a_menu/other/mext_00009.html（アクセス2024年10月）
2）湯元昇：文部科学省「リサーチ・アドミニストレーターを育成・確保するシステムの整備」講義資料「6．研究倫理総論」，2014

(3)DXとは

　令和3年中央教育審議会答申「「令和の日本型学校教育」の構築を目指して」では，Society5.0時代，予測困難な時代，そして社会全体のデジタル化，オンライン化，DX加速の必要性が叫ばれる中，これからの学校教育を支える基盤的なツールとして，ICTの活用は必要不可欠なものと明記された。

　DX（Digital Transformation）とは，「将来の成長，競争力強化のために，新たなデジタル技術を活用して新たなビジネスモデルを創出・柔軟に改変すること[1]」「デジタルによって生活・社会・経済など，世の中が便利に変容していくこと[2]」である。DXに向かう道のりは一般的に3つの段階に分けられる。第1ステップは「情報のデータ化（デジタイゼーション）」である。アナログの情報をデジタルのデータ形式に変換することをいう。第2ステップは「業務のICT化（デジタライゼーション）」である。業務そのものをICT化することをいう。第3ステップは「デジタルによる価値創造（デジタル・トランスフォーメーション）」である。DXに至るにはまず第1ステップの「情報のデータ化」第2ステップの「業務のICT化」といった業務のデジタル化やICT化が前提となる[2]。

・養護教諭を取り巻くDX化

　「養護教諭及び栄養教諭の資質能力の向上に関する調査研究協力者会議　議論の取りまとめ」（令和5年1月）において諸課題の解決に向けた方策として「職務遂行のインフラとしてのICTの積極的な活用」が示され，養護教諭にとってもICTの活用は避けて通ることはできないと明記されている。学校では健康診断の電子化をはじめ健康観察，健康相談，保健教育，保健委員会等，様々な場面で各種ソフトウェアを活用した取組がなされてきている。ICTの活用は，多様な子供たちの健康課題に向き合ったり解決できたりする大きな可能性がある。例えば，若者の自殺リスクを含む精神的不調を早期に発見し，必要な対応と支援を促進することを目的とした精神不調アセスメントツール（RAMPS）の開発報告[3]や，教室で授業を受けることが困難な生徒の参加を想定したハイフレックス型の模擬授業の試みの報告[4]がある。ハイフレックス型授業では，教員は教室等で対面授業を行うが，受講者は自身の状況に応じて対面授業を受講するか，リアルタイム型オンライン授業を受講するか，録画されたオンライン授業の配信を受講するかを選ぶことができる。この報告ではZoomのブレイクアウトルームの機能を用いて遠隔生徒同士で話し合いを行う方法等を試している。院内学級や不登校，保健室登校等，何らかの理由により教室で授業を受けることが困難な子供たちにとってこのようなICTの活用は学びの保障の観点からも大変有用である。また教室にいる他の生徒たちとのつながりの機会ともなり，居場所感が増したり，教室復帰を目指している子供たちにとってはそのスモールステップの機会になったりと，学習以外の効果も期待でき，様々なニーズのある子供たちの個別最適な学びの実現の1つの形態といえる。また「デジタル保健室」というVR・AI技術を用いた誰一人取り残さない保健室の取組もある[5]。子供たちのコミュニケーションの障壁や心の問題，学校内でのいづらさを少しでもなくすためにデジタル技術を最大限に活用し，次世代の保健室を実現するプロジェクトである。

・デジタル・シティズ

　内閣府総合科学技術・イノベーション会議　教育・人材育成ワーキンググルー

ンシップと教育	プによる「Society5.0の実現に向けた教育・人材育成に関する政策パッケージ」（2022年6月）には，「学校教育において，メディアリテラシーを育む中で論理や事実を吟味しながら理解し，子供たちの『デジタル・シティズンシップ』を育成することは喫緊の課題となっている」と記されている。デジタル・シティズンシップとは「デジタル技術を使用して学習，創造し，責任を持って市民社会へ参加する能力」のことである[6]。デジタル社会における「善き社会の担い手」を目指す「デジタル・シティズンシップ教育」が今後重要になってくる。

＜参考文献＞

1）文部科学省：「「令和の日本型学校教育」の構築を目指して」（答申）
　　https://www.mext.go.jp/b_menu/shingi/chukyo/chukyo 3/079/sonota/1412985_00002.htm （アクセス2024年10月）
2）堀田龍也：学校ＤＸで学校はどう変わるのか，ＩＧＡにとどまる学校，学校ＤＸに進化する学校，教育開発研究所，2023
3）北川裕子，佐々木司：精神的不調アセスメントツール（ＲＡＭＰＳ）を活用した高校生の自殺予防の実践例―新潟県内高等学校養護教諭へのインタビュー調査から―，学校保健研究，63：83―90，2021
4）井澤昌子：教室で授業を受けることが困難な生徒の参加を想定したハイフレックス型の模擬授業の試み，養護教諭のためのＩＣＴ活用術，健学社，2014
5）ＶＲ・ＡＩ技術を用いた誰一人取り残さない「デジタル保健室」
　　https://www.youtube.com/watch?v=0 VclOWeV 9 Xk&t=310 s （アクセス2024年10月）
6）坂本旬：はじめよう！デジタル・シティズンシップの授業，日本標準，2023

(4)災害に備えて	世界171か国を対象に自然災害に見舞われる可能性や対処能力などを評価した「世界リスク報告書2016年版」（国連大学，2016）では，日本は地震などの「自然災害に見舞われる可能性」は世界４位，総合評価となる世界リスク評価では17位であり，日本は世界的に見ても災害のリスクが大変高い国といえる。子供の命を守る養護教諭としては，非常災害に対しできる限りの備えをしておくことが急務である。
・災害発生時の対応プロセス	非常災害への備えとしては，災害発生前，災害発生直後，学校再開前，学校再開後等，それぞれの段階ごとに準備やすべき事がある。例えば，災害発生前であれば子供たちに対しては保健教育や防災教育，教職員に対しては危機管理に対する啓発や心のケアも含めた非常災害に関する教職員研修，保護者への啓発などがある。平時において災害後の子供のストレス症状や対応について事前に理解をしておくことは，子供たちの異変にいち早く気が付き，迅速な対応につなげることができる。また，子供たちの反応の可能性を事前に理解しておくことは支援者の心の準備にもつながる。その他，要管理児童の薬確保も含む救急薬品や衛生材料の準備，関係機関の把握と連携，そして養護教諭自身の家族との連絡方法の確認等，この他にも様々ある[1]。学校の環境等を踏まえた災害時の状況を具体的にイメージができるよう体験に基づく報告書や研究等を読み，各学校に適した備えをしておくことが重要である。また，子供たちの心身の健康の保持増進をはかる養護教諭としては自然災害時における心のケアについても理解を深める必要がある。自然災害時における心のケア[2]については，大きく次の３つの期間にわけ，その期間及びその対応方針は「Ａ震災から学校再開まで：安否確認・健康状態の把握と組織体制の確立」「Ｂ学校再開から１週間まで：心身の健康状態の把握と支援活動」「Ｃ再開１週間後から６か月：中・長期的な心のケア」が示されている。管理職や養護教諭，学級担任ごとの役割についてチェックリストとしても示されていることから，災害時にすぐに活用できるよう準備をしておくとよい。
・高校（大規模校）の例	ある1,000人規模の高等学校では災害時に軽症者が保健室に殺到することで重篤の生徒への対応が遅れることを危惧し，学校独自のトリアージルールを作り対策に取り組んでいる[3]。軽症の場合は自身や教員が手当てできるよう教室に入学時に各自購入した非常用持ち出し袋や各教室に備えられた災害救急用品といった物的準備，そして災害を自分事として捉えられる防災教育等を行っておくことで

災害発生直後の混乱を最小化し，緊急度の高い生徒に迅速に対応することができる。このような子供たちの発達段階や学校規模等を踏まえた対策が重要である。

<参考文献>
1）小林朋子，静岡県養護教諭研究会：養護教諭のための災害対策・支援ハンドブック，東山書房，2013
2）文部科学省：子どもの心のケアのために―災害や事件・事故発生時を中心に―　https://www.mext.go.jp/a_menu/kenko/hoken/
1297484.htm（アクセス2024年10月）
3）こちらＪ：ＣＯＭ安心安全課「保健室に連れて行かない！校内トリアージ」〜東京都杉並区〜https://www.youtube.com/watch?v
=jmikabjd 32 Q（アクセス2024年10月）

(酒井都仁子)

6）危機管理と養護教諭

【学びの達成目標】
①学校安全の構造，危機管理の３段階，これらに果たす養護教諭の役割や法的根拠について理解している。（知識・技能）
②学校安全と養護活動との関わりについてその具体についての課題を発見・分析し，その解決を目指して科学的に思考・判断し，それらを書いたり，他者に伝えたりすることができる。（思考・判断・表現）
③学校安全や危機管理と養護教諭の学修に主体的に取り組むことができる。

(1)学校安全の法的根拠

　学校生活において児童生徒等の安全が保障されることは，教育活動を行う上で不可欠な前提である。子供の安全を脅かす事件や事故，心身の健康・安全に関する課題に対応するため，平成20年に中央教育審議会答申「子どもの心身の健康を守り，安全・安心を確保するために学校全体としての取組を進めるための方策について」1)が示された。その後「学校保健法」が改正され，平成21年施行の「学校保健安全法」では，「第三章　学校安全」において，学校安全計画の策定，学校環境の安全の確保，危機等発生時対処要領の作成，地域の関係機関等との連携について定められている。

学校保健安全法
第三章　学校安全
（学校安全に関する学校の設置者の責務）
第二十六条　学校の設置者は，児童生徒等の安全の確保を図るため，その設置する学校において，事故，加害行為，災害等（以下この条及び第二十九条第三項において「事故等」という。）により児童生徒等に生ずる危険を防止し，及び事故等により児童生徒等に危険又は危害が現に生じた場合（同条第一項及び第二項において「危険等発生時」という。）において適切に対処することができるよう，当該学校の施設及び設備並びに管理運営体制の整備充実その他の必要な措置を講ずるよう努めるものとする。
（学校安全計画の策定等）
第二十七条　学校においては，児童生徒等の安全の確保を図るため，当該学校の施設及び設備の安全点検，児童生徒等に対する通学を含めた学校生活その他の日常生活における安全に関する指導，職員の研修その他学校における安全に関する事項について計画を策定し，これを実施しなければならない。
（学校環境の安全の確保）
第二十八条　校長は，当該学校の施設又は設備について，児童生徒等の安全の確保を図る上で支障となる事項があると認めた場合には，遅滞なく，その改善を図るために必要な措置を講じ，又は当該措置を講ずることができないときは，当該学校の設置者に対し，その旨を申し出るものとする。
（危険等発生時対処要領の作成等）
第二十九条　学校においては，児童生徒等の安全の確保を図るため，当該学校の実情に応じて，危険等発生時において当該学校の職員がとるべき措置の具体的内容及び手順を定めた対処要領（次項において「危険等発生時対処要領」という。）を作成するものとする。
2　校長は，危険等発生時対処要領の職員に対する周知，訓練の実施その他の危険等発生時において職員が適切に対処するために必要な措置を講ずるものとする。
3　学校においては，事故等により児童生徒等に危害が生じた場合において，当該児童生徒等及び当該事故等により心理的外傷その他の心身の健康に対する影響を受けた児童生徒等その他の関係者の心身の健康を回復させるため，これらの者に対して必要な支援を行うものとする。この場合において，第十条の規定を準用する。

第３章　養護教諭の職務と役割・養護活動　**117**

（地域の関係機関等との連携）

第三十条　学校においては，児童生徒等の安全の確保を図るため，児童生徒等の保護者との連携を図るとともに，当該学校が所在する地域の実情に応じて，当該地域を管轄する警察署その他の関係機関，地域の安全を確保するための活動を行う団体その他の関係団体，当該地域の住民その他の関係者との連携を図るよう努めるものとする。

(2)学校安全に関する近年の動向

　文部科学省においては，平成24年度からの5年間を期間とする「学校安全の推進に関する計画」の策定後，続いて平成29年度からは「第2次学校安全の推進に関する計画」が，令和5年度からは「第3次学校安全の推進に関する計画（以下「第3次計画」とする。）」[2]が策定され，各種安全上の課題に応じた対策が推進されてきた。昨今では，事件・事故の発生に備えた教職員の訓練や研修の成果が生かされ，児童生徒等に対する被害を未然に防ぐことができた事例もある一方で，様々な計画やマニュアルが整備されつつも必ずしも実効的な取組に結びついていないことや，地域や学校によって取組の差があること，これまでのデータや研究成果が現場で十分に活用されていない等の課題があげられている。そこで第3次計画では，計画やマニュアルの見直し，地域との連携，子供の視点を加えた安全対策，地域の災害リスクを踏まえた実践的・実効的な安全教育，事故情報や学校の取組のデータ活用，学校における安全文化の醸成等を基本姿勢とした，より実効的な施策が推進されている。令和6年には「学校事故対応に関する指針」が改訂[3]され，事故等の検証や再発防止，死亡事故等の発生に関する国への報告の徹底等が図られるよう具体的な方策が示された。組織的な事故の未然防止，事故発生時の適切な対応等が実効性をもって取り組むことが求められている。

　また現代的な課題として，ＳＮＳに起因する犯罪や，児童生徒等が性犯罪・性暴力に巻き込まれる事件の増加がある。令和2年の「性犯罪・性暴力対策の強化の方針」[4]に基づき，被害者支援，加害者対策，教育啓発等の施策が推進されている。学校においては，性犯罪・性暴力の加害者，被害者，傍観者にならないための「生命（いのち）の安全教育」が令和5年度より全国で推進されている。生命の尊さを学び，性暴力の根底にある誤った認識や行動，性暴力が及ぼす影響などを正しく理解した上で，生命を大切にする考えや，自分や相手，一人ひとりを尊重する態度等を発達段階に応じて身に付けることを目指すものである[5]。関連する教科等における指導内容との関連を意識しながら，学校安全計画に位置付け柔軟に扱うよう求められている。児童生徒等の中に性被害経験者がいる可能性に配慮するとともに，指導をきっかけに被害を訴えてきた子供に適切に対応できるよう，聞き取りの仕方や各教職員の役割の確認，関係機関の情報の整理等，校内の体制を整えた上で実施することが求められる。

(3)学校における危機管理
①危機管理の目的

　学校の危機管理の目的は，「児童生徒や教職員の生命や心身等の安全を確保すること」[6]である。学校管理下で想定される具体的な危機事象は，校内事故による傷病者発生，食中毒，感染症，熱中症，アレルギー疾患，不審者侵入等の「生活安全」に関する危機や，登下校や校外活動中の交通事故等の「交通安全」に関する危機，地震や竜巻，水害等の「災害安全」に関する危機，さらには，いじめ・自殺，ＳＮＳ等のインターネット上の犯罪被害もあげられ，児童生徒の心身の健康や生命を脅かす危機は多岐にわたる。

　それらの危機を予見し，未然防止策を講じることで，児童生徒等に生ずる危険を防止し，安全で安心な学校環境を整えることが求められる。また，万が一危機的状況が発生した際には，迅速かつ的確に対処し，被害を最小限に留め，なるべ

く早く通常の学校生活を取り戻すことが求められる。

②危機管理マニュアル

　児童生徒等の安全を確保するためには，危機管理における各教職員の役割等を明確にし，危機管理体制の確立のために必要な事項について，全教職員が共通に理解することが不可欠である[6]。そこで，危機管理を具体的に実行するために必要な事項や手順等を示すものとして学校保健安全法第29条に基づき，「危機等発生時対処要領（危機管理マニュアル）」の作成が義務付けられている。

　文部科学省の主な指針及び手引き[6-9]のほか，食中毒や感染症，熱中症，自殺，個人情報の紛失・漏洩など，危機事象ごとに文部科学省及び各教育委員会が別で公表している各種ガイドラインがある場合は，それらを参考に，各学校の実情や周辺地域の状況を踏まえて危機管理マニュアルを作成する。作成後も，状況の変化や最新の情報や指針をもとに随時見直しを行うとともに，実動訓練の結果や実際の事例からマニュアルの評価・改善を行う必要がある。また学校だけでなく保護者や地域，関係機関とも共有し理解を得ることで，地域全体で安全体制を整えることが重要である。

③危機管理の三段階

　危機管理は，事前の危機管理，発生時（初動）の危機管理，事後の危機管理の三段階で整理される。

　事前の危機管理は発生前に実施しておくべき危機管理のことであり，未然防止対策と，発生時に備えた体制作りがある。児童生徒の発達段階や健康状態等を考慮した上で想定されるリスクを評価し，必要な未然防止対策を実施する。ヒヤリハット事例や過去の事故を参照し，それらを教訓として類似事故の再発を防ぐための体制づくりが重要である。

　発生時（初動）の危機管理は，発生した危機に対する初期対応のことである。被害を最小限に抑えるために迅速で適切な判断・対処が求められる。一刻を争う中で判断・行動を求められる場合も多いため，危機管理マニュアル中のフロー図等に基づいた訓練や研修を行い，教職員がそれぞれの役割と取るべき行動について習熟しておくことが重要である。

　事後の危機管理は，緊急的な対応が一定程度終わり，復旧・復興する観点から，引き渡しや教育活動の継続・再開，心のケアを行うものである。再発防止のための調査・報告も含まれる。学校においては，死亡事故や重篤な事故は速やかに学校の設置者に報告し，基本調査や詳細調査を実施することとなっている[3]。

時間軸→			
事前の危機管理 例：未然防止対策，体制整備，安全点検，避難訓練，教職員研修，安全教育等	**危機発生**	発生時（初動）の危機管理 例：発生する事象別のフロー図等に基づく初期対応，マニュアルに明記される危機管理の基本方針に基づく臨機応変な初期対応	事後の危機管理 例：安否確認・引き渡しと待機，教育活動の継続，こころのケア，保護者や報道機関への対応，調査・報告・再発防止等
（狭義のリスクマネジメント）		（クライシスマネジメント）	
危機管理（広義のリスクマネジメント）			

(鈴木，2024)

※事前の危機管理を「（狭義の）リスクマネジメント」，発生時及び事後の危機管理を「クライシスマネジメント」，それら一連の流れを合わせて「（広義の）リスクマネジメント」と表現する場合もある。

④危機管理と学校安全

　学校安全の目的は，「児童生徒等が，自他の生命尊重を基盤として，自ら安全に行動し，他の人や社会の安全に貢献できる資質・能力を育成するとともに，児

童生徒等の安全を確保するための環境を整えること」[7]である。学校安全は，「安全教育」「安全管理」及びそれらを円滑に進めるための「組織活動」の3つから構成される。このうち安全教育は，主に事前の危機管理に該当し，安全管理・組織活動は，事前・発生時・事後のすべての危機管理に関連する。学校保健安全計画に則り，学校安全の取組を推進する中で，適切な危機管理体制が確立されるよう組織的に取り組むことが重要である。

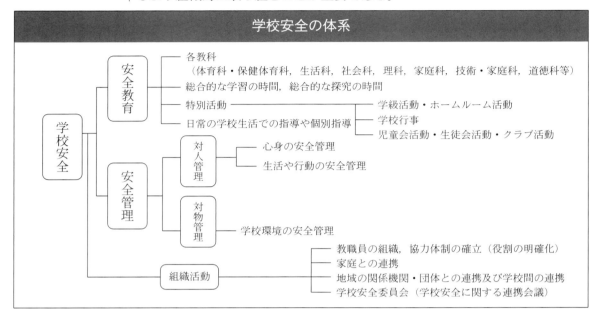

（文部科学省：「生きる力」をはぐくむ学校での安全教育，2019）

(4)危機管理における養護教諭の役割

　事件・事故の防止や発生時の被害を最小限にするためには，原因となる心身の健康課題の解決や適切な応急手当などが重要であることから，生徒指導や養護教諭等を中心とした学校保健の取組との連携が求められている[1]。養護教諭の職務[10]である，保健管理（救急処置，健康診断，健康観察，疾病の管理・予防，学校環境衛生管理），保健教育，健康相談及び保健指導，保健室経営，保健組織活動は，危機管理においても大きな役割をもっている。

　以下に，養護教諭の専門性を生かした危機管理における役割の例を示す。

＜事前の危機管理＞
・健康観察・健康診断等の保健管理による健康状態の把握，情報共有
・健康相談及び保健指導による心身の健康課題への支援
・学校生活管理指導票を用いた心臓疾患や腎臓疾患，アレルギー疾患等の管理や，感染症等の疾病の管理・予防
・学校環境衛生管理や安全点検による安全な環境づくり
・食物アレルギー対応研修や心肺蘇生法研修，傷病者発生時対応訓練の実施
・自校の保健室来室記録から得られる傷病事故の傾向や，他校を含む重大事故・ヒヤリハット事例，独立行政法人日本スポーツ振興センターの災害共済給付データの共有と活用
・保健室来室状況から危険箇所の抽出，施設設備の安全管理
・危機管理マニュアルの作成・見直しに関する助言
・安全教育と関連付けた保健教育への参画，助言
・緊急連絡体制の整備
・危機発生時や傷病者複数発生時，養護教諭不在時に備えた保健室経営
・事故・災害等に備えた物品の準備，点検

「食物アレルギー緊急時対応マニュアル」さいたま市民医療センター

「体育活動時等における事故対応テキスト～ASUKAモデル～」さいたま市教育委員会

- 安全に配慮した教育計画への助言

＜発生時の危機管理＞
- 児童生徒等の命を最優先とする救急処置
- 危機管理マニュアルやフローチャート等に基づく対応
- 現場からの救急車手配及び医療機関への搬送に関する対応
- 保護者への連絡，対応
- 被害児童生徒等本人や周囲の児童生徒等への応急的な心のケア
- 時系列の対応記録，情報の収集

＜事後の危機管理＞
- 安否確認・健康観察による児童生徒等の心身の健康状態の把握
- 教育活動の継続のための応急教育計画（被害状況を踏まえた教育の場の確保）作成への助言
- 健康相談・保健指導等による心身の健康課題への支援
- ＳＣや関係機関との連携による心のケア（コーディネーター的役割）
- トラウマ反応に関する教職員及び保護者に対する情報提供
- 事故調査に関する情報収集，情報整理
- 再発防止策立案への助言
- 再発防止としての安全教育・保健教育

＜参考文献＞
1) 文部科学省：中央審議会答申，「子どもの心身の健康を守り，安全・安心を確保するために学校全体としての取組を進めるための方策について」（答申），2008
2) 文部科学省：第3次学校安全の推進に関する計画，2022
3) 文部科学省：学校事故対応に関する指針【改訂版】，2024
4) 性犯罪・性暴力対策強化のための関係府省会議：性犯罪・性暴力対策の強化の方針，2020
5) 文部科学省：生命の安全教育指導の手引き
6) 文部科学省：学校の『危機管理マニュアル』等の評価・見直しガイドライン，2021
7) 文部科学省：『生きる力』をはぐくむ学校での安全教育，2019
8) 文部科学省：学校の危機管理マニュアル作成の手引き．2018
9) 文部科学省：学校防災マニュアル（地震・津波災害）作成の手引き，2012
10) 文部科学省：養護教諭及び栄養教諭の資質能力の向上に関する調査研究協力者会議　議論の取りまとめ，2023
11) 三木とみ子編集代表：新訂　養護概説，ぎょうせい2018
12) 文部科学省：教師が知っておきたい　子どもの自殺予防，2009
13) 文部科学省：子供の自殺が起きた時の緊急対応の手引き，2010
14) 文部科学省：学校における子供の心のケア―サインを見逃さないために―，2014
15) 日本学校保健会：学校のアレルギー疾患に対する取り組みガイドライン，2019

（鈴木　優）

7）チーム学校・多職種連携・他機関連携

【学びの達成目標】
①多職種・多（他）機関連携に関わる人材や機関の専門性及び「チーム学校」の中での養護教諭の役割について調べ学習等を通じて理解している。（知識・技能）
②事例等を通じて多職種・多（他）機関連携の課題を発見・分析し，その解決を目指して科学的に思考・判断し，それらを書いたり，他者に伝えたりすることができる。（思考・判断・表現）
③多職種・多（他）機関連携の学修に主体的に取り組むことができる。

(1)多職種・他機関連携の背景と実際	平成20年の中央教育審議会答申において，養護教諭は学校保健活動において中核的な役割を担うこと及びコーディネーターとしての役割が求められるようになった[1]。校内外の人材，組織との連携・協働が円滑に行われるためには，コーディネーターとしての養護教諭の役割は重要であり，多職種・他機関連携は，養護教諭の職務の中では最も重要な資質能力である。
・チーム学校	2015年，文部科学省は，多様化，複雑化，深刻化した子供たちの現代的課題を解決していくための方策として「チーム学校」を掲げ，その方策の一つとして，専門性に基づくチーム体制の構築を挙げ，「学校に必要な教職員，専門能力ス

タッフ等の配置を進めるとともに，教員が授業等の専門性を高めることができる体制や，専門能力スタッフ等が自らの専門性を発揮できるような連携，分担の体制を整備する」が明示された[2]。具体的には，「チームとしての学校」を実現するために①専門性に基づくチーム体制の構築，②学校のマネジメント機能の強化，③教職員一人ひとりが力を発揮できる環境の整備の3つの視点が示された。

また，学校の在り方の変化，学校と家庭，地域社会の変容に向き合いつつ，「チームとしての学校」と家庭，地域で活動している団体との連携，協働のより一層の強化が示されている。養護教諭はこれらを認識しつつ，養護実践に反映させていくことが重要である。また適切かつ効果的な連携・協働のためには連携の目的を理解し，かつ連携人材，組織，機関等の専門性や役割について認識することが重要である。

(2) 多職種他機関連携の目的・連携の構成要素

多職種連携とは「健康に関するコミュニティのニーズによって決定された共通の目的を持ち，ゴール達成に向かってメンバー各自が自己の能力と技能を発揮し，かつ他者の持つ機能と調整しながら寄与していくグループ」とされている[3]。

「連携」は①同一目的の一致，②複数の主体と役割，③役割と責任の相互確認，④情報の共有，⑤連続的な相互関係過程で構成され，これらを基に吉池らは「連携」とは，「共有化された目的を持つ複数の人及び機関（非専門職も含む）が，単独では解決できない課題に対して，主体的に協力関係を構築して，目的達成に向けて取り組む相互関係の過程」と定義している[4]。まず，学校組織においては，当事者の課題を明確にし，連携の目的，支援のゴールを明確化することが大切である。次に関係者の役割内容を確認し，それぞれがどのような役割の範囲に対して責任を持つかを確認すること，及び対象となる子供の情報共有を行い，支援の過程で相互に連携し合いながら進捗状況などの確認を行う。必要に応じて随時，ケースカンファレンスなどを設定し，子供の様子・状態によって支援や対応調整，修正を繰り返していくことが大切である。

(3) 連携職種・組織・機関
①学校内外の職種・組織・機関例

「学校に置かれる主な職の職務等について」文部科学省

「学校に置かれる担当者（一覧）平成29年11月6日学校における働き方改革特別部会」文部科学省

学校内外の職種・組織・機関と連携をすすめるに当たり，子供の課題にとって，より適切な支援を実施するためには，子供や学校にかかわる「学校内にどのような職種や専門人材が存在し，どのような専門性や役割があるのか」「学校外にはどのような機関や，専門性を有する人材がいるのか」「地域には子供たちや学校を支援するどのような活動や団体が存在しているのか」の3点について理解する必要がある。その上で個々のケース・場面にあった人材，組織，機関を決定することが重要である。学校内外の職種・機関例を表7に示す。

表7　学校内外の職種・機関（例）

	組織	生徒指導委員会，いじめ対策防止委員会，教育相談委員会，特別支援校内委員会，進路指導委員会，健康安全部会，学校保健委員会など ※学校種・地域によっては名称が異なる場合がある
学校内	役職	教務主任，学年主任，生徒指導主事，進路指導主事，保健主事，特別支援コーディネーター，教育相談コーディネーターなど ※学校種・地域によっては名称が異なる場合がある
	人材 専門人材	養護教諭，栄養教諭，スクールカウンセラー，ソーシャルワーカー，医療的ケアの看護職員，ＩＣＴ支援員，学校司書，外国語指導助手（ＡＬＴ），外国人児童生徒等に対する日本語指導支援員，理科支援員，部活動指導員，外部指導者，特別支援学校などには，言語聴覚士（ＳＴ），作業療法士（ＯＴ），理学療法士（ＰＴ），就職支援コーディネーター，早期支援コーディネーター支援員，発達障害支援コーディネーター，学校医，学

122

			校歯科医，学校薬剤師など
学校外	機関		教育関係：教育委員会，教育センター，教育委員会所管の機関，（教育相談所，適応指導教室，特別支援学校など） 福祉関係：児童相談所，子ども家庭支援センター，（児童相談所），要保護児童対策地域協議会，発達障害者支援センター，子育て世代包括支援センター 保健・医療関係：保健所（健康福祉事務所），保健センター，精神保健福祉センター，病院・診療所（精神科，心療内科，小児科など） 司法・警察関係：警察，少年サポートセンター，（家庭裁判所），（少年鑑別所），（保護観察所），（少年院）
	専門人材		スクールロイヤー，児童福祉士，児童指導員，児童心理司，児童自立支援専門員，精神科医，社会福祉士，精神保健福祉士，言語聴覚士，公認心理師・臨床心理士，保健師，少年補導職員，保護観察官など
	団体・活動		不登校，外国籍児童生徒，子供の貧困（子ども食堂）などにかかわるＮＰＯなど

（参考資料）日本学校保健会編：教職員のための子供の健康相談・保健指導の手引き―令和３年度改訂―（令和４年４月１日発行），日本学校保健会，2022

②養護教諭と日常的に関わる専門職人材

ア．学校医・学校歯科医・学校薬剤師

　学校医・学校歯科医・学校薬剤師は，養護教諭が行う保健管理，保健教育に関する職務の中では，関わりの深い存在である。学校保健安全法によって，規定され，またその役割については，学校保健安全法施行規則第22，23，24条で示されている。

　学校医等は，健康診断や環境衛生などの保健管理のみならず，専門的立場で保健教育や学校保健委員会などにも出席するなど，組織活動においても指導助言を行うことが定められており，養護教諭は積極的に連携していくことが望まれる。

> **学校保健安全法**
> **第23条**　学校には，学校医を置くものとする。
> 2　大学以外の学校には，学校歯科医及び学校薬剤師を置くものとする。
> 3　学校医，学校歯科医及び学校薬剤師は，それぞれ医師，歯科医師又は薬剤師のうちから，任命し，又は委嘱する。
> 4　学校医，学校歯科医及び学校薬剤師は，学校における保健管理に関する専門的事項に関し，技術及び指導に従事する。
> 5　学校医，学校歯科医及び学校薬剤師の職務執行の準則は，文部科学省令で定める。

イ．スクールカウンセラー，スクールソーシャルワーカーの役割

　スクールカウンセラー，スクールソーシャルワーカーは心身に課題を持つ子供を支援する際に養護教諭が頻繁に関わる職種であり，その職務内容は学校教育法施行規則第63条，65条で規定されている。スクールカウンセラーとスクールソーシャルワーカーの役割の違いについて表８に示した。両者の専門性の違いを理解し連携・協働していくことが求められる。

> **学校教育法施行規則　第65条の３**
> ・スクールカウンセラーは，小学校における児童の心理に関する支援に従事する。
> （中学校，義務教育学校，高等学校，中等教育学校，特別支援学校に準用）
> **学校教育法施行規則　第65条の４**
> ・スクールソーシャルワーカーは，小学校における児童の福祉に関する支援に従事する。
> （中学校，義務教育学校，高等学校，中等教育学校，特別支援学校に準用）

表８　スクールカウンセラーとスクールソーシャルワーカーとの違い

スクールカウンセラー	スクールソーシャルワーカー
①児童生徒へのカウンセリング ②教職員に対する助言・研修 ③保護者に対する助言・援助 ④ストレスチェックや授業観察等の予防的対応	①貧困・虐待等の課題を抱える児童生徒と児童生徒が置かれた環境への働きかけ ②学校内におけるチーム支援体制の構築，複数の視点で検討できるケース会議とするための事前調査やケースのアセスメント及び

⑤事件・事故等の緊急対応における児童生徒等の心のケア等	環境解決のプランニングへの支援 ③関係機関とのネットワークの構築，連携・調整等

（文部科学省：学校における指導・運営体制の充実について（令和５年４月17日）資料16）を参考に著者作成）

(4)連携職種・機関連携の留意点

　連携職種・機関選定の留意点としては，「当該児童生徒にとって適切な人材・組織・機関が選択されている」「事案内容にあった，専門人材や組織機関を選定されている」ことが重要である。また，連携協働は，当該児童生徒中心の支援であることを共通理解し，本人を中心とした連携であることを関係スタッフで共通認識学校組織の組織風土や多職種連携についての共通理解があるかが重要な鍵を握っており，特に次の５観点が重要である。①お互いの職種の役割が理解されている，②個々の職種に対するリスペクトがある，③組織に人間関係の階層がない，④職種間が葛藤を乗り越える力，⑤共通言語を用いて連携しているなどこれらの観点を醸成していくための組織内研修も必要である。

(5)多職種連携における養護教諭の専門性と役割

　養護教諭は，チームにおける一専門職としての多職種連携にとどまらず，多職種連携を支えるためのチームの構築や連携を促進していくための繋ぎ役としての役割がある。加えてそれぞれの専門職が専門力を発揮できるように環境調整も担っている。さらに，養護教諭の専門性を活かした効果的な多職種連携のためには，単なるコーディネーターにとどまらず，個々の専門職の専門性を理解し関係者全体の構造を俯瞰して捉える力，人材や組織をアセスメントする力，協働をファシリテーションする能力，マネジメント能力が，効果的な協働を支える上で重要な役割である[7]。

　また，養護教諭の連携推進要因には①コミニケーション能力，②会議や体制づくりにかかわる能力，③複数の人や機関との関係を調整する能力，④管理職と関係を築く能力，⑤情報収集・判断力が必要である[8]。多職種連携における養護教諭に求められる資質能力の基盤には，人としての基本的なコミュニケーション能力がその根底を支える重要な要素といえる。

　養護教諭はＳＣやＳＳＷなどと同様に教職員とは異なる視点を持つ専門職の一人であるが，唯一養護教諭は，常駐している教育職員であり，かつ保健室という場を持ち，経年的に子供たちを捉えている健康情報センター的役割を担っているという点が特徴である。養護教諭の専門性及び保健室の機能を最大限に生かした多職種他機関連携が求められる。

＜引用文献＞
１）文部科学省：中央教育審議会，「子どもの心身の健康を守り，安全・安心を確保するために学校全体としての取組を進めるための方策について」（答申）平成20年１月17日
２）文部科学省：２「チームとしての学校」の在り方
　https://www.mext.go.jp/b_menu/shingi/chukyo/chukyo3/siryo/attach/1365408.htm（2023年９月16日閲覧）
３）Health manpower requirements for the achievement of health for all by the year 2000 through primary health care.WHO 1985, p44
　apps.who.int/iris/bitstream/.../1/WHO_TRS_717.pdf.
４）吉池毅志，栄セツコ：保健医療福祉領域における「連携」の基本的概念整理　精神保健福祉実践における「連携」に着目して，精神科ソーシャルワーカーの精神保健福祉実践活動
５）日本学校保健会編：教職員のための子供の健康相談・保健指導の手引き—令和３年度改訂—（令和４年４月１日発行），日本学校保健会，2022
６）文部科学省：学校における指導・運営体制の充実について（令和５年４月17日），資料１
７）鎌塚優子：健康相談活動学—実践から理論そして学問へ—，５　多職種・他機関連携，ぎょうせい，2023
８）山田響子他：養護教諭の行う連携に関係する用語と連携推進要因の整理，千葉大学教育学部研究紀要，第62巻，139—145，201419）

（鎌塚　優子）

■■ 8 保健組織活動

1）学校保健の構造と領域

【学びの達成目標】
①学校保健の構造や領域，学校の教職員の職名や職務及び法的根拠，校務分掌や校内委員会について学校要覧などを参考に調べ学習等を通じて理解している。（知識・技能）
②学校保健の構造や領域に果たす養護教諭の役割とその課題を発見・分析し，その解決を目指して科学的に思考・判断し，それらを書いたり，他者に伝えたりすることができる。（思考・判断・表現）
③学校保健の構造と領域，学校教職員と校務分掌・校内委員会の学修に主体的に取り組むことができる。

(1)学校保健の定義と特徴

児童生徒が健康に育つ姿は，一つの花のようである。その芽が，必要な光や水，栄養を吸収できるよう日々工夫し，大事に見守る。個性ある花びらを咲かせるまでのプロセスに，学校保健の役割を例えることができる。

学校保健には，児童生徒の健康の保持増進を図ることによって，児童生徒が等しく教育を受ける権利を保障する役割と，児童生徒が生涯その人らしく健康に生きる力を育成する役割がある。つまり，発育・発達の途上にある児童生徒の「今を保障する」直接的な機能と「将来に向けて育てる」間接的な機能といえる。学校保健の意義は，学校教育に関わるすべての関係者に十分に理解される必要がある。

学校保健とは「子供たちが生涯を通じて心身の健康を保持増進するための資質・能力を育成することを目指し，学習指導要領に基づき，体育科・保健体育科や特別活動をはじめ，学校教育活動全体を通じた体系的な保健教育を充実するとともに，複雑化・多様化する子供たちの現代的な健康課題に対応するため，養護教諭・学級担任・学校医等が行う健康相談及び保健指導，保健管理，保健組織活動等の取組を推進すること」[1]（文部科学省）である。各学校では児童生徒の健康実態に応じ，健康の保持増進と教育目標の実現に向け，学校保健活動が展開される。

ここで，学校保健を広い視点から理解してみよう。我が国の学校保健は，明治初年以来およそ150年の歴史を有し，制度的に体系化され，それに基づく活動が進められてきた。学校保健制度は，日本で生まれ育った私たちには自明であるが，世界的にみれば稀有であり，日本の学校教育の特徴の一つである。その特徴は，教育と保健が連動している点，必須事項と実施責任者が明確である点，学校保健を推進できる養護教諭が全学校に配置されている点，児童生徒の健康課題を定期的に評価する点等が挙げられる[2]。

また，公衆衛生的には，対象が発育・発達の途上にある児童生徒である点，個別のみならず集団としての健康を対象とする点，学校教育の場で展開される点が，他の保健活動にはない特徴である[3]。

(2)学校保健の法的根拠

学校保健の意義及び位置付けに関わる法的根拠は次のとおりである。

日本国憲法
第13条 すべて国民は，個人として尊重される。生命，自由及び幸福追求に対する国民の権利については，公共の福祉に反しない限り，立法その他の国政の上で，最大の尊重を必要とする。（個人の尊重，生命，自由，幸福追求）
第25条 すべて国民は，健康で文化的な最低限度の生活を営む権利を有する。（生存権）
第26条 すべて国民は，法律の定めるところにより，その能力に応じて，ひとしく教育を受ける権利を有する。（教育を受ける権利）

第3章 養護教諭の職務と役割・養護活動 **125**

教育基本法
第1条 教育は，人格の完成を目指し，平和で民主的な国家及び社会の形成者として必要な資質を備えた心身ともに健康な国民の育成を期して行われなければならない。（教育の目的）
第2条 教育は，その目的を実現するため，学問の自由を尊重しつつ，次に掲げる目標を達成するよう行われるものとする。
(1) 幅広い知識と教養を身に付け，真理を求める態度を養い，豊かな情操と道徳心を培うとともに，健やかな身体を養うこと。
(4) 生命を尊び，自然を大切にし，環境の保全に寄与する態度を養うこと。
第4条 すべて国民は，ひとしく，その能力に応じた教育を受ける機会を与えられなければならず，人種，信条，性別，社会的身分，経済的地位又は門地によって，教育上差別されない。（教育の機会均等）

学校保健安全法
第1条 この法律は，学校における児童生徒等及び職員の健康の保持増進を図るため，学校における保健管理に関し必要な事項を定めるとともに，学校における教育活動が安全な環境において実施され，児童生徒等の安全の確保が図られるよう，学校における安全管理に関し必要な事項を定め，もつて学校教育の円滑な実施とその成果の確保に資することを目的とする。（目的）

文部科学省設置法
第4条 文部科学省は，前条第1項の任務を達成するため，次に掲げる事務をつかさどる。（所掌事務）
(12) 学校保健（学校における保健教育及び保健管理をいう。）

児童福祉法
第2条 全て国民は，児童が良好な環境において生まれ，かつ，社会のあらゆる分野において，児童の年齢及び発達の程度に応じて，その意見が尊重され，その最善の利益が優先して考慮され，心身ともに健やかに育成されるよう努めなければならない。（児童育成の責任）

(3) 学校保健の構造と領域

学校保健活動は，「保健管理」と「保健教育」，これらを円滑に推進する「組織活動」を加えた3領域で構成される（図13）。つまり，児童生徒の心身の健康管理及び学校環境の管理を行う「保健管理」と，主体的に健康な行動選択できる力を育む「保健教育」，これらをより効果的に推進するための教職員・保護者への教育や啓発，専門家との連携，学校保健委員会等の「組織活動」である。

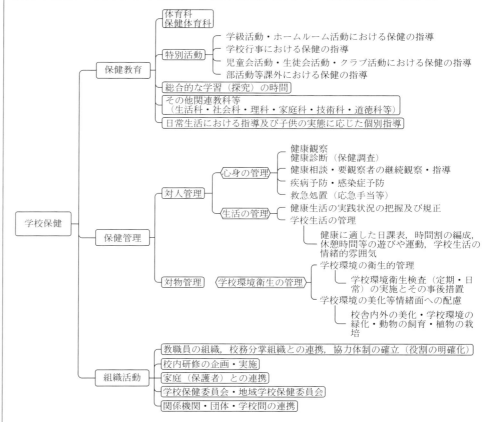

図13 学校保健の構造と領域

（「新訂版 学校保健実務必携 第5次改訂版」第一法規，2021年4月，p13を参考に，筆者作成）

(4)学校保健における組織活動

学校保健の主たる活動は，保健管理と保健教育であるが，実際には，保健管理と保健教育は，個別に実施・遂行されるものではなく，両者を有機的に関連させながら組織的に運営される[4]。この考え方に基づき，保健教育と保健管理の活動を円滑かつ効果的に進めるためには，教職員が役割分担して活動を組織的に推進することができるような協力体制を確立するとともに，家庭や地域の関係機関・団体との連携を密にするための学校保健の充実と組織の整備が不可欠となる[2]。

学校保健における「組織活動」とは，子供の健康の保持増進を目指し，保健管理と保健教育を有機的に関連づけ，効果的に推進することである[5]。単に，運営上の組織をつくることではない。組織とは，ある目的を達成するために，分化した役割を持つ個人や下位集団から構成される集団を意味する。したがって，学校保健の組織活動は，児童生徒の健康や学ぶ権利を保障し，健康に生きる力を育むという，共通の目的を達成するためのものである。

2）学校教職員と校務分掌

(1)教職員の役割・法的根拠

教職員の役割は，法的には「教育等をつかさどる」ことである。つかさどるとは，担当することを意味する。教職員の役割に関わる法的根拠は次のとおりである。

学校教育法
第37条 小学校には，校長，教頭，教諭，養護教諭及び事務職員を置かなければならない。
④ 校長は，校務をつかさどり，所属職員を監督する。
⑤ 副校長は，校長を助け，命を受けて校務をつかさどる。
⑥ 副校長は，校長に事故があるときはその職務を代理し，校長が欠けたときはその職務を行う。（略）
⑦ 教頭は，校長（副校長を置く小学校にあつては，校長及び副校長）を助け，校務を整理し，及び必要に応じ児童の教育をつかさどる。
⑪ 教諭は，児童の教育をつかさどる。
⑫ 養護教諭は，児童の養護をつかさどる。
⑬ 栄養教諭は，児童の栄養の指導及び管理をつかさどる。
⑭ 事務職員は，事務をつかさどる。

---

(2)校務分掌とは

「学校に置かれる主な職の職務等について」文部科学省

近年は，人工知能，ビッグデータ，ロボティクス等の先端技術が高度化し，それらがあらゆる産業や社会生活に取り入れられるSociety5.0時代が到来しつつある。学校や教職員には，急激に変化する時代に対応できる資質・能力を育むこと，そのために子供一人ひとりの学びを最大限に引き出す役割，子供の主体的な学びを支援する伴走者としての能力が求められる[6]。

すべての校務に関する裁量権は基本的に校長にある。校長の裁量の下で，教職員が学校運営に関する校務を分担する仕組みが「校務分掌」である。

校務とは，学校がその目的である教育事業を遂行するため必要とされるすべての仕事である。具体的には，教育課程に基づく学習指導などの教育活動に関する面，学校の施設設備，学校の内部事務，関係機関・団体との連絡調整等である。各学校では，実情に応じて校務を分担する「部」や「委員会」を組織し，担当者を決めて取り組む。校務分掌の例を図14に示す。

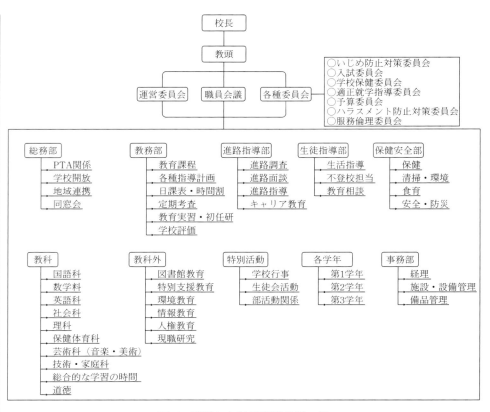

図14　高校における校務分掌の例

図14の例で言えば，学校保健活動は，保健安全部を中心に，各部，各種委員会，各教科等と連携を図りながら遂行される。

(3) 学校保健活動に関わる養護教諭の役割

養護教諭は，学校保健活動の中核を担う。この役割を，藤田は次のように述べている。「性格の異なる仕事が，ある組織的な取組みに向けて編み合わされることによって（略）その学校に取組み（保健活動）の渦がつくられ（略），養護教諭の実践は究極的にはこの渦づくりをめざす」。養護教諭は，自らの専門性と職務の特性を生かし，各学校の実態に応じた学校保健活動の「渦づくり」に取り組むことが求められる。

(4) 校務分掌の構成と役割
　①校長（管理職）

学校保健活動の推進に深く関係する教職員の役割を次に述べる。養護教諭は，教職員の特性や強みを踏まえて，活動を展開することが肝要である。

校長は，学校保健計画を策定し，学校保健委員会を組織する。学校における健康づくりの全体を構想し，学校保健の視点から学校経営のリーダーシップを発揮する[7]。すなわち，児童生徒等の多様な健康課題の解決に向けて，教職員が各自の役割や責任を自覚し，児童生徒への支援・指導を行えるよう，環境整備や教職員への指導・助言を行う。保護者や地域社会に対しても，学校保健の重要性を啓発することも，校長の重要な役割である。

　②保健主事

「保健主事のための実務ハンドブック（令和2年度改訂）」日本学校保健会

保健主事は，学校保健活動のマネジメントの役割を担う。その職務については，学校教育法施行規則第45条第4項において「保健主事は，校長の監督を受け，小学校における保健に関する事項の管理に当たる。」と規定されている。具体的には，学校保健と学校全体の活動に関する調整や学校保健計画の作成，学校保健に関する組織活動の推進（学校保健委員会の運営）など学校保健に関する事項の管理に当たる[8]。学校保健活動の推進に向けて，企画・調整・実施・評価・改善を行うとともに，すべての教職員が学校保健活動に関心を持ち，それぞれの役割を円滑に遂行できるよう指導・助言する。保健主事は，充て職であり，養護教諭が兼任することもある。保健主事が管理する事項は次のとおりである。

> １）学校保健と学校全体の活動に関する調整
> 　学校保健活動の効果的な実施に向けて学校全体の活動との調整を図る。
> ２）学校保健計画の作成と実施
> 　保健教育，保健管理及び組織活動の内容を盛り込んで学校保健計画を作成するとともに，保護者等の関係者に周知を図りながら，適切に実施する。
> ３）学校保健に関する組織活動の推進
> 　学校保健活動の充実に向けた，各組織（職員の保健部，児童生徒保健委員会，地域学校保健委員会等）の取組の活性化を図る。
> ４）学校保健に関する評価の実施
> 　学校保健計画，保健教育，保健管理，組織活動等について，児童生徒等の心身の健康の保持増進につながるものになっているか，評価を実施し問題把握と解決に資するよう努める。

③教職員の組織（保健部等）

　保健組織活動における教職員の組織として，校務分掌に位置付けられる保健部が挙げられる。部の呼称は，健康安全部，保健厚生部，保健衛生部等，学校によって異なる。保健部では，学校保健計画を検討するほか，学校全体での保健的行事（健康診断や保健講話等）や感染症対策，学校保健委員会等の実施案を検討したりする。メンバー構成は，多くの場合，保健主事，養護教諭，保健体育科教員，学校栄養職員（栄養教諭・食育担当教員）等の関係職員と，各学年の担当教員の中から１名ずつ選出される。保健体育科教員は，体育と保健教育の教科担当の立場から，児童生徒の運動面や健康面の実態を把握し，その向上のために働きかけることができる。学年担当教員は，児童生徒に日常的に接する立場から，児童生徒の生活や健康の実態を把握し，その変化にいち早く気づくことができる。構成メンバーの立場や専門性を活かし，互いに情報を提供したり，意見を共有したりし，有意義な議論を重ねることによって，児童生徒や学校の実態に応じて学校保健活動をより有効に推進できる。養護教諭は，保健部を通して組織的に校内組織に働きかけ，より円滑かつ効果的に保健活動を遂行することが求められる。

④学校栄養職員（栄養教諭・食育担当教員）

　栄養教諭は，食に関する指導の推進において中核的な役割を担う。その職務は，食に関する指導と給食管理を一体のものとして行うことである[9]。学校給食を活用して食育を推進し，食事への意欲関心を高め，健康的な食習慣の確立等，児童生徒の健康の保持増進を図る取り組みを推進する。

　栄養教諭制度（平成17年度施行）の背景には，社会環境の変化に伴い食生活の多様が進み，子供の食習慣の乱れが問題となり，子供たちに対し食の自己管理能力や望ましい食習慣を身につけさせる重要性が高まったことが挙げられる[9]。栄養教諭の配置は地方公共団体や設置者の判断によるため，すべての学校に配置されていない。その代わり，学校によっては食育推進担当教員を校務分掌に配置する場合もある。養護教諭は，学校栄養職員と連携し，食育と学校保健を一体的に推進することが重要である[7]。

⑤生徒指導主事

　生徒指導主事は，生徒指導の中核を担う。その職務は，学校の生徒指導全般にわたる業務の企画・立案・処理を行う。例えば，教科や特別活動において，生徒指導の視点を生かしたカリキュラムの提案，生徒指導を計画的・継続的に推進するための連絡調整，生徒指導に関わる事項に関する担任等への指導・助言である。また，多様で複雑な課題を抱える児童生徒の状況を把握し，当該児童生徒やその家庭，関係機関への働きかけも行っている。

　生徒指導は，令和４年改訂の生徒指導提要によって，従来の非行対策というネガティブな指導ではなく，児童生徒の個性の発見と良さや可能性の伸長と社会的資質・能力の発達を支える発達支持的指導に転換した。生徒指導部のもつ児童生徒の情報が，学校保健活動の推進につながることが多々ある。日頃から生徒指導

⑥学校医・学校歯科医・学校薬剤師	主事や生徒指導部と密に連携をとることが肝要である。 　学校保健活動を推進する上で，専門家からの指導や助言が欠かせない。養護教諭は，日頃から学校の健康課題を学校医，学校歯科医及び学校薬剤師と共有し，改善に向けた指導や助言を得るようにする。また，学校保健委員会などの学校保健活動の立案・実施に参画してもらったり，専門的知見を活かした相談活動や教育活動を行ってもらったりする。学校三師の協力を得て，学校保健活動を推進することが重要である。

＜引用文献＞

1）文部科学省：「学校保健，学校給食，食育」https://www.mext.go.jp/a_menu/01_k.htm（2024年10月閲覧）
2）学校保健・安全実務研究会：新訂　学校保健実務必携《第5次改訂版》，第一法規，2021年4月
3）Shizume E., et al: Factors enabling systematized national school health services in Japan,Pediatrics International, 63, 1151-1161, 2021
4）河田史宝：養護教諭必携シリーズ　養護教諭のための公衆衛生学，東山書房，2018年3月
5）徳山美智子：学校保健安全法に対応した「改訂　学校保健」―ヘルスプロモーションの視点と教職員の役割の明確化―，東山書房，2011年11月
6）文部科学省：中央教育審議会，「令和の日本型学校教育」の構築を目指して～全ての子供たちの可能性を引き出す，個別最適な学びと，協働的な学びの実現～」（答申），2021
7）徳山美智子：新訂　学校保健―チームとしての学校で取り組むヘルスプロモーション，東山書房，2019年3月
8）公益財団法人日本学校保健会：保健主事のための実務ハンドブック―令和2年度改定―，2021年3月
9）文部科学省：「栄養教諭制度の概要」https://www.mext.go.jp/a_menu/shotou/eiyou/04111101/003.htm（2024年10月閲覧）

（沖津　奈緒）

3）学校保健計画・学校安全計画

【学びの達成目標】
①学校保健計画及び学校安全計画の法的根拠や盛り込むべき内容について調べ学習等を通じて理解している。（知識・技能）
②学校保健計画や学校安全計画の立案を通じて養護教諭が果たす役割とその課題を発見・分析し，その解決を目指して科学的に思考・判断し，それらを書いたり，他者に伝えたりすることができる。（思考・判断・表現）
③学校保健計画，学校安全計画の学修に主体的に取り組むことができる。

(1)学校保健計画策定の法的根拠と重要性	我が国の教育の目的は，教育基本法第1条に「心身ともに健康な国民の育成を期して行われる」と示されている。これは学校保健安全法第1条の学校保健の目的「学校における児童生徒等及び職員の健康の保持増進を図る」と同様である。したがって，「学校保健」は学校教育の重要な基盤の1つである。そのような「学校保健」は教育活動として，各学校の実態に応じて計画的・組織的に実施される必要がある。 　学校保健計画とは，学校ごとの学校保健活動の基本的総合計画である。様式に指定はないが，年度ごとの年間計画のみならず，学校教育目標や学校の現状等を示した中・長期計画を作成している学校もある。学校経営方針，教育活動計画等を関連付け，児童生徒の健康課題や前年度の学校保健活動の評価，学校への地域社会のニーズ等を考慮して策定される。学校保健安全法第5条に法定根拠が示されている。学校保健活動はこの計画に従い，組織マネジメントにより実施される。

＊教育基本法　第1条（教育の目的）
　教育は，人格の完成を目指し，平和で民主的な国家及び社会の形成者として必要な資質を備えた心身ともに健康な国民の育成を期して行わなければならない。

＊学校保健安全法　第1条（目的）
　この法律は，学校における児童生徒等及び職員の健康の保持増進を図るため，学校における保健管理に関し必要な事項を定めるとともに，学校における教育活動が安全な環境において実施され，児童生徒等の安全の確保が図られるよう，学校における安全管理に関し必要な事項を定め，もって学校教育の円滑な実施とその成果の確保に資することを目的とする。

＊学校保健安全法　第5条（学校保健計画の策定等）
　学校においては，児童生徒等及び職員の心身の健康の保持増進を図るため，児童生徒等及び職員の健康診断，環境衛生

検査，児童生徒等に対する指導その他保健に関する事項について計画を策定し，これを実施しなければならない。

(下線は筆者加筆)

(2)学校保健計画と保健室経営計画	年間計画において，学校保健目標達成を意図した保健活動は「保健管理」「保健教育」「組織活動」の３領域に区分し明示されることが多い。全校的な視点で保健活動が一覧表で示され，相互を関連付けて保健管理及び保健教育が組織的に展開できる。保健室経営計画は，学校保健計画と関連付けた保健室を視点とした保健活動計画である。保健室は学校保健活動のセンター的役割を担っている。養護教諭を中心として，保健室を計画的・組織的に経営していくことにより，学校保健目標の具現化を図っている。どちらも，養護教諭の職務活動の根拠となる計画である。
(3)学校保健計画における保健主事と養護教諭の役割	学校保健計画の作成及びそれを円滑かつ適切な実施を推進する教職員の中心は，保健主事である。養護教諭は，学校保健計画策定において参画し，協力，資料提供，助言をする役割を持つ。しかしながら，養護教諭は学校保健の専門性を持つ教育職員であり，学校保健計画におけるPDCAサイクル（P：計画立案，D：学校保健関係者による実施，C：過程や総括における評価，A：見出された課題や改善点に対する新たな計画及び改善方策の実施）の過程において，保健主事に補佐的に関わる立場ではない。日常の職務活動により，勤務校の児童生徒の心身の健康課題や学校保健活動の課題等を横断的及び経時的視点で把握し，学校保健計画の策定から評価の過程で専門職として主体的に関わる必要がある。

　図15は，公益財団法人日本学校保健会が2020（令和２）年に全国の公立小・中・高等学校等の養護教諭１万5,837名から学校保健計画に関する質問の回答を得た結果である。「主な原案制作者が養護教諭（保健主事兼任者を含む）の学校」は85.4％で，「保健主事（教諭）」は13.7％の結果であった。保健主事は充て職であり，特に就任期間が短い教諭の場合は，計画策定時に必要な学校保健の知識等が不十分な場合が推察される。したがって，計画策定には養護教諭の専門性が必須であろう。また，「学校保健計画の内容については原則として保護者等の関係者に周知を図ること」と文部科学省が通知をしている。しかし上記調査結果では，全体の57.9％の学校が「学校医等や保護者に周知する手立てをしていない」という結果であった。保健活動を組織的に展開する必要があることから，関係者間での計画周知の徹底が必須である。さらに2008（平成20）年の中央教育審議会答申で，「学校保健計画に基づき，教職員の保健部（係）などの学校内の関係組織が十分に機能し，すべての教職員で学校保健を推進することができるように組織体制の整備を図り，保健教育と保健管理に取り組むことが必要である」と示されている。学校保健計画を十分に活用した保健活動の実施が重要である。養護教諭はその答申において，「学校保健活動推進の中核的役割」と示されている。保健主事兼任の有無を問わず学校保健のリーダー的役割を自覚し，校長のリーダーシップの下，実施可能な学校保健計画の策定に参画し，教職員及び保護者や地域関係者の関心を高めながら，連携協働による保健活動を推進することが重要である。

「学校保健年間計画例（保健主事のための実務ハンドブック―令和2年度改訂―p60～65）」日本学校保健会

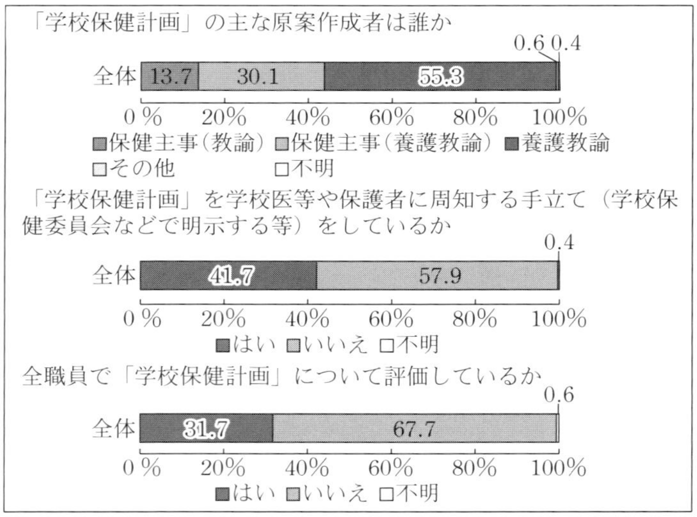

図15 「学校保健計画」に関する現状について

（引用）学校保健の課題とその対応―養護教諭の職務等に関する調査結果から―（令和2年度改訂）公益財団法人日本学校保健会

(4)学校保健計画の内容	学校保健安全法第5条に基づき，「児童生徒等及び職員の健康診断」「環境衛生検査」「児童生徒等に対する指導に関する事項」を必ず盛り込むことが必要である。年間計画には，保健管理及び保健教育の活動が月ごとに示されており，各活動の目標及び内容を把握して，相互に有機的に関連付けながら，効果的に実施をすることが重要である。
(5)学校保健計画の作成手順	一般的に次のような手順で作成される。 (1)学校保健目標の決定：学校教育目標に即した心身の健康に関する重点目標を設定する。 ・前年度の学校保健活動の課題，在籍する児童生徒の健康課題，学校保健への社会的ニーズを考慮し設定する。 (2)原案の作成：目標達成のための事項及び内容，方法，実施時期，役割分担，評価方法を提示する。 ・関係者全員のための計画であるため，多数の関係者から意見を受ける。 (3)協議と共通理解：原案について，分掌部会や学校医，学校歯科医，学校薬剤師，保護者等から意見聴取をして再検討する。 その原案を，職員会議において全教職員で協議する。最終調整案とする。 (4)学校保健委員会での協議：メンバーによる意見聴取と承認を受ける。 (5)校長による決定
(6)学校安全計画策定の法的根拠と重要性	子供の安全を脅かす事件や事故災害が発生しうる社会現状から，学校安全の重要性を認識し，安全に関する活動を計画的・組織的に実施していく必要がある。

> ＊学校保健安全法　第27条（学校安全計画の策定等）
> 　学校においては，児童生徒等の安全の確保を図るため，当該学校の施設及び設備の<u>安全点検</u>，<u>児童生徒等に対する通学を含めた学校生活その他の日常生活における安全に関する指導</u>，<u>職員の研修</u>その他学校における安全に関する事項について計画を策定し，これを実施しなければならない。
>
> （下線は筆者加筆）

学校安全計画は，全関係者の学校安全活動の基本的総合計画である。学校ごとに，年度ごとの年間計画のみならず，中・長期スパンの計画を作成する学校もある。法的根拠は学校保健安全法第27条である。学校保健計画と別に作成する必要がある。策定にあたり，①計画的，合理的かつ円滑な安全管理を実施すること，

	②系統的，体系的な安全教育を計画的に実施すること，③「安全教育」「安全管理」「組織活動」の調整を図り，一体的効果的に安全活動を実施することを目指す。年間計画において月ごとに示された内容を，相互に有機的に関連付けながら効果的に実施することが重要である。また，ＰＤＣＡサイクルに従い，組織的に学校安全活動を実施する。
(7)学校安全計画における養護教諭の役割 「「学校安全資料『生きる力』をはぐくむ学校での安全教育」について（付録学校安全計画例p126～135）」文部科学省	学校安全計画は，校長などの管理職や学校安全主任等の実務責任者が中心となり策定され，養護教諭は参画する役割である。さらに養護教諭は，子供の心身の健康の保持増進を目指す役割として，安全教育，安全管理に携わり，学校保健活動との関連を図ることが重要である。図16は前述のように日本学校保健会が2020（令和2）年に全国の養護教諭に対し「学校安全計画の作成（参画）に取り組んでいるか」の質問をした回答結果である。取り組んでいた養護教諭は全体の60.4％で，内，積極的に取り組んでいる者は21.5％であった。全く取り組んでいない養護教諭は11.0％であった。養護教諭は学校救急処置活動に中心的に携わり，記録を蓄積し災害発生状況等の現状と課題を把握している。また，日々の校内巡視等により，校内安全及び衛生環境の異常を早期発見し改善の対応に関わっている。教職員との協力により，子供の実態に合った安全教育の実施も可能である。自他の生命や健康の重要性について発信している養護教諭だからこそ，学校安全計画の策定及び実施の過程で積極的に取り組むことが重要である。

図16 「学校安全計画」に関する現状について

（引用）学校保健の課題とその対応―養護教諭の職務等に関する調査結果から―（令和2年度改訂）公益財団法人日本学校保健会

(8)学校安全計画の内容	学校保健安全法第27条により，少なくとも，①学校の施設及び設備の安全点検，②児童生徒等に対する通学を含めた学校生活その他の日常生活における安全に関する指導，③職員の研修に関する事項を盛り込む必要がある。

＜引用・参考文献＞
1）公益財団法人日本学校保健会編：学校保健の課題とその対応―養護教諭の職務等に関する調査結果から―令和2年度改訂，2021
2）公益財団法人日本学校保健会編：保健主事のための実務ハンドブック―令和2年度改訂―，2021
3）文部科学省：令和元年『生きる力』をはぐくむ学校での安全教育，2019
4）古角好美：学校における養護活動の展開改訂7版　第7章，2020
5）学校保健・安全実務研究会編著：新訂版　学校保健実務必携（第5次改訂版），第一法規，2020

（後藤多知子）

4）学校保健委員会

【学びの達成目標】
①学校保健委員会や地域学校保健委員会の目的や意義，法的根拠について調べ学習等を通じて理解している。（知識・技能）
②学校保健委員会や地域学校保健委員会の企画・立案・運営・評価を通じて養護教諭が果たす役割とその課題を発見・分析し，その解決を目指して科学的に思考・判断し，それらを書いたり，他者に伝えたりすることができる。（思考・判断・表現）
③学校保健委員会の学修に主体的に取り組むことができる。

(1)学校保健委員会の法的根拠	学校保健委員会は，学校における健康に関する課題を研究協議し，健康づくりを推進するための組織である。現代社会では児童生徒が抱える健康課題は多様

化，深刻化しており，このような課題に対応していくために，学校保健委員会を通じて学校，家庭，地域等関係機関が適切に役割分担と連携をして，効果的な活動を推進することが求められている。

学校保健委員会は，昭和33年6月16日付文部省体育局長通達「学校保健法および同法施行令等の施行にともなう実施基準について」において次のように示され，設置されるようになった。

「学校保健法および同法施行令等の施行にともなう実施基準について」（昭和33年6月16日付文部省体育局長通達）

1　学校保健計画について

(1)学校保健計画は，学校保健法，同法施行令及び同法施行規則に規定された健康診断，健康相談あるいは学校環境衛生などに関することの具体的な実施計画を内容とすることはもとより，同法の運営をより効果的にさせるための諸活動たとえば学校保健委員会の開催およびその活動の計画なども（学校保健計画の中に）含むものであって，年間計画および月間計画を立てこれを実施すべきものであること。

(2)学校保健計画を立て，および実施するにあたっては，学校保健委員会の意見を聞き，また学校における保健管理と保健教育との関係の調整を図り，いっそうの成果のあがるように務めることが必要であること。

その後，次のような答申において学校保健委員会の意義や目的が示されてきた。

「児童生徒等の健康の保持増進に関する施策について」（昭和47年12月20日付保健体育審議会答申）

施策4　学校における保健管理体制の整備

(1)学校保健計画と組織活動

学校保健計画は，学校における児童生徒，教職員の保健に関する事項の具体的な実施計画であるが，この計画は，学校における保健管理と保健教育との調整にも留意するとともに，体育，学校給食など関連する分野との関係も考慮して策定することが大切である。

また，この計画を適切に策定し，それを組織的かつ効果的に実施するためには，学校における健康の問題を研究協議し，それを推進するための学校保健委員会の設置を促進し，その運営の強化を図ることが必要である。

「生涯にわたる心身の健康の保持増進のための今後の健康に関する教育及びスポーツの振興の在り方について」（平成9年9月22日保健体育審議会答申）

Ⅲ　学校における体育・スポーツ及び健康に関する教育・管理の充実

3　学校健康教育（学校保健・学校安全・学校給食）

(4)　健康教育の実施体制

学校における健康の問題を研究・協議する組織である学校保健委員会について，学校における健康教育の推進の観点から，運営の強化を図ることが必要である。その際，校内の協力体制の整備はもとより，外部の専門家の協力を得るとともに，家庭・地域・社会の教育力を充実させる観点から，学校と家庭・地域社会を結ぶ組織として学校保健委員会を機能させる必要がある。

さらに，地域にある幼稚園や小・中・高等学校の学校保健委員会が連携して，地域の子どもたちの健康問題の協議等を行うため，地域学校保健委員会の設置の推進に努めることが必要である。

「子どもの心身の健康を守り，安全・安心を確保するために学校全体としての取組を進めるための方策について」（平成20年1月17日中央教育審議会答申）

3．学校，家庭，地域社会の連携の推進

(1)学校保健委員会

①　学校保健委員会は，学校における健康に関する課題を研究協議し，健康づくりを推進するための組織である。学校保健委員会は，校長，養護教諭・栄養教諭・学校栄養職員などの教職員，学校医，学校歯科医，学校薬剤師，保護者代表，児童生徒，地域の保健関係機関の代表などを主な委員とし，保健主事が中心となって，運営することとされている。

③　学校保健委員会を通じて，学校内の保健活動の中心として機能するだけではなく，学校，家庭，地域の関係機関などの連携による効果的な学校保健活動を展開することが可能となることから，その活性化を図っていくことが必要である。

このため，学校において，学校保健委員会の位置付けを明確化し，先進的な取組を進めている地域の実践事例を参考にするなどして，質の向上や地域間格差の是正を図ることが必要である。

---

(2)学校保健委員会の
企画立案
①組織構成

学校保健委員会は，校長や関係教職員をはじめ，保護者や地域の保健関係者，児童生徒など学校や地域の実情に応じて構成される（図17）。学校保健委員会の構成員は，固定的，画一的に捉えるのではなく，学校の健康課題解決を目指すた

めに，より機能的な組織となるよう，弾力的に構成することが大切である。

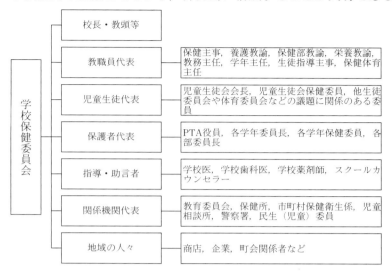

図17 学校保健委員会（構成例）

＊文献5）を参考に筆者が作成

②企画・運営

参照資料8：「学校保健委員会」関係資料

学校保健委員会での協議は，学校における健康課題を捉え，学校と家庭，地域と解決するために行う。協議の内容は，保健管理，保健教育全般に及ぶが，子供の現状を反映して，できるだけ具体的な議題を取り上げることが重要である。

学校保健委員会の議題として取り上げる具体例
①学校保健計画に関する事項について
　計画，実施，評価に関する反省やまとめ，今年度の目標や重点についての評価，次年度の計画について
②健康診断の実施及び結果の事後措置に関する事項について
　特に重点に関連する項目の分析，考察や今後の対策（ＣＯ・ＧＯの事後処置，低視力の対応等）
③児童生徒等の心身の健康課題について
　けがの予防と応急手当，生活習慣病などを予防する食生活，家庭や地域で取り組む体力づくり，子どもの心の健康とその対応（いじめ，ストレス），生活リズムの改善，感染症の予防と手洗いやうがい，学校，家庭，地域が連携して取り組む性に関する指導，がん教育，スマホやゲームの使用と健康への影響，いのちの安全教育，薬物乱用防止教育等

（文献6）を参考に筆者が整理して作成）

議題が決まったら，充実した学校保健委員会を開催するために，開催に向けての手順や内容を関係者に明確に示して，共通理解を図りながら準備を進める（図18）。また，運営上の観点には，次の5点があげられる。

- 学校と家庭，地域の役割を明確にする。
- 実践の手立てが，具体的に協議，実践できる議題にする。
- 課題解決に効果的に働く組織の形成と運営に配慮する。
- 委員会で協議された事項は，組織で主体的に実践する。
- 評価の視点・方法を示して，実施する。

③評　価

学校保健委員会を活性化することにより，校内の学校保健活動の中心として機能するだけでなく，学校，家庭，地域の関係機関などの連携による学校保健活動を展開することが可能になる。そのため，組織，企画，運営方法，議題の設定などの開催の方法について学校保健委員会に関する評価を実施して，課題や改善すべき点を明らかにし，学校保健委員会の活性化につなげることが重要である。評価は，計画，構成員，運営，事後活動の観点から行うことが望ましい。

第3章　養護教諭の職務と役割・養護活動

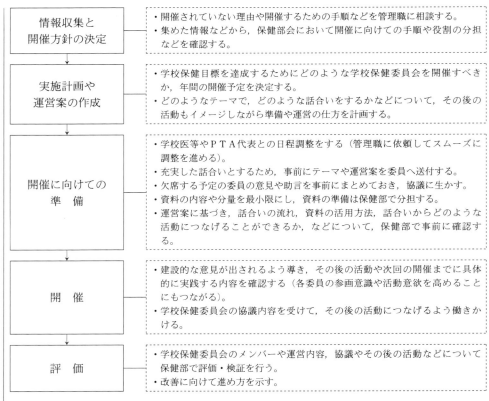

図18　学校保健委員会開催の手順と保健主事としての働きかけ

＊文献6）を参考に筆者が作成

(3)地域学校保健委員会

　児童生徒の現代的な健康課題に適切に対応するためには、学校や家庭を中心に、学校の設置者である地方公共団体等や地域の関係機関を含めた地域レベルの連携が重要である。学校と地域の連携について平成9年保健体育審議会答申では、「地域にある幼稚園や小学校・中学校・高等学校の学校保健委員会が連携して、地域の子どもたちの健康課題の協議などを行うため、地域学校保健委員会の設置の促進に努めることが必要である」と提言されている。子供の健康課題はその地域の特性を踏まえた取組が重要であり、教育委員会はもとより母子保健や保健福祉などを担当する機関とも組織的に連携して対応していく必要がある。そこで、中学校区などの地域を想定した「地域学校保健委員会（図19）」や市町村の地域を想定した「学校地域保健連携推進協議会」を設置し、子供の現代的な健康課題に関して、地域の実情を踏まえて組織的、計画的に取り組むことが必要である。

図19　地域学校保健委員会（イメージ）中学校区などの地域を想定

＊文献5）を参考に筆者が作成

(4)養護教諭の役割

　令和5年「養護教諭及び栄養教諭の資質能力の向上に関する調査研究協力者会議　議論の取りまとめ」で、養護教諭は「他の教諭等とは異なる専門性を有しており、その専門性に基づいて、学校保健活動の推進に中心的な役割を果たすこと」が求められている。さらに、保健組織活動においては「校長等の管理職の管

理・監督のもとで，当該学校における学校保健活動の全体像を描き，各々の教職員が果たすべき役割を明確化するとともに，その具体的な実施に係る助言に当たることに力点を置くことが適切である。」とされ，「学校保健活動を，個々の教職員としてではなく，組織的に推進するため，保健主事等とともに，各学校で組織されている学校保健委員会や保健部等における検討を主導し，学校保健計画の策定に中心的な役割を果たすことが必要」と示されている。子供の健康課題解決を図る学校保健委員会の牽引が，養護教諭の役割として期待されている。

＜引用・参考文献＞
1）日本学校保健会：平成27年度「学校保健委員会に関する調査」報告書，2016
2）文部省：学校保健法および同法施行令等の施行にともなう実施基準について」（昭和33年6月16日付文部省体育局長通達）
3）文部省：保健体育審議会，「児童生徒等の健康の保持増進に関する施策について」（答申），1972
4）文部省：保健体育審議会，「生涯にわたる心身の健康の保持増進のための今後の健康に関する教育及びスポーツの振興の在り方について」（答申），1997
5）文部科学省：中央教育審議会，「子どもの心身の健康を守り，安全・安心を確保するために学校全体としての取組を進めるための方策について」（答申），2008
6）日本学校保健会：保健主事のための実務ハンドブック―令和2年度改訂―，日本学校保健会，2022，15―19
7）学校保健・安全実務研究会編著：新定番　学校保健実務必携（第5次改訂版），第一法規，2020，1052―1056
8）文部科学省：養護教諭及び栄養教諭の資質能力の向上に関する調査協力者会議議論のとりまとめ，2023
　　https://www.mext.go.jp/content/20230118-mxt_kenshoku-000026992_1.pdf（2024年10月30日確認）

（森　　慶惠）

5）特別な支援を要する子供と養護教諭

【学びの達成目標】
①特別な支援を要する子供の実態と特別支援教育に求められる養護教諭の役割について調べ学習等を通じて理解している。（知識・技能）
②特別支援教育に求められる養護教諭の役割についての課題を発見・分析し，その解決を目指して科学的に思考・判断し，それらを書いたり，他者に伝えたりすることができる。（思考・判断・表現）
③特別な支援を要する子供と養護教諭の学修に主体的に取り組むことができる。

(1)特別支援教育の理念と特別な教育支援を必要とする子供

2007（平成19）年，文部科学省は「特別支援教育の推進について」（通知）において次のように示している。

1．特別支援教育の理念
　特別支援教育は，障害のある幼児児童生徒の自立や社会参加に向けた主体的な取組を支援するという視点に立ち，幼児児童生徒一人一人の教育的ニーズを把握し，その持てる力を高め，生活や学習上の困難を改善又は克服するため，適切な指導及び必要な支援を行うものである。
　また，特別支援教育は，これまでの特殊教育の対象の障害だけでなく，知的な遅れのない発達障害も含めて，特別な支援を必要とする幼児児童生徒が在籍する全ての学校において実施されるものである。
　さらに，特別支援教育は，障害のある幼児児童生徒への教育にとどまらず，障害の有無やその他の個々の違いを認識しつつ様々な人々が生き生きと活躍できる共生社会の形成の基礎となるものであり，我が国の現在及び将来の社会にとって重要な意味を持っている。

（下線は筆者加筆）

この通知以降，すべての学校において特別な支援を要する子供の自立と社会参加を見据え，一人ひとりの教育ニーズを的確に把握し，適切な指導と必要な支援及び教育の一層の充実が図られている。

共生社会とは，「これまで必ずしも十分に社会参加できるような環境になかった障害者等が，積極的に参加・貢献していくことができる社会である。それは，誰もが相互に人格と個性を尊重し支え合い，人々の多様な在り方を相互に認め合える全員参加型の社会である。」（「共生社会の形成に向けたインクルーシブ教育システム構築のための特別支援教育の推進（報告）」2012（平成24）年）とされている。特別支援教育は，共生社会の形成の基礎となるものとして着実に推進していく必要がある。現在，小中学校における通常の学級，通級による指導，特別

支援学級，特別支援学校といった連続性のある「多様な学びの場」の整備充実が図られている。

文部科学省によると「直近10年間で義務教育段階の児童生徒数は１割減少する一方で，特別支援教育を受ける児童生徒数は倍増」（「特別支援教育の充実について」2023（令和５）年）した調査結果を報告している。その背景として医療の進歩に伴い，低出生体重児や重度な先天性疾患のある子供の増加が考えられる。特別支援教育を受けている児童生徒数は全児童生徒数の6.8％となり今後も増えることが予想される。

特別支援学校等の児童生徒の増加の状況（H25→R5）

○ 直近10年間で義務教育段階の児童生徒数は１割減少する一方で，特別支援教育を受ける児童生徒数は倍増。
○ 特に，特別支援学級の在籍者数（2.1倍），通級による指導の利用者数（2.3倍）の増加が顕著。

	（平成25年度）		（令和5年度）
義務教育段階の全児童生徒数	1,030万人	0.9倍	941万人
特別支援教育を受ける児童生徒数	32.0万人 3.1%	2.0倍	64.0万人 6.8%

特別支援学校
視覚障害 聴覚障害 知的障害
肢体不自由 病弱・身体虚弱 … 6.7万人 0.7% → 1.3倍 → 8.5万人 0.9%

小学校・中学校
特別支援学級
知的障害 肢体不自由
身体虚弱 弱視 難聴
言語障害 自閉症・情緒障害 … 17.5万人 2.0% → 2.1倍 → 37.3万人 4.0%

通常の学級（通級による指導）
言語障害 自閉症 情緒障害
弱視 難聴 学習障害
注意欠陥多動性障害
肢体不自由 病弱・身体虚弱 … 7.8万人 1.0% → 2.3倍 → 18.2万人 1.9%（注）

（出典：文部科学省「特別支援教育の充実について」（2023（令和５）年度））

(2)特別支援教育に求められる養護教諭の役割と実践
①保健管理面からの支援

特別な支援を要する子供の多くは教育的ニーズに基本的生活習慣を整えにくいなどの健康課題が関連していることが多いと考えられる。養護教諭は，健康観察，保健調査，健康診断結果などから，子供一人ひとりの健康状態を把握している。また，保健室来室時の会話や対応から子供の生活状況や他の子供との関係などに関する情報を得やすい立場にあり，支援を必要としながらも困っている子供を発見する可能性が高いといえる。そのため，特別支援教育を念頭に置き，個別に話を聞く機会を設けるなどして丁寧にかかわり，必要に応じて担任等と情報共有する必要がある。

また，健康診断や救急処置を実施するときには，特別な支援を必要とする子供に対しては，感覚過敏などの特性に配慮し，処置や健康診断の見通しが持てるような声かけや視覚的に説明できるような工夫が必要となる。

②発達障害のある子供への支援

精神科医の岩瀬利郎は「ひとことで言えば，発達障害とは脳の特性。発達障害のある人は，状況を読んだり，人の気持ちを推測したりする脳の働きが定型発達の人より弱いことがわかっています。決して能力が低いわけでも，人間性に問題があるわけでもありません。」（出典：発達障害の人が見ている世界，p.4，岩瀬利郎，アスコム，2022年９月）と述べている。

以下の表は発達障害の特徴とその対応例を示したものである。診断をされないグレーゾーンの子供や２種類以上併発する子供もいる。発達障害の種類にかかわらず，周りに理解されず辛い経験を重ねて自己肯定感が下がっていることが多い。そのため，特性に応じた支援と併せて必要なのが，自己肯定感を高める支援と自己決定支援である。養護教諭は日常的な関わりから，子供の困っていることに早く気づくことのできる立場にある。気づきを関係者に繋ぎ，学校全体で子供の特性に応じた支援につなげていくことが重要である。

種類	特性	有効な支援	具体例
ＡＤＨＤ （注意欠陥多動症）	・多動性・衝動性 ・不注意 ・傷つきやすさ	集中できる 話を聞く 課題を成し遂げる	・導入の工夫 ・スケジュール表 （手順表） ・自己評価
ＡＳＤ （自閉スペクトラム症）	・コミュニケーション障害 ・同一性の保持 ・感覚過敏	見通しを持つ 話の意味理解 マイペースで （ゆっくり）	・スケジュール表 （手順表） ・視覚的手がかり ・ＩＣＴの活用
ＬＤ （限局性学習症）	読み・書き・計算の特定の領域に困難 （知的に遅れはない）	本人に合った学習 個別指導	・支援プリント ・机間支援 ・個別学習支援

③医療的ケアにおける役割

　学校に在籍する日常生活及び社会生活を営むために恒常的に医療的ケアを受けることが必要不可欠である児童生徒等（以下「医療的ケア児」という。）は年々増加するとともに，人工呼吸器による呼吸管理等を必要とする医療的ケア児が学校に通うようになるなど，医療的ケア児を取り巻く環境が変化している。文部科学省「小学校等における医療的ケア実施支援資料〜医療的ケア児を安心・安全に受け入れるために〜」（学校における医療的ケアの実施に関する検討会議（2019）最終まとめ）には，教育委員会や学校の参考になるよう「学校における医療的ケアの実施に当たっての役割分担例」が示されている。養護教諭と看護師等の役割を以下に示す。

養護教諭	看護師等
・保健教育，保健管理等の中での支援 ・児童生徒等の健康状態の把握 ・医療的ケア実施にかかわる環境整備 ・主治医，学校医，医療的ケア指導医等医療関係者との連絡・報告 ・看護師等と教職員との連携支援 ・研修会の企画・運営の協力 （すべての教職員の役割） ・医療的ケア児と学校における医療的ケアの教育的意義の理解 ・医療的ケアに必要な衛生環境理解 ・看護師等・認定特定行為業務従事者である教職員との情報共有 ・ヒヤリ・ハット等の事例の蓄積と予防対策 ・緊急時のマニュアルの作成への協力 ・自立活動の指導等 ・緊急時の対応	・医療的ケア児のアセスメント ・医療的ケア児の健康管理 ・医療的ケアの実施 ・主治医，学校医，医療的ケア指導医等医療関係者との連絡・報告 ・教職員・保護者との情報共有 ・認定特定行為業務従事者である教職員への指導・助言 ・医療的ケアの記録・管理・報告 ・必要な医療器具・備品等の管理 ・指示書に基づく個別マニュアルの作成 ・緊急時のマニュアルの作成 ・ヒヤリ・ハット等の事例の蓄積と予防対策 ・緊急時の対応 ・教職員全体の理解啓発 ・教職員としての自立活動の指導等 ＊指導的な立場となる看護師（上記に加えて） ・外部関係機関との連絡調整 ・看護師等の業務調整 ・看護師等の相談・指導・カンファレンスの開催 ・研修会の企画・運営 ・医療的ケアに関する教職員からの相談

　医療現場ではない学校で医療的ケアを実施するためには，実施前から様々な手続きと役割があり，組織的に対応する必要がある。その中で，養護教諭は直接的に医療ケアを行うことは少ないが，直接的に実施に関わる看護師等と認定特定行為業務従事者である担任等と連携を密にする必要がある。そのため，対象となる子供の疾患，行われている医療的ケアの内容や緊急時の対応については十分に把握し調整役となることが重要である。

第3章　養護教諭の職務と役割・養護活動　**139**

看護師が常駐する特別支援学校ではてんかんや1型糖尿病のある子供の緊急時の医薬品投与（ブコラム，バスクミー）は医療的ケアの対象となり実施する場合は看護師が行う。医療的ケア実施に係る流れは次のとおりである。

(i)主治医が作成した意見書及び指示書を受け取る。担任は主治医から対象生徒等に対する医療的ケアの実施に必要な知識・技術に関する研修を受ける。

(ii)指示書を基に看護師は個別の実施マニュアルを作成する。主治医に報告し指導・助言を得ること。また，内容について保護者の確認を得る。

(iii)指示書の内容，個別マニュアルの内容については，保護者，担任，看護師，養護教諭，管理職，医療的ケア指導医で共有する。

(iv)ブコラム，バスクミー本体は，保健室の鍵のかかる戸棚に保管する。保管場所は看護師等，担任にも周知する。

＜参考文献＞
1）平松恵子，新沼正子：多様化する特別支援を要する児童生徒への養護教諭の対応，姫路大学教育学紀要，2021
2）津島ひろ江，荒木曉子，吉利宗久：医療的ケア児の健康管理における養護教諭の役割　教育・保健・医療・福祉の協働を目指して，誠信書房，2023. 8

（沖西紀代子）

第4章　養護教諭の倫理指針（生命倫理を含む）

■ 1　人権と倫理の歴史的変遷

【学びの達成目標】
①人権と倫理についての基本的な事項，養護教諭の倫理綱領について調べ学習等を通じて理解している。（知識・技能）
②児童の権利に関する条約や現代の人権課題，倫理的課題を通じて養護教諭の倫理綱領についての課題を発見・分析し，その解決を目指して科学的に思考・判断し，それらを書いたり，他者に伝えたりすることができる。（思考・判断・表現）
③人権と倫理の歴史，養護教諭の倫理綱領の学修に主体的に取り組むことができる。

「人権とは，すべての人間が，人間の尊厳に基づいて持っている固有の権利である[1]。」と定義される。倫理の「倫」は，人の集まるところ，仲間，人々の間，「理」は，物事の筋道，ことわり，道理という意味をもっている。よって倫理とは，人と人の関係の中で，人として守るべき道，道理，また，仲間という集団の中における人としての行動の筋道を意味している。

1）人権の歴史的変遷

人権の歴史的変遷をみると，「人権が国際的な問題として取り上げられるようになったのは，第二次世界大戦後のことである。（略）第二次世界大戦以前には，人権は一国の国内問題であって各国が自国民や居住者に与えるものとして国内法で考えられていた[2]。」と認識されている。

(1)世界人権宣言

20世紀には，2度にわたる世界大戦により，特定の人種の迫害，大量虐殺など，人権侵害，人権抑圧が横行し，1948（昭和23）年，国連第3回総会（パリ）において，世界人権宣言が採択された。「世界人権宣言は，基本的人権尊重の原則を定めたものであり，（略）すべての人々が持っている市民的，政治的，経済的，社会的，文化的分野にわたる多くの権利を内容とし，（略）世界各国に強い影響を及ぼしている[3]」。この宣言とその後採択された条約が保障する権利の内容を深く理解し，広めていくことが一人一人の人権を守ることにつながることを銘記すべきである。

(2)持続可能な開発目標（SDGs）

2015年，国連サミットにおいて，地球上の誰一人取り残さないことを目指して，「「持続可能な開発目標（SDGs）」も「世界人権宣言をその基礎の一つ」[4]」として採択されたのである。

(3)児童の権利に関する条約（児童の権利条約）

児童の権利に関する条約いわゆる「児童の権利条約は，18歳未満を「児童」と定義し，国際人権規約において定められている権利を児童について敷衍し，児童の権利の尊重及び確保の観点から必要となる詳細かつ具体的な事項を規定したものである。1989年の第44回国連総会において採択され，1990年に発効した。日本は1994年に批准した[5]。」ものである。この条約においては，生きる権利，育つ権利，守られる権利，参加する権利の4つが子供たちが持つ基本的な柱，「4つの基本原則」とされている。子供は大人と同様に人権を持っているが、他方で、特別な保護が必要とされている。大人や国には、子供の権利を守る責任があることを理解することが重要である。

(4)新しい人権

新しい人権とは，2005（平成17）年4月，参議院憲法調査会／日本国憲法に関する調査報告書／第3部［基本的人権］9新しい人権（知る権利，プライバシー

の権利，環境権，生命倫理，犯罪被害者の権利など）に，「知る権利やプライバシーの権利，環境権など，内容的には従来の自由権，社会権に収まり切らず，条文上の根拠の点では個別の人権規定でカバーできない人権が，一般に新しい人権と呼ばれる[6]。」と明記された。「新しい人権」を含めた基本的人権全般を再認識することが肝要である。

(5)現代の人権

世界の人々は，「戦争の世紀，と言われた20世紀を終え[7]」，21世紀を歩み出した。現代の人権について，川人[8]（2009）は，「現代の人権」の著書の目次に，「労働と人権，環境と人権，医療と人権，刑事手続きと人権，報道と人権，外国人の人権，子どもの人権」を挙げている。21世紀の現代において，平和と人権への道は険しく厳しく課題が山積していることが理解できよう（詳細は文献参照）。

(6)現代の人権課題

「令和5年版　人権教育・啓発白書（法務省・文部科学省編）」によれば，現代の人権課題は，「女性，こども，高齢者，障害のある人，部落差別（同和問題），アイヌの人々，外国人，感染症，ハンセン病患者・元患者やその家族，刑を終えて出所した人やその家族，犯罪被害者やその家族，インターネット上の人権侵害，北朝鮮当局によって拉致された被害者[9]」等が挙げられている。21世紀を生きる人々は，この課題に真正面から向き合っていくことを求められよう。

2）倫理の歴史的変遷

倫理の歴史的変遷は，何千年にもわたる思想と哲学の発展の過程である。倫理は常に社会や技術の進歩とともに進化し続けている。ここでは，それぞれの時代背景とその影響について時代別に簡潔にまとめて示す。

(1)古代の倫理

古代ギリシャでは，ソクラテスは「善く生きること」の重要性を説いた。プラトンは，理想的な善の概念を追求し，アリストテレスは「徳」を強調した。彼らの考えは，個人の徳と幸福を結びつけるものであった[10]。

(2)中世の倫理

中世ヨーロッパでは，キリスト教の支配が強まり，アウグスティヌスやトマス・アクィナスが重要な役割を果たした。彼らは，神の意志に従うことが道徳的行為の基盤であると考えた。また，教会法が倫理の基準となり，神への信仰と人間の行為が深く結びついた[11]。

(3)近世の倫理

近世ルネサンスと啓蒙時代では，ルネサンス期には，人間中心の考え方が再び注目され，科学と理性が強調された。啓蒙時代には，カントの義務論が登場し，「理性に基づく普遍的な道徳法則」が提唱された。ベンサムとミルの功利主義もこの時期に発展し，行為の結果としての幸福の最大化が倫理的に重要視された[12]。

(4)近代の倫理

近代19〜20世紀では，実存主義者のジャン＝ポール・サルトルやマルティン・ハイデガーが，人間の自由と責任を強調した。また，フェミニズム倫理学や環境倫理学が登場し，社会正義や環境保護が倫理的課題として浮上した。道徳的相対主義や多文化主義が議論されるようになった[13]。

(5)現代の倫理

現代では，遺伝子工学や人工知能など新たな技術の進展に伴い，これらに関連する倫理的課題が浮上している。データのプライバシー問題，ＡＩの倫理，環境倫理などが重要なテーマとなっている。また，グローバル化の進展により，異文化間の倫理的対話も求められている。

(6)現代の倫理的問題

長友[14]（2010）は，著書「現代の倫理的問題」の目次を次のように整理している。

表1　現代の倫理的問題

第Ⅰ部　基礎的な理論 　第1章　義務論・功利主義 　第2章　徳倫理学・公正をめぐる理論 第Ⅱ部　生命と医療をめぐる倫理 　第3章　生命倫理学の成立 　第4章　ＱＯＬとインフォームド・コンセント 　第5章　ケアをめぐる倫理 　第6章　人としての生の始まりとパーソン論 　第7章　パーソン論の展開と問題点 　第8章　脳死臓器移植	第9章　安楽死・尊厳死 　第10章　先端医療の現在 第Ⅲ部　環境をめぐる倫理 　第11章　環境問題への対応と問題点 　第12章　環境保護をめぐる思想 　第13章　環境問題をめぐる不一致 　　　　　　―地球温暖化・捕鯨問題を例に― 第Ⅳ部　ビジネスと情報をめぐる倫理 　第14章　ビジネス倫理学 　第15章　情報倫理学

（出典）長友敬一：現代の倫理的問題，xii―xiii，ナカニシヤ出版，2010をもとに筆者作成

　上記の内容を現代の「倫理的問題」と理解することができよう。関連する事例を学ぶなど，多様な問題解決の手段について，理解を深めることが極めて重要である。

3）生命倫理

(1)生命倫理の語源と生命倫理学の誕生

　「生命倫理」の語源「バイオエシックス」という言葉は，「1980年頃からまず「バイオエシックス」というカタカナ語が流通しはじめ，次に「生命倫理」という邦訳語が登場し，1980年代半ば頃から学問分野として「生命倫理学」という言葉が用いられるようになる。1988年には「日本生命倫理学会」が設立されている[15]。」そして，生命倫理の知を探求し，課題に対峙している。

(2)生命倫理とは

　1993年，「「生命倫理」とは人間が生命科学の知識やそれから生まれる生命工学を用いて自己責任ある仕方で関わろうとするときに生ずる行為の規範に関する諸問題全般の考察のための秩序・原理である[16]。」と定義され，語源は生命を意味するbio，倫理を意味するethicsの合成語bioethicsであるとされている。

(3)生命倫理の四原則
〔＊Tom L. Beauchamp, James F. Childress『生命医学倫理』1997〕

　生命倫理の四原則とは，いわゆる「医療倫理の四原則は，トム・L・ビーチャムとジェイムズ・F・チルドレスが『生命医学倫理の諸原則＊』で提唱したもので，医療従事者が倫理的な問題に直面した時に，どのように解決すべきかを判断する指針となっている。それは，自律性の尊重（respect for autonomy）・無危害（non-maleficence）・善行（beneficence）・公正（justice）[17]」が掲げられる。養護教諭とその関係者は，チームの一員として医療従事者と共に仕事をするにあたり，この4つの原則について事例をもとにその倫理，行動原則を深く理解し，その精神を尊重していかなければならない。

・生命倫理学の問題

　現代では，「生命倫理学で問題になるのは，人体実験，選択的中絶を含む人工妊娠中絶，生殖技術，臓器移植や人体組織・情報の利用，安楽死，人体改造など，生命科学と医療技術の具体的な活用・利用の是非である。これらの共通点は，従来の通常の医療の対象と目的の範囲に収まらないような性質をもつことである[18]。」このように生命倫理学は，近年のテクノロジーの発展にともない新しい次元の問題に直面していることを深く理解する必要がある。一つ一つの解決策が次の問題を生み出すことになり，問題が拡大することも少なくないことを事例を通して学ぶことが重要であろう。

＜参考文献＞

1）法務省人権擁護推進審議会：人権擁護推進審議会会長談話　平成11年7月29日
　　https://www.moj.go.jp/shingi1/shingi_990729-3.html 2024.10.10アクセス
2）上田正昭：人権歴史年表，p.28，山川出版社，1999
3）法務省：世界人権宣言
　　https://www.moj.go.jp/JINKEN/jinken04_00172.html 2024.10.10アクセス
4）法務省：世界人権宣言70周年，p.3，2018
　　https://www.moj.go.jp/content/001271449.pdf 2024.10.10アクセス
5）外務省：児童の権利に関する条約―人権外交

https://www.mofa.go.jp/mofaj/gaiko/jido/index.html 2024.10.10アクセス
6）参議院憲法調査会：日本国憲法に関する調査報告書，（平成17年4月）憲法調査会／日本国憲法に関する調査特別委員会関係資料，第3部「基本的人権」9　新しい人権（知る権利，プライバシーの権利，環境権，生命倫理，犯罪被害者の権利（など）
https://www.kenpoushinsa.sangiin.go.jp/kenpou/houkokusyo/houkoku/03_26_01.html 2024.10.10アクセス
7）川人博：現代の人権，p.2，日本評論社，2009
8）前掲書7），p.ⅰ—ⅵ
9）人権教育・啓発白書：（法務省・文部科学省　令和5年版）p.15—99
https://www.moj.go.jp/content/001398976.pdf 2024.10.10アクセス
10）柘植尚則：入門・倫理学歴史，p.3—22，梓出版社，2012
11）前掲書10），p.27—37
12）前掲書10），p.113—137
13）前掲書10），p.179—200
14）長友敬一：現代の倫理的問題，p.ⅻ—ⅹⅲ，ナカニシヤ出版，2010
15）市野川容孝：＜生命倫理＞の軌跡と課題，生命倫理とは何か，p.008—009，平凡社，2002
16）生命科学の全体像と生命倫理特別委員会：日本学術会議生命科学の全体像と生命倫理特別委員会報告　生命科学の全体像と生命倫理—生命科学・生命工学の適正な発展のために—，p.9，2003
https://www.scj.go.jp/ja/info/kohyo/18 pdf/1816.pdf 2024.10.10アクセス
17）高嶋愛里・重野亜久里・井出みはる：3．専門職としての意識と責任‐3—1．医療倫理生命倫理の四原則，p.96—97，厚生労働省
https://www.mhlw.go.jp/file/06-Seisakujouhou-10800000-Iseikyoku/0000209872.pdf 2024.10.10アクセス
18）堀田義太郎：障害と生命倫理学，ノーマライゼーション　障害者の福祉，第31巻通巻355号，2011年2月号
https://www.dinf.ne.jp/doc/japanese/prdl/jsrd/norma/n 355/n 355003.html 2024.10.10アクセス

（徳山美智子）

■■ 2 養護教諭の倫理綱領

1）倫理綱領とは

　倫理綱領とは，「専門職団体が専門職としての社会的責任や職業倫理に関する行動規範として成文化したものであり，専門職の団体と専門職各自が，専門職の理念と使命感，その責務を倫理的に果たしていく根本方針を社会に公表し，専門性を高めていくためのもの」[1]である。

　なお，2021年に発行された「学校保健の課題とその対応－養護教諭の職務等に関する調査結果から－令和2年度改訂版」（公益財団法人日本学校保健会）では，養護教諭が社会人及び教育職員として児童生徒等の健康の保持増進にかかわる諸活動を推進していく上で，人権の尊重，平等な扱い，プライバシーの保護などの守るべき義務を下記枠内のような「養護教諭の職業倫理」として記載しており，これらは次項で述べる「養護教諭の倫理綱領」に含まれる内容となっている。

> ◇人権の尊重：養護教諭は，個々の子どもの尊厳及び人権を遵守する。子どもの持つ権利を理解し，それを保証する姿勢を常に持つようにする。
> ◇平等：養護教諭は，国籍，信条，年齢，性別及び家庭環境，健康課題の性質，学業成績などにかかわらず，子どもに平等に接する。
> ◇プライバシーの保護：養護教諭は，子どもの健康に関する情報等，職務上知り得た個人情報については守秘義務を守る。
> ◇関係者との協働：養護教諭は，子どもの心身の健康の保持増進及び健康課題の解決に当たって，組織的に対応し，他の教職員や保健医療福祉などの関係機関，保護者等と協働して効果的な解決を図る。
> ◇研鑽：養護教諭は，主体的・自発的学習者として自己学習・研修・研究等を通して専門的知識や技術の習得に努める。
> ◇健康：養護教諭は，自身の心身の健康の保持増進に努める。

2）養護教諭の倫理綱領

　養護教諭の倫理綱領とは，「養護教諭の団体や養護教諭自身が，子どもの人格の完成を目指し，子どもの人権を尊重しつつ生命と心身の健康を守り育てる専門職としての理念と使命感，その責務を果たすための方針や規範について定めたものである。」[1]日本養護教諭教育学会では，2008年度より「養護教諭の倫理綱領」に関する検討を始め，2015年度総会で下記の内容が承認された。全体は，前文と14の条文で構成されている。

(1)前文について

　前文は養護教諭の倫理綱領を作成する意義等を説明しており，内容のポイントは次のとおりである。

・養護教諭は学校教育法に規定されている教育職員である。

・日本養護教諭教育学会は養護教諭の資質や力量の形成及び向上に寄与する学術団体として，「養護教諭とは，学校におけるすべての教育活動を通して，ヘルスプロモーションの理念に基づく健康教育と健康管理によって子どもの発育・発達の支援を行う特別な免許を持つ教育職員である」と定義した。

・養護教諭は子供の人格の完成を目指し，子供の人権を尊重しつつ生命と心身の健康を守り育てる専門職である。

・養護教諭が自らの倫理綱領を定め，これを自覚し，遵守することは，専門職としての高潔を保ち，誠実な態度を維持し，自己研鑽に努める実践の指針を持つものとなり，社会の尊敬と信頼を得られる。

(2)条文について

　条文は，養護の対象は子供たちであることを再確認したうえで作成されている。その内容は倫理綱領一般との整合性をはかる一方で，養護教諭の独自の内容

第4章　養護教諭の倫理指針（生命倫理を含む）　**145**

になるよう配慮し，教師性や専門性が見えるように3つの枠組みで構成されており，第1条から第4条は他業種の倫理綱領でも挙げられている「倫理綱領一般に共通するもの」，第5条から第9条は「養護教諭の専門性にかかわるもの」，第10条から第14条は「養護教諭の発展に関わるもの」である。

○**第1条**　基本的人権の尊重：教育の目標は「人格の完成をめざす」ことである。よって，教育職員である養護教諭は「子どもの人格の完成をめざす」責務を有する。その責務を果たすために，子どもの発育・発達権，健康権，教育権等の基本的人権を尊重することを掲げている。

○**第2条**　公平・平等：一般的には，社会的地位も含まれるが，養護の対象は子どもであることから社会的問題と表記している。

○**第3条**　守秘義務：ここでは，個人情報にとどまらない，職務上知り得た様々な情報と捉えており，その守秘を明示している。

○**第4条**　説明責任：単に対応内容や結果について説明したり報告したりするのではなく，自己の対応について根拠（エビデンス）を基に説明するという意味である。

○**第5条**　生命の安全・危機への介入：子どもの生命が危険にさらされているときは躊躇なく介入し，安全を確保するのみならず，人権が侵害されているときは第1条に則り人権を擁護することである。

○**第6条**　自己決定権のアドボカシー：「アドボカシー」とは，「擁護・代弁」や「支持・表明」などの意味を持つ言葉である。養護教諭は子どもの権利を擁護し，自己決定できるように支援することに加え，自己決定のために代弁したり支持したりする。また，ここでは，教職員や保護者への「支援」についても記されている。

○**第7条**　発育・発達の支援：養護教諭の専門性を踏まえて，子どもの健康の保持増進から発育・発達を支援するという特性を述べている。

○**第8条**　自己実現の支援：子どもの「生きる力」を尊重するという点にポイントがある。

○**第9条**　ヘルスプロモーションの推進：ヘルスプロモーションでは，当事者の主体性を重視すること，各個人がよりよい健康のための行動をとることができるような環境を整えることに重点が置かれている。ここでは，校内の教職員のみならず保護者や地域社会の人々や保健医療福祉関係者も含む地域社会との連携・協働が表記されている。

○**第10条**　研鑽：教育職員として研究したり，研修を受けたりすることにとどまらず，専門職として意識を高く持ち研鑽するということである。

○**第11条**　後継者の育成：養護教諭という職の発展にむけて後継者の育成は欠かせない。また，社会の信頼を得られるなど育成すべき後継者の姿も示されている。

○**第12条**　学術的発展・法や制度の確立への参加：第10条の研鑽は自己の研修にとどまらず，養護教諭の専門性を支える学術的成果になることを求めている。その成果をいかして，養護教諭の発展のためには，様々な法の制度や改正にも目配りし，必要に応じて意見の反映を要請するということである。

○**第13条**　養護実践基準の遵守：個々の養護教諭が実践を振り返り，その学びを共有することが重要であるが，質の高い養護実践を目指した省察には基準が必要である。日本養護教諭教育学会では，2017年度から検討を重ね2020年に「養護実践基準（2020年度案）」を示している。

○**第14条** 自己の健康管理：養護教諭は自身が健康でなければならない。自己の健康について「働き方改革」も含めて検討していく必要がある。

「養護教諭の倫理綱領」は，養護教諭の実践を支えるバイブルのようなものである。日頃から意識し，心がけることで，養護教諭の専門性を社会に示すことにつながることが期待される。

「養護教諭の倫理綱領」（日本養護教諭教育学会　2015年度総会（2015. 10. 11）承認）

○前文

養護教諭は学校教育法に規定されている教育職員であり，日本養護教諭教育学会は養護教諭の資質や力量の形成および向上に寄与する学術団体として，「養護教諭とは，学校におけるすべての教育活動を通して，ヘルスプロモーションの理念に基づく健康教育と健康管理によって子どもの発育・発達の支援を行う特別な免許を持つ教育職員である」と定めた（2003年総会）。

養護教諭は子どもの人格の完成を目指し，子どもの人権を尊重しつつ生命と心身の健康を守り育てる専門職であることから，その職責を全うするため，日本養護教諭教育学会はここに倫理綱領を定める。

養護教諭が自らの倫理綱領を定め，これを自覚し，遵守することは，専門職としての高潔を保ち，誠実な態度を維持し，自己研鑽に努める実践の指針を持つものとなり，社会の尊敬と信頼を得られると確信する。

○条文

第1条	基本的人権の尊重	養護教諭は，子どもの人格の完成をめざして，一人一人の発育・発達権，心身の健康権，教育権等の基本的人権を尊重する。
第2条	公平・平等	養護教諭は，国籍，人種・民族，宗教，信条，年齢，性別，性的指向，社会的問題，経済的状態，ライフスタイル，健康問題の差異にかかわらず，公平・平等に対応する。
第3条	守秘義務	養護教諭は，職務上知り得た情報について守秘義務を遵守する。
第4条	説明責任	養護教諭は，自己の対応に責任をもち，その対応内容についての説明責任を負う。
第5条	生命の安全・危機への介入	養護教諭は，子どもたちの生命が危険にさらされているときは，安全を確保し，人権が侵害されているときは人権を擁護する。
第6条	自己決定権のアドボカシー	養護教諭は，子どもの自己決定権をアドボカシーするとともに，教職員，保護者も支援する。
第7条	発育・発達の支援	養護教諭は，子どもの心身の健康の保持増進を通して発育・発達を支援する。
第8条	自己実現の支援	養護教諭は，子どもの生きる力を尊重し，自己実現を支援する。
第9条	ヘルスプロモーションの推進	養護教諭は，子どもたちの健康課題の解決やよりよい環境と健康づくりのため，校内組織，地域社会と連携・協働してヘルスプロモーションを推進する。
第10条	研鑽	養護教諭は，専門職としての資質・能力の向上を図るため研鑽に努める。
第11条	後継者の育成	養護教諭は，社会の人々の尊敬と信頼を得られるよう，品位と誠実な態度をもつ後継者の育成に努める。
第12条	学術的発展・法や制度の確立への参加	養護教諭は，研究や実践を通して，専門的知識・技術の創造と開発に努め，養護教諭にかかわる法制度の改正に貢献する。
第13条	養護実践基準の遵守	養護教諭は，質の高い養護実践を目指し，別に定める養護実践基準をもとに省察して，実践知を共有する。
第14条	自己の健康管理	養護教諭は，自己の心身の健康の保持増進に努める。

＜参考文献＞

1）日本養護教諭教育学会：養護教諭の専門領域に関する用語の解説集＜第三版＞，2019

（塚原加寿子・後藤ひとみ）

第4章　養護教諭の倫理指針（生命倫理を含む）　**147**

第5章 養護実習

■ 1 養護実習の目的と法的根拠

【学びの達成目標】
①養護実習の目的，法的根拠，実習の方法，実習生としての姿勢について理解している。（知識・技能）
②養護実習に出向くにあたって自己の課題を発見・分析し，その解決を目指して科学的に思考・判断し，それらを書いたり，他者に伝えたりすることができる。（思考・判断・表現）
③養護実習後には自己の課題について自己評価を行うとともに自己の課題を発見・分析し，その解決を目指して科学的に思考・判断し，それらを書いたり，他者に伝えたりすることができる。（思考・判断・表現）
④養護実習の学修に主体的に取り組むことができる。

1）養護実習の目的

養護実習とは，「養護教諭免許状取得のために，学校現場で養護教諭としての実践力を高めるために行う実習であり，教育職員免許法で定められている教育実践に関する科目の一つである。」と定義されている。

「大学で学習した知識や技術について実際の教育現場で体験することにより，養護教諭の職務・役割や学校保健活動を理解し，養護教諭としての実践的基礎的な資質能力を身につける場である」[1]。

養護教諭と同様に，教員に課せられている教育実習は，「就職する前の教師としての必要な最低限の実践経験の機会となる」「大学で学んだ知識・技術を具体的に検証する場となる」という2つの側面があり[2]，養護実習においても共通しているといえる。それらを踏まえると，養護実習の目的は，大学等で修得した養護教諭の職務における専門的知識や技術を「学校」という教育実践の場で体験的に学ぶことである。具体的には，次のような内容があげられる。

【例】
①教育活動の一環としての学校保健活動を理解する
②学校保健活動の実際と養護教諭の職務や役割を理解する
③児童生徒の健康課題を把握し適切な対応や連携の在り方を理解する
④学校教育活動について理解する
⑤教育者としての基本的な心構えを理解する
⑥実習生自身の養護教諭としての適性や能力を知る等

養護実習は，限られた期間の中で子供と直接関わることができる。実習生には，自ら目的意識を持ち実習の意義を理解した上で主体的で積極的な姿勢が求められる。また，「学校という組織や養護教諭の職務・役割を体験的に学ぶ中で，養護教諭としてのアイデンティティを高める機会となる」[3]。

また，実際の学校現場においてこれまで学んだ事柄を具体的な教育の実践を通して検証していくことができる場でもある。これまでの学習の成果を実践し，省察することで新たな学びを得ることができる。また，学校現場における現代的な課題を直に感じ取ることができ，その課題に対して，学校内の教職員や専門職種との連携，学校外の専門機関等との連携を学校組織としてどのように展開しているのかを学ぶよい機会でもある。養護実習で体験した事を大学に戻ってから，新たな問題意識によって捉え直し整理していく中で，既習の内容を深化したり，発展させたりすることができる。

一方で，養護実習を通して，自らが養護教諭になれるか（なりたいか），養護

教諭としての適性があるのかを知る機会でもあり，自分が養護教諭になるためにはこれからどう学習をしていけばよいのかを探る場にもなる。限られた期間ではあるが，子供たちから一人の「養護教諭」として「先生」と呼ばれることの責任とやりがいを感じ取ることのできる絶好の機会である。

2）養護実習の法的根拠

養護実習の法的根拠は，教育職員免許法施行規則第9条「養護及び教職に関する科目」の第五欄「教育実践に関する科目」に「教職実践演習」とともに規定されている。養護実習は，学校現場での臨地実習と実習の事前事後指導を含めて5単位取得する必要がある。単位については，2015（平成27）年12月の中央教育審議会答申において，「学校インターンシップについては，教職課程において義務化はせず各大学の判断により教育実習の一部にあててもよいこととする」[4]。と提言され，教育（養護）実習に「学校インターンシップ（学校体験活動）」を2単位まで含めることが可能となった。また，養護実習の方法や時期は，各大学が定めるカリキュラムによって定められているため，各大学により異なるが実習期間はおおむね3週間から4週間である。

| 第五欄 | 養護実習に関する科目 | イ　養護実習（学校インターンシップ（学校体験活動）を2単位まで含むことができる。） | 5単位 |
| | | ロ　教職実践演習 | 2単位 |

（教育職員免許法施行規則第9条「養護及び教職に関する科目」より抜粋）

養護実習で得られた学びや学生自身の課題は，教職課程履修最終学年の後期に必修科目として位置付けられ，教職課程の総まとめとなる科目「教職実践演習」につなげ，卒業後に即戦力となることが期待される。

＜参考文献＞

1）日本養護教諭教育学会：養護教諭の専門領域に関する用語の解説集＜第三版＞16，2019
2）教師養成研究会編：教育実習の研究　改訂版，学芸図書，6，2001
3）三木とみ子編集代表：新訂　養護概説，ぎょうせい，264，2018
4）文部科学省：中央教育審議会，「これからの学校教育を担う教員の資質能力の向上について〜学び合い，高め合う教員育成コミュニティの構築に向けて〜」（答申），31，2015
5）大谷尚子，中桐佐智子編：改訂養護実習ハンドブック，東山書房，2023
6）佐藤晴雄：教職概論教師を目指す人のために第6次改訂版，学陽書房，2022

（西岡かおり）

■■ 2　養護実習の方法

「養護実習」とは，養護教諭免許状の取得を目指す学生が学校（実習校）で行う実習のことであり，教育職員免許法に規定されているが，養護実習の実施時期・内容及び方法等についての記載は無く，養成大学に任されている。そのため，養護実習は，各養成大学により，時期・期間・校種等が異なっているが，実習内容は養護教諭の主な役割である保健管理・保健教育・健康相談及び健康相談活動・保健室経営・組織活動についてとほぼ共通している。なお，保健室での実習が主となるが，配属学級に入り給食指導や清掃指導等，教室内での対応等，保健室以外での実習も含まれる。

養護実習の方法についても「講話」「観察」「参加」「実習」が主なものとして，いずれの養成大学も共通しており，実習生の行動に置きかえると「聞く」「見る」「実施する」「実践する」ことといえる。

以下に，主な方法と項目について述べる。

1）講　話（聞く）

実習校の先生方（校長・教頭・教務主任・保健主事・指導養護教諭等）から，テーマに沿って話を聞く。

・実習校の教育目標，学校経営方針，学校教育全体について学ぶ。
・実習校の子供の実態及び課題と，重点的な指導について学ぶ。
・実習校の目指す子供像と保護者の願いや地域の実態との関連について学ぶ。

第5章　養護実習　**149**

・実習校の校務分掌等，組織的な教育体制について学ぶ。

・実習校の指導養護教諭の所属する部や委員会について学ぶ。

・教職員としての心構えや姿勢について学ぶ。

・実習中，教職員として遵守するべきことがら等について学ぶ。

・教育目標具現化のための実習校の日課や単元計画等について学ぶ。

・実習校の子供の実態に応じた授業計画や指導法の工夫について学ぶ。

・災害の発生時等の実習校における安全に関わる校内体制について学ぶ。

・学校教育目標や子供の実態との関連を理解し，実習校の学校保健計画について学ぶ。

・学校保健委員会等，実習校における保健組織活動について学ぶ。

・実習校における指導案形式や教材教具について学ぶ。

・実習校の子供の健康実態と課題解決のための保健室経営について学ぶ。

・実習校の健康診断実施要領を理解し，健康診断の概要について学ぶ。

・実習校の傷病発生時の救急体制について学ぶ。

・日本スポーツ振興センター災害共済給付等，実習校の保健関係の事務手続きについて学ぶ。

2）観　察（見る）

実習校の子供や教職員の活動を注意深く見る。

・校内巡視を行い，安全管理及び環境衛生について理解する。

・登校時の子供の様子を観察し，心身の健康状態の理解を深める。

・授業参観時，子供の学習意欲や学級での学習時のきまり等を学ぶとともに，保健室での様子と比較し，子供の理解に努める。

・休憩時間中の子供の様子を観察し，子供の過ごす場所や行動から，心身の健康状態の理解に努める。

・委員会活動やクラブ活動の参観では異学年間の子供の様子を観察し，発達段階の違いについて理解を深める。

・指導養護教諭の児童への対応を観察し，子供との信頼関係をむすぶためにどのようなことばかけや対応がよいのかを考察する。

・指導養護教諭の来室者への対応を観察し，子供の気持ちに沿った救急処置の手順や方法等について考察する。

・指導養護教諭の管理職や担任等との連携の仕方を観察し，協働のための具体的な方策等について理解を深める。

・指導養護教諭の保護者との連携の仕方を観察し，理解を深める。

・指導養護教諭の学外の専門家（機関）との連携の仕方を観察し，理解を深める。

3）参　加（実施する）

実習校の教職員の行う活動に，補助的に関わる。教職員の活動をモデルとして，実習生が一部を担当して実施する。

・職員朝会・打合せに参加し，健康診断の留意事項等について，要点を踏まえて簡潔に連絡する。

・朝の会で，子供が理解しやすいよう表現を工夫し，健康診断時の行動について説明する。

・休憩時間中に子供と共に活動するとともに，安全管理に配慮する。

・給食時間中や清掃時間中の子供の様子を観察するとともに，安全管理や衛生管理に努める。

・委員会活動やクラブ活動時に，必要な事項を指導し，子供と共に活動するとと

もに，健康管理や安全管理に留意する。

・遠足等の学校行事に参加し，子供と共に活動するとともに，健康管理や安全管理に留意する。

・学校薬剤師や指導養護教諭とともに，環境衛生検査を実施する。

・回収した健康観察表から，欠席者や感染症等，留意すべき状況を把握する。

・保健関係事務の一部を担当し，学びを深める。

4）実　習（実践する）　実習校の教職員の指導を理解し，講話・観察・参加で学んだことを踏まえ，実習生が主体的に養護活動を実践する。

・保健室整備に配慮し，清潔で使いやすい保健室を保つ。

・健康診断実施要領に基づき，事前準備として保健調査票や使用物品の確認・整備，会場設営を実践する。

・健康診断実施時は，子供の活動や教職員への連絡等に配慮しながら，正確かつ迅速な計測等を実践し，円滑な運営に尽力する。

・健康診断実施後の事後措置に関し，学校医執務記録や健康診断表等の表簿の記録確認，再検査の連絡等，事後措置で行うことや文書を整理する。

・健康診断後の記録を整理し，教職員への連絡事項をまとめる。

・半日又は一日保健室実習では，実習生が主体的に保健室経営を実践する。

・半日又は一日保健室実習では，来室者に対して丁寧にアセスメントを実施し，養護診断を行い，対応を決める。

・養護教諭の特性を生かし，集団対象の保健教育を実践する。

・保健教育の授業後に授業を振り返り，省察する。

・授業参観した教職員からの助言を集約し，評価から更に省察を行う。

・科学的根拠に基づいたほけんだよりや掲示物作成に努める。

・子供の興味関心を高めるようなほけんだよりや掲示物を工夫し，効果的な保健教育の実践につなげる。

・日々の実践を丁寧に記録し，省察する。

・養護実習期間を振り返り，自己評価を行うとともに，自己課題を見出し，課題解決のための方法を吟味する。

（今野　洋子）

■■ 3　養護実習の実施計画

1）事前情報の確認：養成大学担当者との打ち合わせ

　養護実習の内容は養成機関と実習校の裁量に任されているのが現状である。しかしながら，子供の健康課題の変化や社会背景とともに変化する学校教育のニーズや役割に対応するためには，養護実習においても時代にあった内容の精選が必要となる。

　そのため，養護実習には，実習校と養成大学の連携が欠かせない。双方が，実習の目的，目標，内容，評価を共通認識できる指導の工夫が求められ，また，以下の状況を事前に大学担当者と打合せをしておくことで，効果的な実習計画の立案の参考となる。

　　●実習期間中や前後に大きな学校行事，保健行事等があるか。

　　●指導に関われる教員・学校関係者がどのくらいいるか。

　　●実習期間はどのくらいか。

　　●実習生の大学等での履修状況（実習学年）はどうなっているか。

第5章　養護実習　**151**

**2）受け入れ側の心
得：養護教諭の教
育観と養護観**

●実習生は学校体験活動を経験しているか。

実習生が養護実習の目標を達成し満足度を得るためには，実習生と指導養護教諭の良好な関係が重要である。

養護実習は，学生にとって養護教諭の職務の理解を深めるとともに，教育観，養護観などを構築する機会である。その鍵は，指導養護教諭が「職務内容をどのように捉えているか」「どのような価値観をもって学生を指導するか」となる。

養護実習は，実習生が①自分に不足している点に気がつくこと，②自分自身の成長につながること，③教員の魅力を感じ教員を目指すモチベーションが上がること，④大学で学ぶ養護学の理論と実践の統合につなげる機会とすること，等が望ましい。

指導養護教諭には，①実習生にとってのロールモデルになること，②指導を通して自身を振り返り，スキルアップの機会とすることも望まれる。

さらに，実習生を受け入れた学校は，管理職・学年主任・学級担任・司書教諭・業務主事等で共通理解を図り，学校全体の協力体制がより良い養護実習につながる。

**3）実習指導計画の作
成：ゴールを見据
えつつ柔軟な運用**

学校側は，実習期間中に教員・養護教諭の業務のすべてを伝えることはできない。しかしながら，学校と実習生の状況を踏まえて，養護実習のゴールを見据えつつ，効率的で効果的に行えることが望ましい。学校にとっても実習生にとって，時間的に無理のない軌道修正を重ねながらの柔軟な運用が必要である。

実習指導計画を作成し，全教職員に周知すること，学校組織全体の共通理解のもとで進めることが大切である。

以下は，4週間の養護実習の大まかな枠組みの一例である。また，職員会議で提案する際の「養護実習計画」を示す。これに加えて，本書巻末に示す資料編には具体的な養護実習の時間割例を示したので参考にしていただきたい。

第1週目：講話と見学・・・教育計画・活動の全体をつかみ，実習計画を立てる。

第2週目：見学から実施・・・基本的教育法を習得し，実習する。

第3週目：実施中心・・・教育活動の全体を把握し，実践する。

第4週目：総合的な活動・・・基本実習を活かし教育実習をまとめる。

養護実践を行う上で不可欠なのは，児童生徒理解である。しかしながら，保健室内の情報だけでは不十分である。他の教職員との情報交換が不可欠であるため，日頃から教職員と積極的に関わる必要性がある。そのためには，学校活動全体を通して，できるだけ多くの児童生徒と関わることが必要である。

令和○○年○月○○日

養護実習計画

1　ねらい　　　　養護教諭として必要な知識，技術，資質を学校現場での実習を通して習得する。
2　実習生氏名　　○○　○○
3　実習時期　　　令和○○年○月○○日（　）〜令和○○年○月○○日（　）
4　指導養護教諭　○○　○○
5　指導目標
　(1)　学校組織運営の概要，教育活動全般，環境，施設について知る。
　(2)　児童生徒の理解と教育活動について知る。
　(3)　学校保健活動（保健教育，保健管理，組織活動）及び保健室経営の実際について知る。
　(4)　センター的役割としての保健室，コーディネーター的役割としての養護教諭について，実際の執務を通して体験する。
6　実習内容
　(1)　児童生徒の心身の健康状態及び課題について把握する。

⑵　定期健康診断の準備実施，事後処理，家庭通知の実務を学ぶ。
⑶　健康観察の実際を参観し，気になる児童生徒の把握に努める。
⑷　救急処置の方法，健康相談活動における児童生徒への適切な指導助言について学ぶ。
⑸　緊急事故発生時の校内連絡体制，保護者連絡，救急車要請，ＡＥＤ操作等について学ぶ。
⑹　日本スポーツ振興センターの制度，申請方法及び給付金支払い等事務手続きについて学ぶ。
⑺　学校感染症や感染性疾病発症時の早期発見と感染拡大予防について学ぶ。
⑻　保健教育（保健学習・保健指導）について児童生徒に指導する。
⑼　他の教員の授業参観を通して，授業の進め方や発問等の仕方，板書について学ぶ。
⑽　通常学級での実習を通して，学級経営や児童生徒との交流を深める。
⑾　特別支援学級での実習を通して，配慮を要する児童生徒への対応や関わり方について学びを深める。
⑿　学校行事，特別活動，給食指導等，全教育活動にできるだけ参加し，学校組織や教職員との連携について学ぶ。
⒀　食物アレルギーの児童生徒への給食対応，緊急時及びエピペン®対応時の体制について学ぶ。（守秘義務）
⒁　管理職，教職員，保護者，教育委員会等養護教諭が，どのようにかかわりを持っているかを学ぶ。
⒂　ＳＣ・ＳＳＷと児童生徒の用法交換や関係機関へのつなぎ方等について学ぶ。（守秘義務）
⒃　学校医，学校歯科医，学校薬剤師との連携について学ぶ。
⒄　ケース会議に参加し，児童生徒の課題解決の方法やその流れについて知る。（守秘義務）
⒅　状況に応じて，部活動へ参加する。
7　実習日程及び内容
　　※資料編により参照

＜参考文献＞
1）三木とみ子編集代表：新訂　養護概説，p268－269，ぎょうせい，平成30年
2）斎藤千景，他：実習指導を行う養護教諭のための「実習サポートガイド」の作成と評価，p65－75，埼玉大学紀要，2020
3）横浜市教育委員会：教育実習サポートガイド【養護教諭編】，平成31年
4）尾花美恵子，他：養護教諭のための養護実習マニュアル，少年写真新聞社
5）齋藤千景：学校保健研究　JpnJSchool Health 58;2016;75-83　養護教諭養成大学における養護実習の現状と課題

（道上恵美子）

4　養護実習の実施

　実習は，養護教諭や学級担任，管理職，教務主任といった多様な立場の指導者から助言を受け，学ぶ機会を多く得られる貴重な機会である。常に課題意識を持ちながら，養護実習に臨むことが大切である。

1）児童生徒を把握しやすい時間帯

　観察は，児童生徒の心身の健康状態，社会性，精神発達の度合，友人や学級担任との関係性等を把握するための原点となる。観察する中で，児童生徒が健やかに成長していくための視点や課題が明らかになり，有効な支援や関わりの方法が見えてくる。実習では，児童生徒の様子を活動場面ごとに分けて理解するのではなく，学校生活の流れの中で経時的に捉えることが大切である。児童生徒を把握しやすい時間帯として，以下に示す。

時間帯	把握したい事柄（例）
登校・下校	表情，姿勢，歩き方，服装，一緒に登校する児童生徒との関係性 ＊実習中は，校門や児童が登校する玄関に立って児童生徒に挨拶を心がけるなど，登校時の様子を把握することが望ましい
朝の会・帰りの会	児童生徒の様子，健康状態，照明や換気の状況，宿題の提出状況，友人や学級担任との関係性 ＊学級担任が不在の場合が多いため，学級によっては児童生徒間のトラブルが起きやすい時間帯である
授業中	児童生徒：表情，姿勢，態度，発表の内容や様子，休み時間や保健室来室時との違い 教師：発問，声の大きさ，教材の工夫，授業内容 ＊色覚異常，難聴，低視力等の児童生徒への配慮がなされているか把握する ＊教室の環境について，衛生面・安全面から把握する
休み時間	教室内や教室外で遊んでいる児童生徒の様子，表情，遊び方，発達段階による違い，遊具の使い方

第5章　養護実習　**153**

		＊保健室に来室する児童生徒への対応とともに，運動場や教室での児童生徒の様子を観察したり，校内巡視を行ったりすることも大切である
	給　食	献立，食物アレルギーの対応，安全面や衛生面での配慮，清潔な身だしなみ，食べ方，食欲，姿勢，量，食事中の会話 ＊食事中に，朝食の喫食状況や就寝時刻を聞くなど児童生徒の健康状態を把握する
	清　掃	児童生徒の様子，態度，用具の使い方，身だしなみ ＊教師の目が行き届かない清掃場所がないよう留意する
	その他	慢性疾患の児童生徒への支援や配慮体制，特別な教育的支援を要する児童生徒や外国にルーツのある児童生徒，多様な性の児童生徒などに対する支援体制や配慮事項についても把握することが望ましい。また実習校の教育方針や地域の実態を踏まえ，多角的に把握する

2）校内外の教職員との連携

　これからの学校は，複雑化・多様化した課題を解決していくために教職員が「チーム学校」となって連携，協働する必要がある。「養護をつかさどる」専門職として，養護教諭は学校内外の教職員や機関と連携することが求められる。

　特に，以下の事柄については養護教諭の専門的な立場から意見を求められる場合が多い。

- ・定期健康診断　　・保健室登校　　・いじめや虐待　　・医療的ケア　　・発達障害
- ・性に関する事柄　　・ヤングケアラー　　・外国にルーツを持つ児童生徒
- ・児童生徒の命や安全に関わる緊急時　　・心臓疾患や食物アレルギーなどの慢性疾患

　実習では，重症度・緊急度の高い傷病や自然災害（地震・津波等），不審者対策などの緊急時の校内体制に関して，実習校の学校規模や地域性を踏まえた具体的な危機管理及び訓練について，学ぶことが重要である。同時に，学級担任や管理職，生徒指導担当，スクールカウンセラー，スクールソーシャルワーカーといった学校内の教職員との連携や学校外の専門機関との連携に関する理解も行う。

3）実習中の記録

　児童生徒の発話や様子の記録は，児童生徒の表情や態度が時間帯によって異なることに気がつくなど，児童生徒理解を円滑に行うために役に立つ。実習中は，様々な学年や授業を参観できる機会であるため，保健室に来室しない児童生徒の様子を含めて，積極的に児童生徒と関わる。同時に，実習中の気づきは，可能な限りメモで残し，実習日誌で整理することで，学びの可視化を行う。

<参考文献>
1）筒井美紀・遠藤野ゆり編：ベストをつくす教育実習　強みを活かし実力を伸ばす，有斐閣，2017
2）尾花美恵子・栗田舞美・西川路由紀子著：養護教諭のための教育実習マニュアル＜第5版＞，少年写真新聞社，2016
3）大谷尚子・中桐佐智子編：改訂　養護実習ハンドブック，東山書房，2015

（三宅　昂子）

■■ 5 養護実習の評価の役割

養護実習は，養護教諭としての知識や技術を深め，実際の現場での経験を通じて学びを得る重要な機会となる。実習を通じて，学生は学校現場で児童生徒や学校関係者と関わることで，養護の専門職としてのスキルや視点を実践的に身につけることができる。この実習の中で，学生がどのように学び，どれだけ成長したかを把握するためには，実習の評価は欠かせない。評価は，学生にとっても振り返りと自己理解のための重要なプロセスであり，指導養護教諭や実習担当者（以下：実習指導者）にとっても，学生がどのように変化し，今後どのような指導が必要であるかを考える指標となる。

1）養護実習の目的と評価の意義

養護実習では，学生が学内で学んだ理論や知識を，実際の学校現場で応用する場である。実習を通じて，学生は養護教諭としての役割や職務，児童生徒との関わり方を体験し，健康相談活動や健康診断のサポートなど，多岐にわたる実務を経験する。これにより，大学で学んだ内容が実務でどのように活用されているかを理解し，自らの成長を確認する。そのため，実習の評価は，単に知識やスキルの習得度を測るだけではなく，学生が養護教諭という職に自覚をもち，現場での応用力や対応力をどの程度獲得しているかを把握する重要な指標となる。評価があることで，学生は実習での行動や，やり方を振り返り，今後の成長のための課題を明確にすることができる。そして，教職実践演習に繋げることができる。

養護実習における評価は，いくつかの観点から行われる。主な観点として以下のような項目が挙げられる。

2）評価の観点と具体的な方法

1．専門的知識とスキルの習得度

学生が養護教諭として必要な知識や技術をどれだけ習得しているかを評価する。救急処置の手順や健康相談活動の技法，健康診断の補助業務など，実習内容に応じた知識やスキルが的確に身についているかを確認する。

2．児童生徒の関わり方

養護教諭は，児童生徒の心の健康を支える役割を担っている。そのため，学生が児童生徒に対して配慮を持った対応ができているか，健康相談活動の支援が支援の際に適切な態度で関わっているかを評価する。

3．学校内での協調性やコミュニケーション能力

学校内での養護教諭の役割は多様であり，職員や保護者との連携も欠かせない。そのため，実習生が職員や他の実習生とどのようにコミュニケーションをとり，協力しながら業務を行っているかも評価の重要な要素となる。

4．自己評価力と成長意識

学生が自らの行動や学びを振り返り自己評価を行う力も重要である。実習後，レポートや自己評価を通じて実習内容や自らの対応についての振り返りができているか，改善点や今後の課題を具体的に述べられているかも評価の対象となる。

5．倫理観と守秘義務の理解

養護教諭は個人情報やプライバシーの取り扱いに関して高い倫理観を求められる。実習中においても，学生が個人情報の取り扱いに配慮し，適切な態度で業務に取り組んでいるかを確認する。

これらの観点に基づき，実習指導者は日々の観察やフィードバック，自己評価の内容を参考にしながら評価を行う。また，最終的には評価シートや成績評価にまとめ，学生の成長を確認し，学生が次のステップに進むための糧となるようにする。これらをもとに大学の実情に応じ，評価の観点をプラスしていくことも考

3）評価表を通じた学びと今後の課題

えられる。

　評価は，学生にとって自身の学びや成長を客観的に理解する機会であるのと同時に，今後の学びの方向性を確認するための指標ともなり得る。実習後に評価結果を受け取ることで，学生は自分の強みと課題を明確にし，今後どのようなスキルを磨くべきか，どのように取り組んでいくべきかを再確認する。

　評価を通じて学んだことの一例として，コミュニケーション能力の向上が挙げられる。養護教諭は，学校内外の関係者と連携して仕事を進めることが大切であるため，対人関係スキルの調整力の学びが重要である。実習を通して，自らのコミュニケーション力に課題を感じた学生は，意識的にその点に取り組むことで，更なる飛躍が期待できる。

　また，評価を通じて養護教諭の倫理観や責任感を深めることも重要である。特に実習において守秘義務や倫理に関わる問題が取り上げられた場合，学生はその点を強く意識しなければならない。こういった意識は，養護教諭としての信頼を築くために不可欠であり，今後においても常に意識すべき重要な課題である。

4）評価に基づく改善と教育の資質向上

　養護実習における評価は，個々の学生の成長を促すだけではなく，実習教育全体の資質を向上させる重要な情報源ともなる。評価結果を分析することで，実習プログラムの改善点が見えてくることもある。例えば，学生の多くが特定のスキルに課題を感じている場合，そのスキルに関する講義や演習の強化が検討される。また，評価の段階で指導養護教諭や実習担当者が気づいた点やフィードバック，教育カリキュラムの向上に活かされるべきものである。評価は，単なる「成績」ではなく教育現場全体の資質向上に貢献するものと捉え，改善に役立てることが求められる。

5）ルーブリック評価

　そのための評価方法としてルーブリック評価が挙げられる。ルーブリック評価は，学生が各評価観点でどの程度のレベルに達しているかを明確にするための基準として有用である。以下にルーブリック評価の例を示す。評価項目としては，

ルーブリック評価を用いた養護実習評価例

評価観点	評価項目	優れた　(4)	良好　(3)	普通　(2)	要改善　(1)
知識・技術	基礎知識の習得	養護教諭に必要な基礎知識（応急処置，健康管理，感染症対策等）を深く理解し，実践に適切に活用している。	基礎知識を理解し，実習において適切に活用できている。	基礎知識の理解度に若干の不足があるが，実習で活用しようとしている。	基礎知識の理解に欠け，実習での活用が不十分である。
	技術への応用力	応急処置の技術を適切に応用し，現場での柔軟な対応ができている。	救急処置に必要な技術をおおむね理解し，状況に応じて実践できている。	救急処置に必要な基本的な技術は実践できているが，応用に課題がある。	救急処置の技術の習得が不十分であり，実習での対応が不適切である。
		健康相談活動の技術を適切に応用し，現場での柔軟な対応ができている。	健康相談活動に必要な技術をおおむね理解し，状況に応じて実践できている。	健康相談活動に必要な基本的な技術は実践できているが，応用に課題がある。	健康相談活動における技術の習得が不十分であり，実習での対応が不適切である。
児童生徒対応能力	児童生徒への寄り添い	児童生徒一人ひとりに寄り添い，信頼関係を築く対応ができている。	児童生徒に寄り添う姿勢があり，信頼関係を築くことができている。	児童生徒に寄り添おうとしているが，対応が画一的になる場合がある。	児童生徒との信頼関係が築けず，一方的な対応に終始している。
	個別対応力	児童生徒の個別のニーズに合わせた適切な対応ができ，臨機応変にサポートしている。	児童生徒のニーズに配慮し，必要なサポートができている。	ニーズに応じた対応を試みているが，適切さにやや不足がある。	児童生徒のニーズを考慮せず，画一的な対応しかできない。
コミュニケーション能力	教職員との連携	教職員と適切に情報を共有し，協力関係を築くことができている。	教職員との情報共有に配慮し，必要な協力を得られている。	教職員と情報を共有しようとしているが，不足する部分がある。	教職員と情報共有や協力が十分に行えていない。
自己評価能力	振り返りと自己改善	自らの行動や学びを深く振り返り，具体的な改善案を立てて実践できている。	自らの行動を振り返り，改善点を見出して次の行動に活かしている。	振り返りを行っているが，改善点の具体化が不足している。	振り返りが不十分で，具体的な改善案が見出せていない。
	自己評価の正確性	自己評価が現実に即しており，自己の課題や強みを正確に把握できている。	自己評価を行い，おおむね正確に自己の課題を把握できている。	自己評価を試みているが，課題や強みの把握にズレがある。	自己評価が不十分であり，課題や強みの把握が不正確である。
倫理観と守秘義務	守秘義務	個人情報や守秘義務を厳守し，徹底した対応ができる。	基本的な守秘義務を守り，締結に対応できている。	守秘義務に関する理解が一部不足しているが，大きな問題はない。	守秘義務の理解が不足し，不適切な対応が見られる。

「知識・技術」「児童生徒対応能力」「コミュニケーション能力」「自己評価能力」「倫理観と守秘義務」を含め，各項目に評価レベルを 4 段階（優れた・良好・普通・要改善）で示した。このルーブリック評価を用いることで，指導教員は学生の実習状況をより具体的かつ客観的に評価でき，学生自身もどの部分で優れているのか，またどの部分で改善が必要かを把握しやすくなる。また，この評価結果をもとに，自身の成長計画を立て，さらに実践力を高めていくための資料として活用することもできる。

＜参考文献＞

1 ）ダネル・スティーブンス，アントニア・レビ：大学教員のためのルーブリック評価入門，玉川大学出版部，2014

（岩崎　和子）

第6章 養護教諭の研究

1 研究方法とプロセス

【学びの達成目標】
①研究の目的，養護・学校保健分野における「研究」の意義について説明することができる。
②養護教諭分野における研究方法やプロセスについて説明することができる。

1）研究の意義

研究とは，特定のテーマや問題について，実験や観察，調査などを通して調べ，その物事についての新しい知識や理解を得ようとする体系的な活動である。多忙ともいえる業務を抱える養護教諭にとって，研究活動を行う意義とは何か，また，その意義はどれほどあるのだろうか。

さて，養護教諭の新たな役割といわれた健康相談活動が誕生して久しい。当時，子供たちの問題として深刻に受け止められていた不登校やいじめによる自殺については，これまでも様々な分析や解決のための試み，研究などが行われてきた。この間，新たにわかったこともあったが，いまだに解決の目途が立ったとはいえない。

さらに新たな感染症や自然災害など，予測困難といわれる時代の中を生きる子供たちの問題はますます複雑化している。このような状況の中でも，養護教諭には適切な対応が求められ，また，養護教諭自身も「最適と思われる方法」を探して，日々奮闘している。今，最適と見なされることは何か，それを解き明かすための方法を学び実践する，又は，新たに創出された知見を読み解く力をつける。そのためにこそ，養護教諭が研究活動をする意義があると考える。

2）養護教諭に求められる研究とは

養護教諭に求められる研究は，子供の健康の保持増進に役立つ知見や，子供の問題を解決し，子供の成長や発達を支援する際の養護実践に役立つ知見や方法が提供される研究である。

そのような研究の成果は，養護教諭が，①子供の複雑化した状況を理解し，深く認識したり，②認識した状況に潜む課題を発見し，解決策を考えたり，③実施した解決策を見直し，より適した対応を検討したりすることに役立てられる[1]。また，養護教諭自身も，このような実践を繰り返し，研究の成果を検証することで，養護学構築のために必要な理論の体系化に貢献できる。

以下，そのために必要な研究の方法や研究のプロセスの概要について解説する。

3）研究のプロセス
(1)研究を実施する前の確認作業

そもそも研究をする前に，その研究テーマ（研究疑問：リサーチクエスチョン（ＲＱ））が研究として成り立つかという確認作業が必要となる。専門家に話を聞いたり，関連書籍を読むことで解消できるものは研究疑問にはならない。研究可能な疑問や課題とは，問題解決を助けるための具体的な事実を提供し，新しい研究を生み出し，理論に貢献し，又は実践を改善するのに役立つ疑問や課題である。表1に研究を実施するべきかについて確認をするためのチェックポイントを示した。また，日々の実践を研究につなげるためには，研究ノートを作成し，『疑問や課題』と『チェックポイントに関する文献検討メモ』を記録しておくと

158

よい。そうすることで考えが整理され，研究に適したテーマを見つけやすくなる。

表1　研究を実施するべきか（研究疑問として成り立つか）を確認する際のチェックポイント

	チェックポイント	ポイントの説明	確認方法
1	【新規性の確認】その研究疑問は，既に解決されていないか？	取り組もうとしている疑問が既に他の研究者によって解決されており，新たな知見を生み出す（新規性）テーマでなければ，研究の意義は低い。	文献レビューを行い，同テーマでの先行研究がないか，自分の研究がどのような新しい知見を提供できるかを明確にする。
2	【社会的価値の確認】学校保健分野での課題や児童生徒の健康課題の解決に役に立つものか。	研究が実際の現場で役立つかどうかを評価することも重要である。	文献レビューを行い，同分野の研究の社会的価値と同種の価値があるか明確にする。
3	【科学的妥当性の確認】科学的妥当性（広く認められた科学的原則に基づいて研究を進め，その結果が信頼できるかどうかを評価することを指す）を持たせることが可能か。	研究を実施する際に，科学的原則に基づかない手法（例えば，占いによって成否を判断する方法）しか用いられない場合，研究として成立させることは困難である。このように極端ではないにしろ，研究モデルを十分に理解していないと，研究テーマの選定自体が難しく，研究の実施が困難になる。	文献レビューを行い，同分野における研究で使用されている研究モデルを確認する。また，異なる分野でも適用可能な研究モデルが存在するかを調査することが重要。

（Pamela J. Brink, Marilynn J. Wood:Basic Steps in Planning Nursing Research ,Jones & Bartlett Learning, 2001. を参考に作図）

(2)研究のプロセス

　研究は，科学的妥当性を担保するために第1段階から第5段階まで順を追って実施される（表2）。

表2　研究のプロセス

第1段階：リサーチクエスチョンの明確化	研究の範囲を限定し，科学的な検証の機会を提供する具体的な研究課題を形成する。 ※研究仮説は，説明変数と目的変数がどのように関連しているかを明確に示す程度の明確化が必要。
第2段階：研究のデザイン	研究を設計し，被験者の選定，測定の方法を計画し，すべての手順を明確化する。 データ分析の方法が明確になるよう，すべての測定と介入を慎重に定義する必要がある。
第3段階：研究の実施	ステップ1及び2で設計された計画を実行。
第4段階：データ分析	取得したデータを分析，解釈し，結論を導く。
第5段階：結果の報告	関連学会での発表，学術論文作成・投稿。

（Portney LG, Watkins MP: Foundations of clinical research: Applications to practice (3 rd ed.), Pearson Education. New Jersey, 2009. 3-32.を参考に作図）

　時間的制約等もあるとは思うが，最初の段階で曖昧にしてしまうと先に進むほど遂行が難しくなり，やり直しが容易ではなくなる。とりわけ，第1段階のリサーチクエスチョン（RQ）は重要であり，研究デザインが当てはめられる程度の明確さが求められる。

　表3は，ブリンクとウッドによるRQの探究レベルの分類を参考にまとめたものである[2]。探求レベルは，RQの内容により分けられる。探求レベルⅠは，1つのトピックに焦点を当てたRQ，レベルⅡは2つ以上の事象の関係性を探るRQ，レベルⅢは，対象に介入して，2つ以上の変数間にある関係（因果関係など）を探求するための段階である。疑問や課題が，どのレベルになるかを考え，当てはまるレベルに対応した研究デザインが何かを考えながらRQを明確化する

とよい。以下にＲＱを明確化する手順を示す。

【リサーチクエスチョン（ＲＱ）明確化の手順】

1．レベルⅠでは，トピックに１つの変数と１つの集団のみを含める。

2．ＲＱに因果関係が含まれている場合は，レベルⅡ又はレベルⅢとなる。

3．ＲＱに「原因」や「効果」などの因果関係を示す言葉が含まれている場合，レベルⅠでは，それらの言葉を削除する。それが何であり，どのように変動するのかを特定したい場合はレベルⅢとなる。

4．レベルⅡの質問には，最低２つの変数が必要である。

5．レベルⅢでは，原因と結果を示す変数を特定する。

6．レベルⅢで「なぜ」の質問を作成する際は，因果関係を示す変数の操作が倫理的かつ可能であることを確認する。

　以上の手順を踏み，しっかりとしたリサーチクエスチョンが書けたら，研究を実行する上での土台ができた。これで研究計画書を作成し，研究に取り掛かることができる。

表3　リサーチクエスチョンの探究レベルの分類

レベル	概　要	使い方	具体例	対応する研究デザイン
Ⅰ	「○○はなんですか？」 研究者が特定の集団に対する特定のトピックを深く理解するために設定される質問	・一つのトピックに焦点を当てる。 ・対象集団を明確にするために使う。 ・関係性や因果関係を含めない。 ※関係性に関する言葉が含まれる場合，レベルⅡの質問に該当する可能性があるので注意する。	トピック：「食の問題」 集団：「知的障害のある子供たち」 例1：「知的障害のある子供たちの食の問題とは？」 探究：この質問は知的障害のある子供たち特有の食の問題に関する理解を深めることを目的としている。	記述的研究
Ⅱ	「○○と△△とは，どのような関係があるのか？」 レベルⅠの研究結果に基づき，複数の変数間の関係を探る質問	・複数の変数がある（ただし，操作はできない変数）。 ・変数間には関係があるかを明確にするために使う。 ・少なくとも１つ以上の先行研究（変数間には関係があるという）がある⇒理論的根拠が必要 ・レベルⅡでは，変数間に統計的有意性があるかについて調査する段階 ※操作可能な変数を使う場合は，レベルⅢに該当してしまうので注意する。 ※操作可能な変数とは，研究者が「こうしたらどうなるか」といった形で，調整や変更ができるもの。例えば，あ	変数１：不安 変数２：過呼吸発作の頻度 例：「過換気症候群の既往のある生徒における不安と過呼吸発作の頻度にはどのような関係があるのか？」 探究：不安と過呼吸発作の起こる頻度にどのような関係があるかを調べる。	横断研究 コホート研究 ケース・コントロール研究

レベル	概　要	使い方	具体例	対応する研究デザイン
		る集団の運動時間を増やしてみることで，体重の変化を観察するといった操作である。「運動してもらう時間」は研究者が増やしたり減らしたりできるため，操作可能な変数である。		
Ⅲ	「○○と△△とは，なぜ××なのか？」 レベルⅡで見つかった変数間の関係が「なぜ」存在するのか，その理由やメカニズムを説明することを目指す質問	・2つの変数間にある関係（因果関係など）を探求するために使う。 ・変数間の関係性に理論的根拠が必要（先行研究がある） ・変数間の関係性に基づいて，変数を操作することで具体的な結果を予測することが可能 ・操作可能な変数の設定が必要	変数1：不安 変数2：過呼吸発作の頻度 例：「不安の軽減は過換気症候群のある生徒の過呼吸発作の回数を減らす効果があるか？」 探究：不安の程度と過呼吸発作の頻度との関係性（因果関係など）を明らかにする。	介入研究（ランダム化比較試験，非ランダム化比較試験）

(Pamela J. Brink, Marilynn J. Wood:Basic Steps in Planning Nursing Research ,P 10-20,Jones & Bartlett Learning, 2001.を参考に作図)

4）研究デザインと選択方法

　研究デザインとは，研究の計画や方法を設計することである。つまり，どんなデータをどのように収集し，どのように分析するかを決める重要なステップである。適切な研究デザインを選ぶことで，信頼性の高い結果を得ることができる。

　研究デザインは「観察研究」と「介入研究」に大別される。以下，その概要について説明する。

＜観察研究の種類＞

　観察研究とは，研究者が対象者に対して介入せず，自然な状態でデータを収集する研究方法である。主に，特定の要因と結果との関連性を調べるために用いられる。例えば，喫煙者と非喫煙者の健康状態を比較して，喫煙が健康に与える影響を調査する。ただし，因果関係を明確にすることはできない。その反面，倫理的な問題が少なく，現実の状況を反映しやすい利点がある。

　以下，主な観察研究のデザインを示す。

　　横断研究：ある一時点のデータを集める。例えば，特定の年齢層の人々の喫煙率を調べる等

　　ケース・コントロール研究：病気のある人（対象群）とない人（比較群）を比較し，原因を探る。

　　コホート研究：一般的に曝露群（対象群）と非曝露群（比較群）に分けて追跡する研究。具体的には，特定の要因（例：喫煙，薬剤の使用，環境要因など）に曝露された人々と，曝露されていない人々を追跡し比較する研究である。

　　記述的研究：特定の集団や現象の特徴を詳細に観察・記述することを目的とする。主に「何が起きているのか」を明らかにするために行われ，因果関係の解明よりも現状の把握に焦点を当てる研究。記述的研究には量的研究と質的研究がある。

　　　　量的研究は，データを数値で表し統計的に分析する。一方，質

的研究は，インタビューや人々の行動を詳しく観察しデータを言葉や文章で収集し分析する。

＜介入研究＞

介入研究は，研究者が独立変数（介入や処置）を意図的に操作し，その結果として従属変数（アウトカムや結果）がどのように変化するかを評価する研究デザインである。これは因果関係を明確に検証するための強力な方法で実験的研究とも呼ばれる。主な介入研究を以下に示す。

ランダム化比較試験（Randomized Controlled Trial, RCT）：医学や社会科学の分野で広く用いられる信頼性の高い研究方法であり，介入の効果を科学的に評価するための手法。この試験では，研究参加者を無作為に介入群と対照群に割り当てることにより，年齢，性別，生活習慣などの交絡因子の影響を最小限に抑え，群間のバイアスを排除する。例えば，介入群には新しい治療法を実施し，対照群には標準的な治療法やプラセボ（偽薬）を提供する。これにより，介入の効果を客観的に評価することが可能となる。

非ランダム化比較試験（Non-Randomized Controlled Trial, NRCT）：研究参加者を無作為に割り当てずに，介入群と対照群を設定する方法。群分けが研究者の判断や参加者の選択によって行われるため，交絡因子が群間で偏る可能性があり，介入の効果を正確に評価する際にバイアスが生じることもある。

なお，研究デザインを選択する際は，表3と図1を参考にしてほしい。

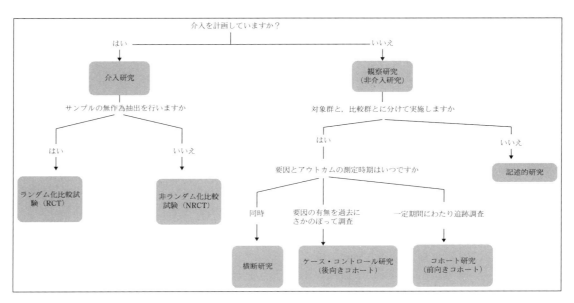

(2024，遠藤作成)

図1 代表的な研究デザイン

＜参考文献＞
1) 朝倉隆司：研究の進め方，論文の批判的読み方と書き方のポイント，日本健康相談活動学会誌, 6(1): 28-33, 2011.
2) Pamela J. Brink, Marilynn J. Wood: Basic Steps in Planning Nursing Research, P 10-20, Jones & Bartlett Learning, 2001.
3) Portney LG, Watkins MP: Foundations of clinical research: Applications to practice (3rd ed.), P 23-25, Pearson Education. New Jersey, 2009.

(遠藤　伸子)

2 研究倫理

【学びの達成目標】
①養護実践や研究にかかわる研究倫理に関する法的基礎やマナーについての知識を理解することができる。（知識理解）
②養護実践や研究にかかわる研究倫理を踏まえ，実践・研究に活かす技能を取得することができる。（技能）
③研究倫理について思考・判断し，それらを書いたり他者に伝えたりすることができる。（思考・判断・表現）
④研究倫理に関して学修に主体的に取り組むことができる（学びに向かう姿勢）

近年，デジタル化やネットワーク化の進展により，個人が作成した文章や作品等の権利や保護に関する社会規範が以前にも増して重視されるようになった。また，研究倫理についても，現在，大学等研究機関以外の教育機関においても正しい知識の習得が求められている。

養護教諭の教育実践において留意すべき事項として，特に，他者が作成した文章や資料等を使用する場合の個人の持つ権利についての理解は必須である。他人が作成したものを許可，許諾なく流用したり，他人が作成した文章や作品を自分が作成したかのように発表・公表したりすることなどは，法律で禁じられている。そのため，養護教諭は養護実践や研究活動にかかわる社会規範，法律等の基礎知識やマナー，研究倫理についての理解は必須である。

1）知的財産権・肖像権

(1)知的財産権

「著作権テキスト ―令和6年度版」文化庁著作権課

著作者・作成者には，自分が作成した文章や作品に権利が発生する。そのため，どのような権利を有しているか理解するとともに，他者が作成したものの扱いについての法的基礎や罰則，使用上の決まり，手続き，マナーについての理解が求められる。知的財産権とは，「知的な創作活動によって何かを創り出した人に対して付与される「他人に無断で利用されない権利」」である[1]。知的財産権には著作権と産業財産権がある。「著作権」とは，著作者に法律上与えられている権利を言い，著作者には著作物を他人が利用することを許諾したり禁止する権利等が認められている[1]。

他者が作成した文章，図表などを利用する場合は引用元等を明らかにし，場合によっては書類上の手続きが必要となる。そのため，引用の方法などの知識について理解することが大切である。他者が作成した文章等を自分が作成したものとして利用した場合には剽窃（盗用）として，罰則が課せられる場合がある。

産業財産権とは，知的な創作活動によって何かを創り出した人に対して付与される「他人に無断で利用されない権利」である[1]。デザインや発明新しい技術，ネーミングなどが該当する。独占的使用が認められることによって，公正な競争が守られている。この権利は，特許権（特許法），実用新案権（実用新案法），意匠権（意匠法），商標権（商標法）がある。

「肖像権ガイドライン～自主的な公開判断の指針～2021年4月」デジタルアーカイブ学会

特に保健だよりなどの広報誌，保健教育にかかわる資料，動画などの教材作成の際にも注意が必要である。

(2)肖像権

「人を対象とする生命科学・医学系研究に関する倫理指針」文部科学省・厚生労働省・経済産業省

肖像権は，著作権のように法律上明文化された権利ではなく，裁判例で認められた権利である[2]。最高裁判所の判決では，「法廷での写真撮影に関していくつかの要素を「総合考慮」して，写真撮影およびその公表により，本人の「人格的利益の侵害が社会生活上受忍の限度を超える」ものかどうかを検討して撮影・公表の適法性を判断している」[2]としている。近年，多くの学校等では，年度当初に，子供の肖像権にかかわる許諾を書面で保護者から得ている。例えば，保健だよりや学校だよりなどの広報誌に子供の写真を掲載する場合等には本人及び未成年の場合には保護者の許可が必要となる。また最近では学校のホームページ上に随時教育活動の記事や写真をあげている学校が少なくないが，外部講師など，外

部者の講演や活動をアップする場合にも必ず本人の許可を得るなど細心の注意が必要である。

2）研究倫理

近年，人に関わる研究倫理が重視されるようになり，大学などの研究機関においてはそれらにかかわる研修参加が必修化されている。研究倫理とは，研究において，研究の自由と人間の尊厳，研究の結果に対する責任と配慮責任，研究の社会に対する責任説明と公開，研究者の行動規範として，日本学術会議はすべての学術分野に共通する最小限の行動規範[3]を以下に示している（表4）。具体的には研究を実施する際には，研究対象者に対して，事前に研究の目的や意義，方法及び研究に伴うリスクなどについて説明し，了承（インフォームドコンセント）を得なくてはならない（表5）。

・インフォームドコンセント

表4　科学者の行動規範

I 科学者の責務	（科学者の基本的責任）	1	科学者は、自らが生み出す専門知識や技術の質を担保する責任を有し、さらに自らの専門知識、技術、経験を活かして、人類の健康と福祉、社会の安全と安寧、そして地球環境の持続性に貢献するという責任を有する。
	（科学者の姿勢）	2	科学者は、常に正直、誠実に判断、行動し、自らの専門知識・能力・技芸の維持向上に努め、科学研究によって生み出される知の正確さや正当性を科学的に示す最善の努力を払う。
	（社会の中の科学者）	3	科学者は、科学の自律性が社会からの信頼と負託の上に成り立つことを自覚し、科学・技術と社会・自然環境の関係を広い視野から理解し、適切に行動する。
	（社会的期待に応える研究）	4	科学者は、社会が抱く真理の解明や様々な課題の達成へ向けた期待に応える責務を有する。研究環境の整備や研究の実施に供される研究資金の使用にあたっては、そうした広く社会的な期待が存在することを常に自覚する。
	（説明と公開）	5	科学者は、自らが携わる研究の意義と役割を公開して積極的に説明し、その研究が人間、社会、環境に及ぼし得る影響や起こし得る変化を評価し、その結果を中立性・客観性をもって公表すると共に、社会との建設的な対話を築くように努める。
	（科学研究の利用の両義性）	6	科学者は、自らの研究の成果が、科学者自身の意図に反して、破壊的行為に悪用される可能性もあることを認識し、研究の実施、成果の公表にあたっては、社会に許容される適切な手段と方法を選択する。
II 公正な研究	（研究活動）	7	科学者は、自らの研究の立案・計画・申請・実施・報告などの過程において、本規範の趣旨に沿って誠実に行動する。科学者は研究成果を論文などで公表することで、各自が果たした役割に応じて功績の認知を得るとともに責任を負わなければならない。研究・調査データの記録保存や厳正な取扱いを徹底し、ねつ造、改ざん、盗用などの不正行為を為さず、また加担しない。
	（研究環境の整備及び教育啓発の徹底）	8	科学者は、責任ある研究の実施と不正行為の防止を可能にする公正な環境の確立・維持も自らの重要な責務であることを自覚し、科学者コミュニティ及び自らの所属組織の研究環境の質的向上、ならびに不正行為抑止の教育啓発に継続的に取り組む。また、これを達成するために社会の理解と協力が得られるよう努める。
	（研究対象などへの配慮）	9	科学者は、研究への協力者の人格、人権を尊重し、福利に配慮する。動物などに対しては、真摯な態度でこれを扱う。
	（他者との関係）	10	科学者は、他者の成果を適切に批判すると同時に、自らの研究に対する批判には謙虚に耳を傾け、誠実な態度で意見を交える。他者の知的成果などの業績を正当に評価し、名誉や知的財産権を尊重する。また、科学者コミュニティ、特に自らの専門領域における科学者相互の評価に積極的に参加する。
III 社会の中の科学	（社会との対話）	11	科学者は、社会と科学者コミュニティとのより良い相互理解のために、市民との対話と交流に積極的に参加する。また、社会の様々な課題の解決と福祉の実現を図るために、政策立案・決定者に対して政策形成に有効な科学的助言の提供に努める。その際、科学者の合意に基づく助言を目指し、意見の相違が存在するときはこれを解り易く説明する。
	（科学的助言）	12	科学者は、公共の福祉に資することを目的として研究活動を行い、客観的で科学的な根拠に基づく公正な助言を行う。その際、科学者の発言が世論及び政策形成に対して与える影響の重大さと責任を自覚し、権威を濫用しない。また、科学的助言の質の確保に最大限努め、同時に科学的知見に係る不確実性及び見解の多様性について明確に説明する。
	（政策立案・決定者に対する科学的助言）	13	科学者は、政策立案・決定者に対して科学的助言を行う際には、科学的知見が政策形成の過程において十分に尊重されるべきものであるが、政策決定の唯一の判断根拠ではないことを認識する。科学者コミュニティの助言とは異なる政策決定が為された場合、必要に応じて政策立案・決定者に社会への説明を要請する。
IV 法令の遵守など	（法令の遵守）	14	科学者は、研究の実施、研究費の使用等にあたっては、法令や関係規則を遵守する。
	（差別の排除）	15	科学者は、研究・教育・学会活動において、人種、ジェンダー、地位、思想・信条、宗教などによって個人を差別せず、科学的方法に基づき公平に対応して、個人の自由と人格を尊重する。
	（利益相反）	16	科学者は、自らの研究、審査、評価、判断、科学的助言などにおいて、個人と組織、あるいは異なる組織間の利益の衝突に十分に注意を払い、公共性に配慮しつつ適切に対応する。

（引用文献）日本学術会議：声明　科学者の行動規範―改訂版―，平成25年（2013年）1月25日

「声明 科学者の行動規範—改訂版—」日本学術会議

表5　研究活動事前・及び対象者への説明・了承手続きの流れ

研究計画作成	
学校などの場合	大学などの研究機関の場合
⬇	⬇
所属機関の組織の承認	所属の倫理審査委員会への申請・承認
⬇	⬇
保護者子供への承諾手続き	研究対象者への説明

・倫理審査

　養護教諭の研究・実践活動は，実践や研究の対象者が養護教諭や子供への対応評価や人を対象とした実践，研究が中心であるため，研究倫理にかかわる知識の習得とそれらを具体的に活かす技能は欠かせない資質能力であると言える。

　そのため，卒業研究や学校での実践研究等の実施の際には，研究倫理について十分理解した上で計画・実施することが求められる。まず，研究を開始する際には，所属研究機関などにおいて，各所属の倫理審査委員会等に倫理申請し，研究の許可を得る必要がある。研究倫理審査とは，所属機関において「人を対象とする研究」に該当する研究を行う場合には，「人を対象とする研究に関する倫理規程」の規定が設けられている場合が多く，それらの規定，手続きに従って，倫理審査委員会で承認を要することがある。しかしながら小中高等学校等の機関においてはまだこれらの規定や委員会等が設置されていない場合が多いため，所属機関の代表などに相談し必要な措置を講じることが求められる。例えば，学校などにおいては，各校の管理職，又は各県，市町などの行政と協議の上，児童生徒，保護者等の許諾の方法を決める必要がある。人の心身に関わるような研究はセンシティブな問題を抱えており，研究倫理に関わるプロセスは重要である。

　また，倫理審査に関する正確な情報を得ておく必要があり，実施しようとしている研究が倫理審査に値する研究かなどについても理解を深めておくことが大切である。倫理審査に該当する研究は，「臨床研究に関する倫理指針」「疫学研究に関する倫理指針」「ヒトゲノム・遺伝子解析研究に関する倫理指針」「ヒト幹細胞を用いる臨床研究に関する倫理指針」「遺伝子治療臨床研究に関する倫理指針」に該当するものである。つまり指針の適用除外となっている研究やヒトを対象とする研究でないもの等は，倫理審査委員会に申請する必要はないとされている。これらの知識を十分得て，実践・研究することが重要である。

　また，研究成果の公表にあたっては，どのようなことが不正行為となるかについても理解を深めておく必要がある（表6）。

表6　研究にかかわる不正行為

捏造	存在しないデータ，研究結果等を作成
改ざん	研究資料・機器・過程を変更する操作を行い，データ，研究活動によって得られた結果等を真正でないものに加工
盗用	他の研究者のアイディア，分析・解析方法，データ，研究結果，論文又は用語を，当該研究者の了解もしくは適切な表示なく流用
二重投稿	同じ研究成果の重複発表
不適切なオーサーシップ	論文にかかわる著作者が適正に公表されていない

（参考文献）文部科学省：2　研究活動の不正行為等の定義
　　　　　　https://www.mext.go.jp/b_menu/shingi/gijyutu/gijyutu 12/houkoku/attach/1334660.htm
　　　　　　文部科学省；2　不正行為に対する基本的考え方
　　　　　　https://www.mext.go.jp/b_menu/shingi/gijyutu/gijyutu 12/houkoku/attach/1334664.htm
　　　　　　を参考に著者作成

第6章　養護教諭の研究　**165**

＜引用文献＞
1） 文化庁著作権課：著作権テキスト　文化庁―令和6年度
　　https://www.bunka.go.jp/seisaku/chosakuken/textbook/pdf/94089201_01.pdf（2024年10月1日閲覧）
2） デジタルアーカイブ学会：肖像権ガイドライン～自主的な公開判断の指針～　2021年4月文部科学省：2　研究活動の不正行為
　　等の定義　https://www.mext.go.jp/b_menu/shingi/gijyutu/gijyutu 12/houkoku/attach/1334660.htm（2024年10月1日閲覧）
3） 日本学術会議：声明　科学者の行動規範―改訂版―，平成25年（2013年）1月25日
4） 文部科学省：2　研究活動の不正行為等の定義
　　https://www.mext.go.jp/b_menu/shingi/gijyutu/gijyutu 12/houkoku/attach/1334660.htm
5） 文部科学省：2　不正行為に対する基本的考え方
　　https://www.mext.go.jp/b_menu/shingi/gijyutu/gijyutu 12/houkoku/attach/1334664.htm

（鎌塚　優子）

─── 執筆者一覧 ───

＜編集代表・執筆者＞

大 沼 久美子　　　熊本大学教授

＜編集協力・執筆者＞

鎌 塚 優 子　　　静岡大学教授
遠 藤 伸 子　　　女子栄養大学教授

＜監　　修・執筆者＞

三 木 とみ子　　　女子栄養大学名誉教授

＜執 筆 者＞

芦 川 恵 美　　　埼玉県飯能市立奥武蔵中学校校長
松 﨑 美 枝　　　九州看護福祉大学准教授
力 丸 真智子　　　埼玉県志木市立志木中学校養護教諭
齊 藤 理砂子　　　淑徳大学教授
出 口 奈緒子　　　静岡大学准教授
波田野 希 美　　　四天王寺大学助教
内 山 有 子　　　東洋大学教授
澤 村 文 香　　　埼玉県所沢市立美原中学校教頭
髙 田 恵美子　　　畿央大学教授
鈴 木 裕 子　　　国士舘大学教授
久保田 美 穂　　　女子栄養大学専任講師
佐久間 浩 美　　　ＳＢＣ東京医療大学教授
浅 田 知 恵　　　愛知教育大学教授
下 村 淳 子　　　愛知学院大学教授
酒 井 都仁子　　　東京医療保健大学准教授
菊 池 美奈子　　　梅花女子大学准教授（４月から教授）
鈴 木　　優　　　埼玉県さいたま市立大宮東小学校養護教諭
沖 津 奈 緒　　　杏林大学助教
後 藤 多知子　　　愛知みずほ大学准教授
森　　慶 恵　　　金沢大学教授
沖 西 紀代子　　　県立広島大学准教授
大 川 尚 子　　　京都女子大学教授
德 山 美智子　　　元大阪女子短期大学教授
塚 原 加寿子　　　新潟青陵大学教授
後 藤 ひとみ　　　愛知教育大学名誉教授
西 岡 かおり　　　四国大学教授
今 野 洋 子　　　北翔大学教授
道 上 恵美子　　　埼玉県立草加東高等学校養護教諭
三 宅 昂 子　　　愛知教育大学大学院・静岡大学大学院博士課程
岩 崎 和 子　　　北海道教育大学准教授

（執筆順・令和７年３月１日現在）

―――――――――――――――― 資料編：実践資料執筆者一覧 ――――――――――――――――

東　　　真理子	山　田　景　子	大　沼　久美子	山　部　真　理	天　野　利　香
力　丸　真智子	竹　口　洋　子	青　木　真知子	河　嶋　里　亜	清　水　美夏子
道　上　恵美子	塩　澤　美保子	澤　村　文　香	村　上　有為子	鈴　木　　　優
小　林　　　恩	大　沼　恭　子	白　井　紀　子	大　迫　実　桜	
高　橋　優　香	椚　瀬　奈津子	佐々木　美　佳	阿　部　希　恵	

■資料編：実践資料一覧

（小社HP「購読者専用Webサイト」よりご利用になれます。詳しくは「本書の使い方」をご覧ください。）

No.	カテゴリ	内　容
1	健康観察	健康観察実施要項（職員会議提案資料）＜小学校の例＞
2		健康観察実施要項（職員会議提案資料）＜中学校の例＞
3		健康観察実施要項（職員会議提案資料）＜高等学校の例＞
4		健康観察実施要項（職員会議提案資料）＜知的障害特別支援学校の例＞
5		健康観察実施要項（職員会議提案資料）＜肢体不自由特別支援学校の例＞
6	健康診断	定期健康診断実施要項（職員会議提案資料）＜小学校の例＞
7		定期健康診断実施要項（職員会議提案資料）＜中学校の例＞
8		定期健康診断実施要項（職員会議提案資料）＜高等学校の例＞
9		定期健康診断実施要項（職員会議提案資料）＜知的障害特別支援学校の例＞
10		就学時健康診断実施要項（職員会議提案資料）＜小学校＞
11		臨時健康診断実施要項（職員会議提案資料）＜中学校＞―駅伝大会を前に―
12	感染症管理	感染症流行時の対応（職員会議提案資料）＜小学校＞
13		感染症流行時の対応（職員会議提案資料）＜中学校＞
14		感染症流行時の対応（保健室のゾーニング）＜高等学校＞
15		感染症流行時の対応（保健室のゾーニング）＜特別支援学校＞
16	疾病管理	学級閉鎖お知らせ文書＜小学校を例に＞
17		学校生活に管理を要する児童生徒へのお知らせ文書
18		文書管理ラベルナンバリング
19	救急処置	保健室来室記録カード（内科的訴えの記録）＜小学校の例＞
20		保健室来室記録カード（外科的訴えの記録）＜小学校の例＞
21		保健室来室記録カード（内科的訴えの記録）＜中学校・高等学校の例＞
22		保健室来室記録カード（外科的訴えの記録）＜中学校・高等学校の例＞
23		保健室来室記録カード（内科的訴えの記録）＜特別支援学校の例＞
24		保健室来室記録カード（外科的訴えの記録）＜特別支援学校の例＞
25	健康相談活動	腹痛のヘルスアセスメントシート
26		心理的・社会的アセスメントシート
27		保健室登校記録
28		健康相談活動実践事例記録（事例検討用）
29		健康相談活動の評価シート
30	保健教育	歯科保健指導略案（小学校低学年）とワークシート
31		歯科保健指導略案（小学校中学年）とワークシート

32		歯科保健指導略案（小学校高学年）とワークシート
33		歯科保健指導略案（中学校）とワークシート
34		歯科保健指導略案（特別支援学校）とワークシート
35		養護教諭が行ういじめ予防教育指導略案とワークシート
36		養護教諭が行う食物アレルギー教育指導略案（小学校低・中学年）とワークシート
37		養護教諭が行う食物アレルギー教育指導略案（小学校高学年・中学校）とワークシート
38		養護教諭が行うメンタルヘルスリテラシー教育指導略案とワークシート
39		10分間保健指導略案（身体測定時・視力検査時等）
40		10分間保健指導略案（修学旅行・宿泊行事事前指導）
41		10分間保健指導略案（熱中症対策）
42		10分間保健指導略案（生活習慣―早寝早起き朝ごはん―）
43		10分間保健指導略案（応急手当）
44	保健室経営	複数配置の役割分担例＜小・中学校の例＞
45		複数配置の役割分担例＜高等学校の例＞
46		複数配置の役割分担例＜特別支援学校の例＞
47		保健室のレイアウト＜小学校の例＞
48		保健室のレイアウト＜中学校の例＞
49		保健室のレイアウト＜高等学校の例＞
50		保健室のレイアウト＜特別支援学校の例＞
51		保健室利用のきまり
52		保健室経営計画＜小学校の例＞
53		保健室経営計画＜中学校の例＞
54		保健室経営計画＜高等学校の例＞
55		保健室経営計画＜特別支援学校の例＞
56	危機管理	心のケアチェックリスト＜小学校の例＞
57		心のケアチェックリスト＜中学校の例＞
58		危機対応フローチャート＜けがの場合＞
59		危機対応フローチャート＜アナフィラキシーショックの場合＞
60		危機対応フローチャート＜自殺など生命の危機の場合＞
61		危機対応フローチャート＜心のケア・心的外傷の場合＞
62	組織活動	学校保健計画＜小学校の例＞
63		学校保健計画＜中学校の例＞
64		学校保健計画＜高等学校の例＞
65		学校保健計画＜特別支援学校の例＞
66		学校保健委員会規約の例
67		学校保健委員会委員への派遣依頼文書例
68		保健講話実施要項の例
69		保健講話講師派遣依頼文書例
70	資質能力	養護実習実施計画例（4週間）＜小学校＞
71		養護実習実施計画例（4週間）＜中学校＞
72		養護実習実施計画例（4週間）＜高等学校＞

養 護 概 説 <第6次改訂>

2025年4月11日　第1刷発行

編　　集　代表・大沼久美子

発　　行　株式会社 ぎょうせい

〒136-8575　東京都江東区新木場1-18-11
URL：https://gyosei.jp

フリーコール　0120-953-431
ぎょうせい　お問い合わせ　検索　https://gyosei.jp/inquiry/

〈検印省略〉

印刷・製本　ぎょうせいデジタル㈱　©2025 Printed in Japan
※乱丁，落丁はおとりかえいたします。

ISBN 978-4-324-11470-4
(5108974-00-000)
〔略号：養護概説（6訂）〕